GABRIELA ANDRADE BERISSO
MARIA LUISA VIAL COX

LOS MITOS DE LOS HEROES GRIEGOS

CONTADOS POR DEMETRIO

EDITORIAL ANDRES BELLO
Barcelona • Buenos Aires • México D.F. • Santiago de Chile

Primera edición, 2001

Av. Ricardo Lyon 946, Santiago de Chile
www.editorialandresbello.com
info@editorialandresbello.cl

Editorial Andrés Bello de España, S. L.
C/.Córcega, 257 1º 2ª B 08036 Barcelona

ISBN: 84-95407-56-6

Depósito legal: B-4.604-2001

Impreso por Romanyà Valls, S.A. – Pl. Verdaguer, 1–08786 Capellades

Printed in Spain

Nacen los héroes

Al iniciar el relato de los mitos de los héroes griegos, es necesario presentar al profesor ateniense Demetrio Christomanos.[1] No sabemos si debe ser presentado como arqueólogo, filósofo o poeta, porque él es todo eso y algo más. El es un buen amigo de nuestros padres y nos había recibido en su casa en nuestro primer viaje a Grecia, que duró cuatro meses, cuando todavía éramos un par de estudiantes bastante ignorantes. Ahora volvíamos con el mismo entusiasmo y con la ilusión de verlo nuevamente y estar con él, porque ya es en verdad nuestro amigo griego.

En este nuevo viaje no tuvo Demetrio tanto tiempo disponible para acompañarnos en nuestros paseos como la primera vez, pero conociendo ya a los dioses pudimos aprovechar mucho mejor la generosidad con que él y toda esta gente comparten su entusiasmo por el glorioso pasado de su tierra. Más aún, era su palabra lo que nos atraía y su amistad lo que nos alentaba a penetrar

---

[1] Quien no haya leído el volumen anterior, *Los mitos de los dioses griegos,* seguramente no conoce a Demetrio, el sabio amigo que nos acompañó en nuestro primer viaje. Se trata de Demetrio Christomanos, profesor ateniense, amigo de nuestro padre.

en las alturas del Olimpo y a aventurarnos en las profundidades del alma humana.

Durante nuestra estadía hicimos una serie de excursiones a los lugares donde habían nacido y actuado los héroes. Estos, al principio imaginados de manera vaga y –debemos reconocer– muy ligados a una descomunal fuerza física, nos resultaron más difíciles que los dioses, pero igualmente atractivos y bastante más misteriosos.

Algo de griego ya habíamos aprendido, de modo que nos fue posible ver teatro, y allí encontramos lo que nos hacía falta: comprender qué tenían que ver con nosotros aquellos personajes de leyenda. Así, sin clases, sin esfuerzo y sin sentirlo casi, nos fuimos aficionando a los lugares y a los poetas de ese bendito país.

Estábamos un día sentados en la plaza de un pueblo pequeñito, perdido entre los cerros. Lo único plano del lugar era su plaza, redonda como un plato con la iglesia de piedra al fondo. A la "hora de la oración", como dicen en nuestra tierra, venían apareciendo desde distintas callejuelas angostísimas, uno a uno, los hombres cansados de vuelta del trabajo. A ratos, los balidos y tintineos anunciaban a un rebaño de cabras envueltas en polvo en el último sol de la tarde.

De repente, mi hermano se largó a reír a grandes carcajadas. Aburrido por mi falta de conversación, había discurrido un juego: imaginaba a cada pacífico habitante que aparecía, como un héroe. Justo en ese momento venía llegando Heracles.

Después de las risas me quedé pensando, ¿podría yo ser héroe alguna vez?

En este viaje heroico conocimos mucho más el mar de Grecia. Lo conocimos de cerca, entre islas, golfos y bahías pequeñas, increíblemente hermosas. Pasamos largas horas con la gente del mar, hasta que nos convencimos para siempre de que la memoria de los griegos tiene algo de mágico. Casi no tienen una roca sin un cuento, un lugar sin una leyenda, y a propósito de todo y de nada recurren a sus tradiciones y a sus poetas con una confianza tal, que parece como si se tratara de la verdadera historia de su patria.

De momento no lo entendimos. Pero cuando toda esa marejada de historias y mitos se nos hubo calmado en la cabeza, entonces nos dimos cuenta de lo bien que piensa, y discurre, y recuerda la gente que escucha cuentos desde siempre.

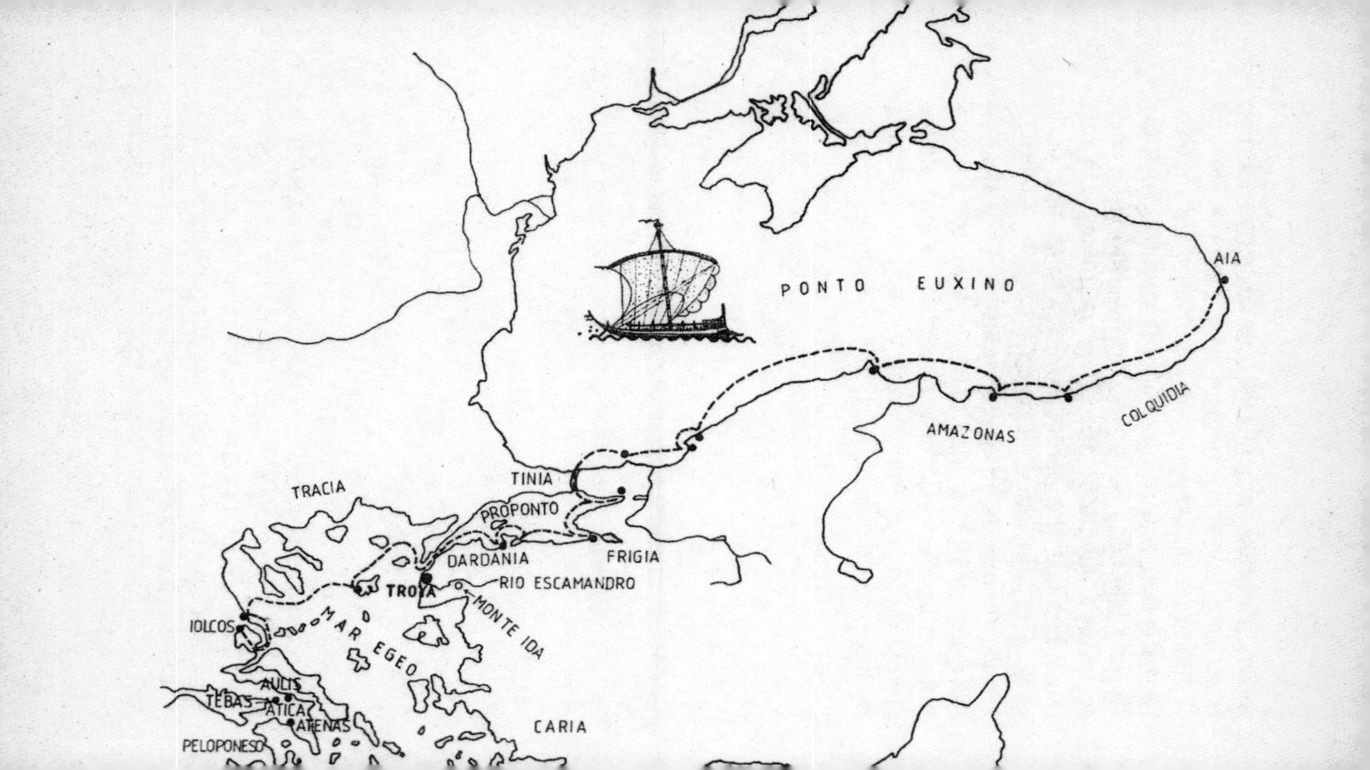
PONTO EUXINO
AIA
COLQUIDIA
AMAZONAS
TINIA
TRACIA
PROPONTO
DARDANIA
FRIGIA
TROYA
RIO ESCAMANDRO
MONTE IDA
IOLCOS
MAR EGEO
AULIS
TEBAS
ATICA
ATENAS
PELOPONESO
CARIA

Los pueblos de Grecia

"Ante todo Hefestos hizo un escudo grande y fuerte, enteramente decorado... tenía cinco capas y en él su mente sagaz modeló un hábil trabajo... Labró allí la tierra y el cielo, el mar y el incansable sol, la luna llena y todas las estrellas que coronan el firmamento... Modeló sobre él dos bellas ciudades de hombres mortales... Luego labró en el escudo un amplio campo de barbecho rico y suave... la hacienda de un rey donde los labradores cosechaban con afiladas guadañas... un bello viñedo ricamente cargado de racimos... una pradera en un hermoso valle... Y puso alrededor del círculo exterior del escudo sólidamente cincelado a la poderosa corriente del Océano."

HOMERO, *La Ilíada*, XXVIII

–No tengo en absoluto claros todos estos nombres de razas y regiones –dije a Demetrio aquella tarde después de la sobremesa–. ¿Son todos griegos, no es cierto? ¿O son en realidad diferentes razas?

–Complicada pregunta –me atajó Demetrio–, pero quisiera contestarte sin fastidiosos detalles prehistóricos y geográficos. –Se tironeó la barba un momento y luego saltó–: Creo que lo mejor será que con mapa en mano revisemos la Grecia antigua y la forma como sus habitantes explicaban su propio origen histórico, sus nombres y las regiones donde se fueron asentando.

Nos fuimos enseguida al estudio, una de las habitaciones más entretenidas que yo había visto. Tenía una linda vista hacia una pequeña plazoleta de cipreses. Allí, en esa terraza nos sentábamos a veces a ver pasar la gente. Me encantaba el desorden de esa pieza llena de estanterías chuecas por el peso de los libros. Por todas partes había rollos, mapas, fotografías, pedazos de cerámica y un sinfín de esas cosas que hacen agradable el trabajo. En el centro había una enorme mesa cercana al escritorio, donde Demetrio iba poniendo lo que necesitaba.

El profesor se detuvo un momento en la entrada, recorrió con la vista un rincón lleno de rollos y alargó la mano casi sin mirar. Luego extendió un mapa de Grecia clásica sobre la mesa y lo afirmó con ceniceros y un macetero.

–Te acuerdas del diluvio de Deucalión, supongo. –Más que una pregunta era una seca afirmación–. Fue aquel que Zeus envió del cielo –prosiguió– para castigar la impiedad de los hombres, sobre todo la de Licaón, el rey hijo de Pelasgo. Según Aristóteles, este diluvio sucedió en la antigua Grecia, es decir, alrededor de Dodona y el río Aqueloo, en Epiro –continuó, señalando el mapa–. Para muchos, este Pelasgo fue el primer hombre que vio la luz del día y brotó aquí mismo, en el suelo de la Arcadia. Pronto surgieron otros hombres de la misma tierra, a quienes Pelasgo enseñó la fabricación de viviendas y la recolección de frutos para la subsistencia. Tenemos ya instalados a los Pelasgos, los primeros habitantes de Grecia. Todo esto sucedió, naturalmente, en tiempos prehistóricos.

Deucalión era hijo del titán Prometeo –prosiguió Demetrio–, el civilizador. Pues bien, Prometeo, que ya había logrado la inmortalidad, conoció el designio de Zeus de castigar a los hombres y aconsejó a su hijo que construyera una gran casa flotante –una especie de arca–, que la cargara con provisiones y se encerrara en ella con su esposa Pirra, hija de Epimeteo y la inolvidable Pandora –agregó con un dejo de ironía.

Pronto se cumplió la voluntad de Zeus y al término del diluvio el arca flotó durante nueve días, hasta que finalmente la tierra comenzó a secarse. Acabó por fondear en las laderas del monte Parnaso, en la región de la Fócida, aquí en Grecia continental –señaló otro punto del mapa–. Salieron entonces de la barca y se miraron los dos alegres y esperanzados, pero pronto sintieron consternación. ¡Estaban completamente solos sobre la inmensidad de aquella hermosa tierra que ya comenzaba a reverdecer bajo los tibios rayos del sol! "¿Qué será de nosotros?", pensaban ambos para sí. Pero se acordaron de Zeus, protector de los fugitivos, y le ofrecieron el sacrificio que pudieron. Descendieron de la húmeda ladera y trabajosamente llegaron al abandonado templo de Temis, cubierto de barro y restos de troncos, ramas y piedras. Allí se arrodillaron temblando de frío. Muy pronto la majestuosa Temis dejó oír su voz: "¡Cubríos las cabezas con las túnicas y haced lo que os indico: arrojad por encima de vuestros hombros los huesos de vuestra madre!".

Aturdidos en el primer momento, no supieron qué debían hacer. Miraban a su alrededor los recintos desolados de aquel antiguo templo. De repente se fijaron en el suelo del enorme atrio cubierto de guijarros. Entonces comprendieron que su verdadera madre era Gea, la Tierra, y sus huesos eran aquellos innumerables pedruscos.

Hicieron lo que la diosa había ordenado y ¡he aquí que milagrosamente las piedras arrojadas por Deucalión se convirtieron en hombres, y aquellas arrojadas por Pirra se transformaron en mujeres! ¡Ya la humanidad estaría a salvo!

Este pueblo dio origen a los Parnasianos, algunos de los cuales emigraron pronto hacia la Arcadia, en el centro del Peloponeso. Deucalión y Pirra se establecieron en Tesalia, al norte de la Fócida, y allí tuvieron por hijo a Heleno, el fundador de la raza a la cual dio su nombre. Heleno casó con Protogenia, cuyo nombre significa "primera engendrada"; su origen no está nada de claro... Lo que sí se conoce con certeza fue que ambos engendraron a tres hijos, Eolo, Xuto y Doro. Eolo, como primogénito, heredó la Tesalia y fue el fundador de la raza Eolia.

Doro, el segundo hijo, emigró hacia la tierra nativa del Parnaso y fundó allí una primera comunidad. Sus descendientes, los Dorios, habrían de ser muy famosos. La historia de Xuto, el tercer hijo, fue más notable. Tuvo que huir hacia Atenas acusado de robo por sus dos hermanos, y allí terminó casándose con Creusa, hija del famoso Erecteo, uno de los primeros reyes de Atenas. Ambos tuvieron por hijos a Ion y Aqueo. De Ion desciende la noble raza Jónica que dio su nombre al mar Jónico y pobló diversas regiones, especialmente en las islas del Egeo y en Asia Menor. De Aqueo descienden naturalmente los Aqueos, que se instalaron en la zona norte del Peloponeso, llamada por ellos Acaya.

Uno de los hijos de Aqueo fue Beocio, fundador de la raza Beocia, de larga y trágica historia, que se instaló y dio nombre a la región situada al sur de la Fócida.

Se detuvo aquí Demetrio y se quedó pensando un rato, y luego me hizo encontrar todos estos lugares en el mapa. Es evidente que siempre era profesor.

–Todavía me quedan dudas. Tenemos ya un montón de nombres, pero quedan otros que todavía no han aparecido y que me parecen más importantes –agregué yo con aire seguro, tratando de demostrar lo que ya había aprendido–. ¿Por qué estos hombres terminaron por llamarse griegos, si ya tenían el nombre de Helenos? ¿Y por qué también se hacían llamar Dánaos?

–¡Ah! –sonrió Demetrio–. No todo ha de ser tan simple. Hay leyendas y mitos que marcan y dejan huellas hasta en los nombres más significativos. Según Eurípides, los Pelasgos tomaron el nombre de Dánaos después de que el anciano rey Dánao, descendiente de Io y Zeus, llegó a Argos desde Egipto con sus cincuenta hijas las Danaides, en busca de protección. Esta historia puedes leerla en *Las Suplicantes* de Esquilo. ¡Ah! ¡Y a propósito! Otro nombre que se suele dar en *La Ilíada* a todos los griegos es el de Argivos, porque Agamenón, su jefe en la guerra de Troya, era rey de Micenas en Argos.

En cuanto al nombre de *griegos,* viene del siglo VII a. C. El nombre primitivo de Grecia era, en realidad, Hellas en griego o Hélade en castellano, y pasó a llamarse Grecia sólo después de que una tribu beocia, cuyos miembros se llamaban Graikoi, se instaló en Italia en el siglo VII. Allí recibieron el nombre alatinado de Graeci o griegos, y poco a poco todos los habitantes de la Hélade fueron llamados *Graeci,* y la Hélade misma pasó a ser conocida como *Graecia*. Dicen que *Graikoi* significaba "adoradores de Crone", Diosa-Gris, probablemente la Diosa-Tierra de Dodona.

–Pero, y el nombre primitivo de Hellas o Hélade, ¿de dónde salió? –insistí yo.

–¡Muchacho! Basta ya de preguntas –me amenazó Demetrio–. En realidad, en Homero Hellas significa sólo una región al sur de Tesalia. Este nombre se fue extendiendo –sin que sepamos exactamente cómo ni por qué, quizás por un sentido de unidad–, hasta que llegó a designar a toda la raza y al lugar entero donde vivían sus numerosos descendientes.

Según Heródoto y Tucídides –continuó apabullándome Demetrio–, la Hélade encerraba diversos orígenes raciales, pero ese nombre expresaba la comunidad de lengua, de religión y costumbres y, sobre todo, un sentido de pertenencia a una patria común más amplia, más grande. –Aquí mi amigo tomó aliento y continuó cada vez con más vehemencia y menos paciencia–: Y antes de que me lo preguntes, te diré que los Espartanos, habitantes primitivos del sur del Peloponeso, fueron pueblos conquistados por los Dorios, cuya lengua adoptaron. Los Dorios espartanos llegaron alrededor del año 1000 a. C. a Lacedemonia, la fértil llanura al sur del Peloponeso. –Demetrio casi rompió el pobre mapa con su feroz dedo–. Más tarde avanzaron aún más hacia el extremo sur hasta la región llamada Laconia.[1] Y ahora sí que basta por

---

[1] Por el carácter austero de los espartanos, poco amigos de las conversaciones animadas, tan amadas por los atenienses, la palabra "lacónico" pasó a ser sinónimo de "parco en palabras".

hoy –me despachó casi cerrándome la puerta en las narices–. Si te interesa el tema –me guiñó un ojo volviendo a abrirla–, puedes seguir investigando por tu cuenta. Yo tengo bastante que hacer ahora, si quieren que los acompañe en el paseo de la tarde. –Y volviéndose se puso a examinar el cielo desde su terraza.

El mundo heroico

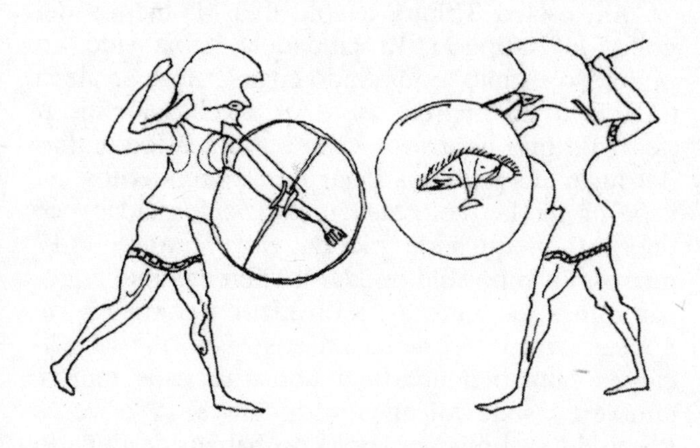

"¿Por qué advertirme acerca de mi ruina?
¡No es necesario!
Yo también lo sé que aquí en tierra troyana,
lejos de mis amados padres habré de perecer.
¡Mas esta mano no descansará
hasta que Troya se haya saciado con mi lanza!
Gritando, fustigó enseguida sus rápidos
corceles hacia adelante en veloz carrera."

HOMERO, *La Ilíada*, XIX

Demetrio había planeado cuidadosamente con nosotros esta primera excursión a las fortalezas de Tirinto y Micenas. Más adelante habríamos de volver más de una vez. La mañana del día elegido habíamos partido muy temprano en el jeep del profesor, y luego de un viaje de más o menos tres horas habíamos llegado, por fin, a aquella región donde están las ruinas heroicas más famosas de toda Grecia, en la costa oriental del Peloponeso.

Allí estaba Tirinto, a sólo tres kilómetros del golfo de Nauplion. La ciudadela había sido un poderoso recinto amurallado cuyas ruinas se alzan todavía a 26 metros sobre el nivel del mar. A pesar de que habíamos visto bastantes fotografías del lugar no pudimos dejar de sorprendernos: ¡el espesor de las colosales murallas, formadas por enormes bloques de piedra, varía entre 5 y 17 metros! Es imposible quedar indiferente ante aquellas ruinas majestuosas. ¡Con razón los griegos de épocas pasadas contaban a sus hijos que los Cíclopes habían ayudado a construir esos muros, también los de Micenas y de Troya! ¡Y a veces Poseidón y el mismo Apolo no habían desdeñado tomar parte en los trabajos!

Después de recorrer lo que queda de Tirinto, continuamos hacia Micenas que dista sólo unos 20 kilómetros hacia el Norte, a medio camino entre Argos y el istmo de Corinto. Micenas, la ciudad de los héroes, donde se yerguen los restos del palacio de los Atridas, el más trágico de los linajes reales.

Lugares como éstos hay que verlos. No me siento capaz de describirlos. Además, cuando uno se ha asomado a su historia y a los heroicos hechos de su pasada grandeza, el goce ya no es sólo el de visitar un lugar notable cargado de pasado, sino algo más. Yo me sentía empapado, aunque fuera en pequeñísima parte, por toda esa gloria.

El paisaje era desolado, sólo el cielo parecía amable. Sin embargo, recuerdo perfectamente los laureles de aquella primavera –ya casi verano, en realidad– que crecían en forma silvestre salpicando de rojo y blanco los caminos de todo el país, especialmente en la región de Micenas. La ciudadela está situada en una especie de fortaleza natural, una altura abrupta rodeada por quebradas entre los montes de Hagios Elias y Zara.

Empezamos a subir expectantes el polvoriento camino que conduce a la Acrópolis de Micenas y llegamos, algo cansados, a la famosa fosa de las tumbas. ¡Aquel polvo se veía increíblemente igual a cualquier otro polvo! Los restos de las altas murallas rodean las ruinas del palacio. Allí lo que más se destaca actualmente es una escalera que está casi intacta, y un pasadizo en forma de bóveda por donde se llega al pozo que abastecía al palacio-fortaleza.

Las tumbas están en el interior del recinto amurallado, en un curioso círculo –especie de ágora– formado por una doble fila de losas planas, que seguramente servirían de asiento para las sesiones del consejo del reino. Muchos arqueólogos ubican en este lugar las tumbas de Agamenón y sus amigos asesinados durante el banquete de bienvenida que les ofrecieron después del regreso de Troya, pero en realidad no se conoce dónde están. Ya se sabe que las tumbas encontradas aquí por Schliemann[1] son

---

[1] Heinrich Schliemann es un personaje de novela. Nació en 1822 y en la niñez, motivado sin duda por la afición clásica de su padre, decidió que algún día descubriría las ruinas de la legendaria ciudad de Troya. Llegó a ser un próspero comerciante, pero a los 36 años abandonó los negocios para dedicarse por entero a estudiar arqueología y griego, y viajar. A base casi puramente de su lectura de Homero, Pausanias y otros autores de la antigüedad, y movido por una fe inquebrantable en la verdad de los hechos allí narrados, descubrió y finalmente excavó las ruinas de Troya, Micenas y Tirinto. Trabajó también en Itaca, la isla de Odiseo, y en Orchomenos. Gastó en esto casi toda su fortuna. Murió súbitamente en 1890. Se lo reconoce como el descubridor moderno de la Grecia Heroica y de la Grecia de la Edad del Bronce (aproximadamente 3000 a. C.).

cuatro siglos anteriores a la época en que vivieron los Atridas.

Más arriba están las ruinas del palacio propiamente tal, con la espectacular "Puerta de los Leones", la entrada principal. Aquí nos quedamos largo rato, sobrecogidos por la proporción de esos monumentos. En verdad uno se siente pequeño. A poca distancia están las cámaras del tesoro, consideradas durante décadas por los arqueólogos como "hornos", debido a su forma de túmulo. La más célebre es la conocida como "el tesoro de Atreo", la cámara abovedada en forma de panal de abeja llamada "la tumba de Agamenón". Esta imponente construcción es una cámara subterránea coronada por una cúpula de más o menos 14 metros de diámetro y otro tanto de altura. Lo impresionante es que está hecha enteramente de piedras en hileras concéntricas, que se van estrechando hacia arriba hasta llegar a la cúspide formada por una sola piedra enorme. Nadie sabe cómo la hicieron. Demetrio nos contó que esa gran sala, ahora desnuda, encerraba antaño espléndidas decoraciones, joyas, estatuas, vasos, armas, escudos, que hoy enriquecen a diversos museos del mundo. Permanecimos allí largo tiempo, cada uno sumido en sus propias imaginaciones.

Cuando salimos, respiré contento el aire suavemente fresco en aquellas alturas de Micenas. El cielo estaba intensamente azul y contrastaba con aquellas ruinas detrás de las cuales, hacia el Oeste, se eleva primero en suave pendiente, luego más escarpada, el monte Eubeo.

Antes de comenzar a descender, mientras descansábamos, quisimos que Demetrio nos hablara algo de aquellos hombres singulares, los héroes –mortales o semidioses– que desde la niñez habían estado presentes en tantos relatos. ¡Quién no ha soñado ser héroe alguna vez!

Ya abajo, cómodamente nos habíamos instalado algo apartados en medio del campo, bajo unos laureles, porque a esa hora empezaban a llegar los primeros buses cargados de turistas.

–No todos los hombres son iguales en sus acciones –así comenzó a hablar Demetrio–. En todos los tiempos y lugares han existido seres excepcionales que se han ganado la admiración de sus contemporáneos y han interesado a amigos y enemigos por igual, a causa de sus vidas y acciones extraordinarias.

Esos hombres son los héroes, relacionados siempre con la fundación y origen de ciudades, estados y reinos, y con el destino de pueblos enteros. Sus vidas tienen como centro el afán de honor y de aventuras, el cumplimiento de penosas búsquedas, el logro de grandes hazañas. La especial atracción de sus vidas es su permanente relación con la muerte. La presencia constante del peligro mortal y su consumación en un fin poco común, es lo que da a estos hombres precisamente su calidad heroica. Trataré de explicarles lo que eran ellos para los griegos hasta la época de Homero, el poeta de la Edad Heroica.

Por sus historias, observarán que no pueden considerarse hombres ejemplares como lo entenderíamos hoy en día. Su moral no es la nuestra, porque sus valores máximos no eran los nuestros. Para ellos el valor supremo era la "areté". Esta palabra realmente no tiene traducción –prosiguió con énfasis–, pero intenten entenderla. La "areté" es exactamente la nobleza griega del período heroico. Por supuesto, con el correr del tiempo el concepto mismo de nobleza fue variando, y esto es visible al leer las obras del pasado.

"No de muchos griegos podría afirmarse, como sí en el caso de éstos, que su fama está en conformidad con sus obras. Su muerte, en mi opinión, ya fuera ella el primer testimonio de su valentía, ya su confirmación postrera, demuestra un coraje genuinamente varonil... A ninguno de estos hombres lo ablandó el deseo de seguir gozando de su riqueza; a ninguno lo hizo aplazar el peligro la posibilidad de huir de su pobreza y enriquecerse algún día. Tuvieron por más deseable vengarse de sus enemigos, al tiempo que les pareció que ese era el más hermoso de los riesgos... Encomendaron a la esperanza lo incierto de su victoria final y, en cuanto al desafío inmediato que tenían por delante, se confiaron a sus propias fuerzas... Al morir, en ese brevísimo instante arbitrado por la fortuna, se hallaban más en la cumbre de la determinación que del temor."
(Tucídides, *Discurso fúnebre de Pericles,* trad. de Antonio Arbea).

El hombre noble, el que poseía "areté", era el que no retrocedía ante el enemigo. Tenía capacidad de sacrificio por su familia, sus amigos, su ciudad. Era generoso, rápido en sus decisiones y lo animaban un impulso vital y una vocación inextinguibles hacia lo más grande. A menudo los héroes fueron inhumanos y hasta crueles, a veces se rebelaron contra los dioses, y hubo ocasiones en que su honor ofendido los hizo incluso olvidar algunos deberes, pero jamás fueron mediocres o vulgares.

Eran considerados semidioses, o más bien hombres-dioses. No quiero que entiendan esto –puntualizó Demetrio– en un sentido moral, ya que no se trata aquí de hombres que hayan acercado la humanidad hacia lo divino. Simplemente los héroes encarnaban una idea muy alta del valor y de la dignidad humanas, tan alta que para mis antepasados esto sólo podía explicarse por filiación divina o favor especial de lo alto.

Ciertamente no soñaban con la muerte –eran demasiado sanos para eso–, pero ella estaba siempre a su lado y ellos lo sabían. Al hacerle frente y vencerla una y otra vez, cumplían su destino. Para ellos la muerte no era simplemente el hecho de que esta vida llegue a su término, como lo es para nosotros los hombres corrientes. El héroe necesitaba la muerte para realizar plenamente su vocación, ella era la corona de su vida. ¿Se imaginan a algunos de estos personajes llegando pacíficamente a una honrada ancianidad, perdida ya la fuerza sobrehumana que los caracterizaba, muriendo sin sobresaltos en su hogar? No sentiríamos entonces esa mezcla de admiración un poco angustiada que siempre nos producen. Por un anciano que ha sido grande sentimos el mayor respeto, pero por un héroe que muere en la plenitud de su existencia sentimos admiración, pena, una mezcla muy rara de sentimientos...

No pude evitar interrumpirlo: –Creo que lo entiendo, Demetrio –exclamé–. Cuando leí la escena de la muerte de Héctor, en *La Ilíada,* sentí algo así.

–Eso es –repuso sonriendo mi amigo.

> "¡Ah!, en verdad los Inmortales me han llamado a morir... Tal fue sin duda desde siempre la voluntad de Zeus y de su hijo Arquero que tan certeramente me salvó en otro tiempo. Ahora la ruina avanza hacia mí.
> ¡Pero ruego que no sea con deshonor, ni mansamente, sino con algún hecho memorable para la posteridad!

Así diciendo, Héctor desenvainó de su costado la espada de guerra cortante y enorme, tensó todo su ser y saltó... Y Aquiles se precipitó a su encuentro, con toda el alma en su interior cargada de furor."

Homero, *La Ilíada,* XXII

Cada región de Grecia –prosiguió Demetrio– cuenta con algunos héroes entre sus antepasados. Para los antiguos habitantes esto era de vital importancia. De los grandes hombres les venía su renombre, su especial relación con algún dios o algún hecho famoso, y eso alimentaba su anhelo de imitar aquella grandeza. Por eso a estos seres excepcionales se les atribuye, a veces exageradamente, haber sido padres de innumerables hijos, fundadores de incontables estirpes y linajes. En esta forma los ciudadanos se relacionaban con los héroes por descendencia directa y aseguraban así su origen divino.

Muy a menudo descendían efectivamente de algún dios –Zeus o Poseidón, casi siempre–, que tomaba la apariencia de algún famoso mortal o se transfiguraba para unirse con alguna mujer ilustre. De este modo es bastante habitual que los héroes tengan dos padres, uno divino y otro humano. Del padre divino heredan esa fuerza inconmovible, ese centro de gravedad con que enfrentan los azarosos hechos de su vida. De su origen mortal, en cambio, les viene el otro rasgo, quizás el más atrayente, su relación esencial con la muerte. El héroe es un hombre nacido para la muerte después de una vida rica, exigida al máximo, dedicada a ejercer las virtudes heroicas.

La clave del ideal heroico es estar siempre dispuesto para la aventura más peligrosa. Más aún, el buscar y acometer las hazañas más riesgosas sólo por amor de la gloria. El renombre, la fama, la certeza de vivir para siempre después de la muerte en la memoria de los hombres, eso era lo que movía a los héroes.

Los poetas trágicos no se cansaron de tomar sus historias como tema para escribir las tragedias. Podríamos decir que sus vidas, casi sin excepción, son tragedias potenciales. ¿Recuerdan que cuando les contaba sobre el dios Dionisos, en el teatro de Epidauro, les mencioné a los héroes?[2] Pues bien, no es casual que la tragedia se haya desarrollado justamente en los festivales celebrados en honor de este hijo de Zeus. El es el héroe entre los Inmortales, precisamente por sus muertes y resurrecciones, y es natural que haya presidido las obras destinadas a exaltar el destino de los héroes, los hombres que mueren y renacen en la memoria de los demás hombres.

El más famoso de todos –continuó– es sin duda Heracles, al que ustedes seguramente conocen con el nombre latino de Hércules. No menos grande, sin embargo, son Perseo, Teseo, Jasón y los cincuenta argonautas, y muchos otros. Más tardíamente aparecen aquellos que tomaron parte en las guerras tebanas, en la de Troya y en los acontecimientos de la casa de Atreo, aquí en Micenas. ¡Ah, fue Perseo quien fundó esta ciudad!

Ahora le tocó a mi hermano el turno de interrumpir:

–¿Hubo heroínas, Demetrio? –preguntó algo turbado.

El profesor se rió abiertamente, pero con gran simpatía repitió:

---

[2] Véase el capítulo sobre Dionisos en *Los mitos de los dioses griegos*.

–¿Heroínas? –se quedó un instante pensativo y contestó–: Sí, creo que las hubo, pero haciendo una diferencia importante. Ellas fueron heroicas porque la muerte produce una iluminación retrospectiva sobre sus vidas, le da un relieve especial a todo lo que vivieron. Sin dejar nunca de ser plenamente femeninas, cada una de acuerdo a su edad y condición. ¡Sí! –repitió con convicción–. Hubo mujeres ilustres, nobles y famosas por su belleza, su valentía o astucia, o por su insigne sufrimiento, como por ejemplo Clitemnestra, Casandra, Electra, Helena, Medea, Hécuba, Andrómaca, y tantas otras. Pero la cualidad propiamente heroica se destaca, yo diría, sólo en dos de ellas que curiosamente son muy jóvenes: Antígona e Ifigenia. En general todas fueron grandes por su relación con los hombres, por haberlos engendrado y amado, o por haber sido su motivo para la acción, incluso a veces sus compañeras de aventuras, pero a ellas no les habrían interesado jamás las hazañas sólo por sí mismas. Sin duda jugaron papeles importantes, a menudo decisivos, para la mayoría de los héroes. Hay algunas realmente extraordinarias.

Los héroes son figuras míticas –prosiguió–, por eso en cierto modo nos sitúan los hechos como sucesos muy alejados, en otra realidad; pero producen, sin embargo, una respuesta próxima, directa y emocional en nosotros. Esta mezcla de lejanía y proximidad sucede en mayor medida, me parece, en el caso de los héroes primordiales, fundadores de linajes y ciudades, como Heracles. Pero también se da en alto grado en los héroes posteriores que pertenecen a la épica, como Aquiles. Todos los héroes primordiales son de origen divino, nacen despojados de su herencia, tienen un bien arduo que conquistar, la muerte los acompaña siempre y ella es la que ilumina y da relevancia retrospectiva a la secuencia de sus vidas.

Heracles es el héroe primordial por excelencia, preeminente entre todos, y su rasgo característico es estar siempre en una situación límite. Constantemente se ve enfrentado con la muerte, y una vez traspasado por ella se convierte finalmente en dios.

Ya en el terreno de la épica, en *La Ilíada,* Héctor es el último, y en *La Odisea* lo es Odiseo, quien al regresar a su hogar no es reconocido por su hijo porque su rostro semeja el de un dios.

Envalentonado comenté:

–Me parece tan claro que todos queremos ser felices, que todos queremos vivir. ¿Por qué, entonces, nos atraen los héroes?

–Creo –repuso Demetrio con los ojos brillantes– que es así porque todos llevamos dentro la semilla de una intuición fundamental: que estamos suspendidos entre el cielo y la tierra y que de nosotros depende elegir aquello a lo cual estamos destinados, reclamar nuestra herencia. Y los héroes son los que eligieron en forma suprema.

Después de un silencio musitó en voz baja, como buscando las palabras en el fondo de la memoria:

> "Tú, no confinado por límite alguno, determinarás por ti mismo tu propia naturaleza, de acuerdo con tu libre voluntad... No te he hecho ni celestial ni terreno, mortal ni inmortal, para que tú, más libre y honrosamente creador de ti mismo, te modeles según lo que tu alma prefiera... podrás renacer según el juicio de tu alma hasta alcanzar a los más altos seres, que son divinos."

Pico della Mirandola, *Discurso sobre la dignidad del hombre,* 1463-1494

Nos quedamos en suspenso un buen rato, mirando la suave pendiente tan abruptamente interrumpida por el promontorio donde se yerguen las ruinas de Micenas, luego mi hermano declaró con voz grave y casi solemne:

–Ser héroe es ser hombre.

–Hummmm –fue la respuesta instantánea de Demetrio seguida de una larga carcajada–. Dejemos para otra ocasión tanta gravedad. Vamos ahora a almorzar, que hasta los héroes comían de cuando en cuando.

"La tumba de los grandes hombres es la tierra [entera:
de ellos nos habla no sólo una inscripción sobre sus
lápidas sepulcrales; también en suelo extranjero [pervive
su recuerdo, grabado no en un monumento, sino
sin palabras, en el espíritu de cada hombre."

Tucídides, *Discurso fúnebre de Pericles,*
trad. de A. Arbea

Perseo

"...¡Zeus! Afrodita se enseñoreó de ti
cuando asediaste como dorada lluvia
la ventana nupcial,
para derramarte sobre la hermosa Dánae."

ASCLEPIADES, s. III, a. C.

–Dánaos –comenzó a relatar el profesor– es un antiguo nombre de los griegos, y la historia de una de sus hijas, Dánae, comienza en la tierra de Argos, áspera y seca. Las fuentes que la hicieron brillante brotaron, según algunos, a causa de las hijas de los Dánaos.

Cuentan que una de ellas, Amymone, andaba un día entretenida cazando con jabalina, aunque su puntería no era buena. Queriendo alcanzar a un cervatillo, le dio a un sátiro que dormitaba al calor de la siesta. Este despertó peligrosamente adolorido e indignado, y atacó con violencia a la muchacha. Poseidón, que observaba divertido a la joven cazadora, lanzó oportunamente su tridente.

El sátiro despavorido se dio a la fuga. Volvió Poseidón su mirada hacia Amymone y enamorándose de ella la desposó. El hijo de Poseidón y la Danaide se llamó Nauplio, fundador de la ciudad que lleva su nombre, Nauplia. Como regalo de bodas el dios del mar permitió que Amymone sacara el divino tridente que aún permanecía clavado en la tierra, y así brotó la triple fuente que hizo al país rico en agua y rico en vida.

Acrisios, rey de Argos, tenía una sola hija, la hermosísima Dánae, pero no tenía ningún heredero. Dolido fue a consultar al oráculo de Delfos y regresó sombrío. "No tendrás hijo y tu nieto será tu muerte", tal había sido el terrible oráculo. Llegando al palacio el rey ordenó encerrar a su hija en una cámara subterránea guardada por grandes puertas de bronce. Afuera, salvajes perros hacían la guardia. La única persona autorizada para entrar era la vieja nodriza de la princesa, que con ojos llorosos siguió cuidando de ella.

Por una rendija del techo, en lo alto de la cámara subterránea, caía un pequeño rayo de luz, claro y angosto, iluminando a la joven figura que languidecía de tristeza. Zeus, el dios del cielo que hace cumplir todos los oráculos, aprovechó esa hendidura. Convertido en brillante lluvia de oro empezó a resbalar suavemente sobre la asombrada Dánae, quien, agradecida, lo recibió amorosamente sobre su seno. Así, la hija de Acrisios concibió a Perseo, hijo de Zeus.

La nodriza, espantada al darse cuenta del hecho, nada dijo. El niño nació al cumplirse su tiempo y creció en ese pequeño recinto bajo tierra que más parecía una tumba.

Pero un día, el fino oído del suspicaz Acrisios,

cada día más taciturno, sintió la voz aguda de un niño. Era el pequeño Perseo que se divertía corriendo tras una pelota de trapo, su único juguete.

Dánae y su niño fueron descubiertos y se le exigió a la joven madre que nombrara al padre del pequeño, delante del altar de Zeus. Pálida, pero firme y serena. Dánae pronunció sencillamente: "Zeus". El rey no le creyó. Quiso decretar su muerte y la del niño, pero como se trataba de su hija, no se atrevió. Entonces ordenó que ambos entraran a una pequeña arca de madera tallada, y fueron arrojados a las azules aguas del mar.

De esta manera imaginó un poeta la noche terrible en que la muchacha y su hijo flotaban sobre el mar:

> "Cuando fue arrojada en su arca de labrada
> [madera,
> movida por el viento desde la cresta de una
> ola hasta la otra, en el acezante mar,
> cayó el terror sobre el corazón de Dánae y sus
> [lágrimas
> comenzaron a fluir.
> Apretando al niño contra su pecho, lloraba:
> ¡Pequeñito mío! ¡Mío es el dolor! Tú, inocente
> [duermes en paz.
> Para ti, este barco de miseria no es nada.
> Nada la oscura noche sin estrellas
> entre las olas que salpican tus rizos.
> ¡Nada se te hace el viento que aúlla!
> Tan suave, tan dulce es tu mejilla contra la mía,
> arropado en tu sueño.
> Ni el terror puede nada contra ti.
> ¡Cómo sufrirían tus pequeños oídos si escucharas el llanto de tu madre!
> ¡Duerme, mi niño, duerme. Duerme, mar!

¡Duerme, pena sin orillas que me quiebra el
[corazón!
¡Sea tu voluntad que seamos salvos, oh padre
[Zeus!
Simónides de Ceos, 556-467, a. C.

Al amanecer, el arca se mecía frente a la costa de Seriphos, una pequeña isla. Diktys, un pescador, la vio. "¡Gran Poseidón, señor del mar! ¿Qué regalo inesperado me mandas?"

El pescador había confundido el arca con algún monstruo marino, pues la niebla matinal no dejaba distinguir nada y sólo se veía aparecer y desaparecer, ondulante, la extraña forma flotante.

Cuando advirtió que aquella cosa no se acercaba, pidió ayudar y con una gran red atraparon el cofre y lo arrastraron hasta la playa. Nuevamente pudieron Dánae y su niño contemplar la luz del día, y la madre se vio obligada a confesar quién era ella y, sobre todo, el divino origen del pequeño. Diktys la recibió entonces con todos los honores de pariente, ya que él mismo era un Dánao, descendiente de Nauplio, el hijo de Amymone y Poseidón.

Señor de la isla de Seriphos era Polydectes, el hermano del pescador. Dánae le fue entregada, no se sabe si como sirvienta o como esclava, a pesar de su dignidad real.

Demetrio hizo entonces un alto en el relato.

–Ya les veo cara de pregunta –dijo–. Ciertamente hay algo muy extraño en todo esto. si el pescador era pariente y, por lo que se ve, era bastante buena persona, ¿por qué su hermano el rey recibe a Dánae como esclava? Pero en realidad algo se aclara el asunto si se piensa en el significado de estos nombres –continuó–. El rey se llamaba Polydectes, que significa "el que recibe a muchos"... Polydectes es, pues, un título de un dios de la muerte. El hermano pescador, Diktys, es quien recibe esta pesca. Entonces se puede decir que Perseo nace en una tumba, es arrojado al mar –que para los griegos es un camino hacia el reino de Hades–, lo pesca un descendiente de Poseidón y llega finalmente a manos de un oscurísimo rey de la muerte.

Cuando Perseo creció y tuvo la edad de pensar en liberar a su madre, Polydectes ideó una trampa para deshacerse de este joven tan extrañamente nacido, cuya inteligencia parecía tan viva. Empezó el rey por declarar a todos que pretendía casarse con Hipodamia, la afamada domadora de potros, hija de Onomao, rey de Pisa y Elis, de quien todos hablaban.

Era costumbre en aquellos casos que el rey convidara a los nobles de sus dominios a un gran banquete, al cual cada uno debía llevar un regalo acordado según la costumbre, con el objeto de apoyar la petición de mano del rey. Esto era lo que los antiguos griegos llamaban el "eranos". En esta oportunidad el regalo acordado consistiría en un caballo. Se esperaba que todos los señores del reino llevaran uno como ofrenda, y no debe olvidarse que Perseo, por su linaje era probablemente el más noble de todos. Al presentarse el muchacho, el rey le preguntó: "¿Serás capaz de traer el 'eranos', noble Perseo? No estaría bien que nuestra pequeña isla quedara en vergüenza..."

Perseo, hijo de Zeus, era orgulloso y Polydectes contaba con esto. El joven no soportaría seguramente la humillación de su pobreza y abandonaría la isla. Alejar a Perseo era sólo la primera parte del astuto plan de Polydectes. Lo que en verdad perseguía no era casarse con Hipodamia, según había declarado, sino convencer a Dánae para que consintiera en ser su esposa sin el estorbo del muchacho.

–Si ustedes recuerdan –comentó Demetrio– es un problema permanente para los sombríos dioses de las profundidades esto de conseguir compañera.

Perseo miró al rey y respondió serenamente: "No te preocupes, Polydectes. Te traeré mi parte y, ¡oye bien! no será un caballo cualquiera, sino la cabeza de la Medusa Gorgona".

–Aquí nuevamente la historia necesita explicación –volvió a interrumpir Demetrio–. Según las representaciones más antiguas, la Gorgona tenía cuerpo de caballo y rostro muy bello de mujer, pero su mirada era mortal: convertía en piedra al que se atrevía a mirar a sus ojos. Su cara estaba rodeada por una cabellera de serpientes enroscadas y su mirada era fatal. Quien osara cruzar la mirada con la de ella quedaba al instante petrificado. Por eso, la idea de traer la cabeza de la Gorgona significaba dos cosas: realizar algo imposible y cumplir largamente con el regalo acordado por la nobleza.

Al oír la noble respuesta de Perseo, Polydectes apenas pudo disimular una chispa de triunfo que le bailó en los ojos. Sonriendo cortésmente sólo dijo: "Sea".

Perseo se encaminó solitario al otro extremo de la isla, con el peso de la terrible tarea que, como un estúpido –pensaba él–, se había impuesto sin necesidad. Pero se trataba de salvar a su madre, y además estaba en juego su honor.

"¡Qué felices montañas! ¡Qué felices valles!
Nunca esperan la muerte, ni aguardan su [venida.
Sólo aguardan corderos en verano y nieves en [invierno..."
(Poesía anónima popular griega, siglo XIX d. C.

De pie, con los brazos y la cabeza caídos como un caña quebrada, estuvo largo rato hasta que sintió sobre él la brillante mirada de Atenea. Fue ella, la sabia hija de Zeus, quien lo animó acompañándolo a la cueva erizada de estalactitas donde las Náyades ayudaron a Perseo calzándole las sandalias aladas, la capa de Hades que hace invisible a quien la lleva, y poniéndole al hombro un bolsón para traer la cabeza monstruosa de la Gorgona.

–Para entender bien este relato es necesario recordar un poco la geografía del antiguo mundo griego –nos explicó nuestro amigo–. Al Hades se podía llegar por diversas rutas: por un lugar en Esparta que tiene grandes cavernas; por el fondo del mar, naturalmente, y también por el lugar en que la bóveda del cielo se junta con la tierra, hacia Occidente. Allí estaba ubicado el Jardín de las Hespérides, ¿recuerdan?

Perseo, con sus sandalias aladas, partió por aire, sobre el mar y el Océano –que fluyen alrededor de la Tierra– hasta este último lugar, el Jardín de las Hespérides junto al reino de la Noche, donde habitan las Gorgonas. Ninguno de los dioses más jóvenes conocía realmente la ubicación exacta de su morada. Sólo las Parcas y las muy antiguas Greas (diosas Grises) podían saberlo. Allí no llega luz del sol ni luz de luna. Ante los ojos asombrados de Perseo se abría un panorama interminable de oscurísimas rocas. Las viejas Greas vigilaban sin cesar la entrada.

Entre las tres sólo tienen un diente y un ojo único que se pasan de una a otra. Perseo observó cuidadosamente a las ancianas mientras realizaban celosamente esta operación y, espiando el momento en que las tres estaban ciegas, arrebató el ojo de la mano de la Grea que lo sostenía en ese instante. "No os lo entregaré –les dijo– hasta que me reveléis el lugar donde habitan las Gorgonas". Era esta una razón sobrada para complacerlo y, además, no lo podrían engañar puesto que sólo recuperarían el ojo al regreso de Perseo.

Al llegar a la cueva donde vivían las Gorgonas, el héroe se detuvo un momento. Una sola de ellas era mortal, la Medusa, de manera que errar podía ser funesto. Recordando las instrucciones de Atenea, Perseo –según Esquilo– "entró como un jabalí", con un ímpetus inmenso. Guiándose sólo por el reflejo del rostro de Medusa en el escudo –pues si lo contemplaba cara a cara se convertiría en piedra–, levantó el brazo armado con la antigua espada curva de los titanes y le cortó la cabeza temible de un solo tajo.

–En ese momento Perseo debe haber saltado hacia atrás de pura sorpresa –añadió Demetrio enigmáticamente–, porque del cuello de la Medusa salió volando Pegaso, el caballo alado. El héroe escapó de inmediato rápidamente por el aire con sus sandalias aladas y la espalda doblada bajo el peso del bolsón, envuelto en la oscuridad. Todavía los griegos suelen verlo en la noche, entre las estrellas, huyendo de las otras dos Gorgonas inmortales. Pero eso son imaginaciones –añadió burlonamente.

Desde el aire devolvió Perseo el precioso ojo a las asustadas Greas y cruzó luego el país de los etíopes en el Norte de Africa. Allí observó desde las alturas y vio encadenada a una roca a una muchacha que, desde lejos, parecía una estatua. Era Andrómeda, la princesa de los etíopes. Tiempo atrás su madre, la reina Casiopea, estúpidamente se había comparado en belleza con las Nereidas, quienes se habían quejado prontamente a Poseidón por la insolencia de aquella mortal. El país había sufrido en castigo una gran inundación y, además, Poseidón había enviado a un monstruo que, al salir del mar, asolaría el reino.

El único modo de apaciguarlo era dejar a la princesa encadenada a los acantilados para que el monstruo la devorara. Perseo descendió y al enterarse de la historia rápidamente conferenció con los padres de Andrómeda, y llegaron a un acuerdo. El mataría al monstruo y ellos le entregarían a la princesa como esposa. Bajó, pues, a la playa, desencadenó a Andrómeda y ambos esperaron.

Miraban afanosamente el horizonte. Al principio parecía ser una ola más que se acercaba en amenazante marea, pero luego no les cupo duda: brillante de agua, el monstruo venía. En medio de las rompientes Perseo luchó furiosamente usando grandes piedras. Andrómeda, valerosa y fascinada por la intrepidez del muchacho, ayudaba con el arsenal. Tras larga lucha, por fin el monstruo cayó vencido. Una vez que los reyes lo vieron inerte sobre la arena, pasado ya el peligro, se acordaron de que Andrómeda tenía un compromiso matrimonial anterior. "La princesa –se decían entre sí– está comprometida con Agenor, persona conocida y de noble sangre. En cambio ¿quién conoce a este pretendiente salido del aire?" De modo que el rey llamó a Agenor y sus partidarios, y Perseo una vez más tuvo que luchar por la bella Andrómeda. Parecía que todo el reino estaba en su contra. Pero a Perseo le quedaba un recurso para reclamar su derecho.

Gritándole a Andrómeda que se cubriera el rostro, sacó la cabeza de la Medusa del bolsón, bajó el brazo izquierdo, se irguió en toda su estatura y levantó a la Gorgona con el brazo derecho. Uno a uno, empezando por los que estaban más cerca, los enemigos se fueron convirtiendo en piedra al mirar el espantable rostro. Perseo temblaba de horror, cansancio y repulsión, el sudor le bañaba la cara y todo el cuerpo mientras sostenía su terrible carga, pero así se mantuvo largo rato. Finalmente, en el gran silencio de la playa cubierta por las piedras que antes habían sido el ejército de combatientes, Perseo despertó al ruido ahora apacible del mar. Parecía una pesadilla.

El héroe guardó la temible cabeza y se acercó a Andrómeda, que acurrucada tras una roca lo aguardaba temblando. Separó las manos del rostro pálido de la muchacha y afirmándola emprendieron el camino de regreso hacia su hogar.

Llegaron los novios muy a tiempo a la isla de Seriphos. Dánae, una vez más sola y desamparada, se había refugiado en un templo. El rey Polydectes se banqueteaba ufano con sus amigos en la gran sala del trono cuando hizo su entrada el joven héroe anunciando el éxito de su azarosa empresa. La promesa había sido cumplida. Estupefacto, el rey calló, pero su insolencia se impuso. Llamó a los amigos que, distraídos, comían y bebían, para que gozaran con él de la humillación de Perseo, a quien no vaciló en llamar farsante y mentiroso.

Todos fueron callando en silencio expectante, fijando los ojos burlones en el muchacho de pie en medio del círculo del banquete. Perseo ya no era un niño a quien se podía humillar y más de uno observó inquieto el aire tranquilo con que sus ágiles manos abrían el extraño bolsón que colgaba de su espalda. Súbitamente lo vieron cerrar con fuerza los ojos, levantar ambos brazos y exclamar con voz calma y sonora: "¡Mirad! ¿qué es lo que veis?"

Ya sabemos nosotros lo que sucedió. Uno a uno los comensales se fueron convirtiendo en piedra. Seriphos aún está cubierto de ellas como testimonio de lo ocurrido. El rey y sus amigos petrificados se han desgastado con el paso de los años y las ráfagas del viento, pero son todavía testigos del notable suceso.

Dejando a Diktys, el pescador, como rey de la isla, Perseo se reunió con su madre y juntos con Andrómeda se dirigieron a Larissa. Allí participó en la celebración de unos solemnes juegos fúnebres. Mientras tomaba parte en un lanzamiento de disco hirió a su abuelo Acrisios, el padre de Dánae, quien se encontraba participando en las celebraciones. De este modo, sin querer, le causó la muerte cumpliendo así lo que el oráculo délfico anunciara antaño. Una vez más las profecías no se equivocaban.

Perseo fue quien fundó Micenas, llamada así por la palabra griega Mycos, que significa "hongo". Pues se dice que estando un día Perseo con sed, brotó de la tierra un hongo, y de él una fuente. Los Cíclopes ayudaron al héroe en la construcción de sus colosales murallas.

–De Perseo vienen muchos nobles; entre otros,[1] Heracles y toda la estirpe de Micenas –dijo Deme-

---

[1] Los Perseidas fueron la estirpe de Perseo, quien tuvo como hijos, además de Perses, a Electrión, padre de Alcmena (la que fue madre de Heracles), y a Stenelos, padre de Euristeo, el enemigo de Heracles. Estos dos, Electrión y Stenelos, fueron reyes de Micenas. Otro hijo de Perseo fue Alkaios, padre de Amfitrión, que fue padre, a su vez, de Heracles. De modo que Heracles era doblemente un Perseida.

trio–, pero también algunos graves problemas para los griegos. Porque los príncipes persas, por ejemplo, alegaban tener derecho al suelo griego por ser ellos también descendientes del héroe, ya que descendían de Perses, el primogénito de Andrómeda y Perseo.

Tántalo

"Sentado entre cosas placenteras,
el culpable, bajo la roca suspendida,
miró a su alrededor.
Su visión comenzó a oscurecerse."

ALCMAN, s. VIII a. C.

–El monte Sypilos –relató Demetrio–, sobre la antigua Esmirna, estaba en primavera. Los altos pinos se mecían a medio camino entre los roqueríos rosados del cordón y las amplias faldas cubiertas de crocus y hierba. Por los pliegues bajaban las claras aguas donde el ciervo apaga su sed. Acá no se veían osos, tan frecuentes en las montañas de Tauros; el valle era apacible y los pastores acompañaban la carrera de las nubes con sus flautas.

Tántalo, el rey de Lidia, no vivía, sin embargo, de los larguísimos vellones de lana. Hijo del monte Tmolos o de Zeus mismo, según cuentan algunos, su madre era la titanesa Pluto, hija de Cronos y de Rea, cuyo nombre es sinónimo de riqueza. Lidia dominaba sobre Frigia, la cadena montañosa del Ida y el valle de Troya.

Los dioses, hacía poco, habían invitado a Tántalo a comer con ellos y ahora, en este día primaveral el rey debía retribuir. Su palacio no estaba alejado del campo. Desde los muros labrados con el primoroso diseño que aún se ve en las alfombras de Esmirna, se oían los balidos de los corderos. Por las ventanas entraba la mezcla de flores y de pino que flota en el aire mediterráneo en primavera.

El rey había decidido dar a los dioses algo fuera de lo común y, al mismo tiempo, en el orgullo de su riqueza había querido probar la omnisciencia de los Inmortales. Los poetas griegos omiten nombrar el horrible banquete que ofreció Tántalo, y aluden a él, con razón, como "el hecho espantoso", "lo indecible". Mas la historia del rey de Lidia no se entiende sin decirlo. Fue a su propio hijo, Pélops, lo que Tántalo hizo preparar como macabro manjar.

Los dioses vinieron al monte Sypilos y tomaron asiento en la hermosa sala. Se trajo el caldero con la carne cocida de Pélops. Todos enmudecieron y se fueron levantando indignados, excepto Deméter, que andaba en aquellos días ensimismada por la desaparición de su hija Perséfone,[1] quien algo alcanzó a comer. De la brillante luz, por la indignación de los dioses, se pasó a la oscuridad tormentosa, como cuando Zeus reúne sombrías nubes con el ceño adusto. Los pinos dejaron de cantar y sus púas se hicieron negras liras que

---

[1] Véase *Los mitos de los dioses griegos*.

comenzaron a aullar una sola larga nota al viento. Aquella noche de mediodía algo sucedió.

No sabemos exactamente cómo murió Tántalo. Cuentan que Rea juntó los miembros del niño Pélops como antaño había hecho con el cuerpo desmembrado del pequeño Dionisos, y suplió el pedazo que faltaba del hombro –que Deméter había alcanzado a probar– con un trozo de marfil. Desde entonces se conoce a los descendientes de Pélops por una estrella de color marfil que llevan en el hombro. La regeneración de Pélops fue completa. Se abrieron las nubes y a la nueva luz, el niño emergió del caldero pleno de belleza.

Pan bailó de contento y se atribuye a Hermes el haber traído de vuelta el aliento de vida desde el Hades.

Allá abajo, en el Hades, a los pies de Tántalo le fueron depositados todos sus pecados. Había uno oculto: el haber robado ambrosía de los dioses y haberla compartido con simples mortales. Estaba también el sacrificio del hijo, y finalmente, el osar poner a prueba la ciencia de los dioses.

Por estas razones fue llevado al Hades, donde sufre eternamente tormento en el Tártaro, el punto más recóndito del reino de los muertos. Consumido de hambre, tiene a su alcance la rama de un árbol cargado de doradas peras, dulces higos y granadas que se mecen y le rozan los hombros y las mejillas. Cada vez que alarga la mano hacia la sabrosa fruta, un golpe de viento la retrae de su alcance. Suspendido entre cielo y tierra siente eterna sed. El agua le llega muy cerca, se le entra por los ojos, pero cada vez que intenta beber, se retira. Si pretende coger agua con sus manos se le escurre entre los dedos. Por si esto fuera poco, una gran piedra suspendida sobre su cabeza, semejante a un sol amarillo, amenaza con caer sobre él, de manera que siente al “helado terror” alojado para siempre dentro de su pecho.

De este rey desdichado nos queda el recuerdo de su castigo, pero no es por eso solamente que figura en las historias de los griegos. Casado con una de las Pléyades, Dione, fue padre de Níobe, esa reina inolvidable, y de Proteas, además de Pélops, quien dio su nombre al Peloponeso. Así, de Tántalo se dice que desciende la casa real de Atreo con su destino de inmensa riqueza y trágicos personajes.

Pélops e Hipodamia

"Como la semilla del cardo
cae suavemente llevada por el viento
de una a otra colina,
así Poseidón transportó de una a otra ribera
a Pélops, hijo de Tántalo."

ANONIMO POPULAR GRIEGO

En el valle del Alfeo reinaba Oenomaos, cuyo nombre podría significar "rey del vino". Era hijo de Ares y padre de una hermosísima joven llamada Hipodamia, la "domadora de potros". La guardaba celosamente, pues un oráculo le había anunciado que moriría por la mano de su futuro yerno.

Oenomaos no había podido evitar, sin embargo, la aparición de pretendientes venidos de toda Grecia. Cuando llegaba alguno, era recibido cortésmente. En seguida se le informaba que tendría que obtener la mano de Hipodamia ganando en una competencia de carros. Ares había dotado a su hijo, el rey, con dos caballos ligeros como el viento. La carrera debía efectuarse cruzando desde Elis al istmo de Corinto para llegar hasta el altar de Poseidón, así es que se recorría todo el largo de la tierra cuya soberanía recibiría el vencedor junto con ganar la mano de Hipodamia.

La princesa iría en el carro del pretendiente, como en una fuga: una vertiginosa jornada a la manera de Hades raptando a Perséfone. Si el infortunado pretendiente era alcanzado en la carrera por el padre de la novia, sería alcanzado también por la muerte.

Allá a lo lejos en Asia Menor, en la costa de Lidia, Pélops el renacido de los dioses, hijo de Tántalo, se pasaba largas horas con la vista perdida en el mar. De alguna manera le había llegado noticia de la belleza de Hipodamia y se enfermó gravemente de amor.

> "Llegado a la dulce edad florida, cuando la barba apenas oscurecía sus mejillas, volvió pensamientos ardientes al matrimonio. Fue a sentarse junto al mar grisáceo y en medio de la oscuridad gritó al rugiente dios del tridente, quien prontamente apareció a sus pies. El joven habló: 'Si pudieras cambiar amor por favores, quiebra, te suplico, el bronce de Oenomaos y préstame tu carro más veloz para concurrir a Elis. ¡Dame la victoria! Ya el rey ha hecho morir a trece pretendientes, siempre posponiendo la boda de su hija. Los grandes peligros no suelen luchar con los cobardes. ¿Para qué vamos a buscar nosotros, condenados a morir, una vejez sin gloria inútilmente sentados en la oscuridad, sin tener parte alguna en

nada grande? Yo iré... tú me otorgarás el fin que anhelo'. No fue inútil su discurso. El dios lo honró disponiendo para él un carro de oro..."

Píndaro, *Oda Olímpica,* I

El dorado carro iba tirado por dos caballos alados. Pélops subió y fue transportado por encima de las olas hasta la tierra de Grecia. Antes de partir ofreció una estatua de fragante madera de mirto en honor de Afrodita, si ésta le ayudaba a obtener el amor de Hipodamia.

Llegó al palacio de Oenomaos. El viento de la tarde agachaba los altos pastos haciéndolos brillar suaves como la seda. Los caballos de Poseidón se quedaron inmóviles con sus largas crines blancas, quietas, mientras Pélops, "el moreno", bajaba del carro y se acercaba resuelto al palacio. Hipodamia, desde lo alto de las murallas lo observaba. "El amor, mirando bajo sus negras pestañas, me arroja en inevitables redes" (Safo).

De pronto la muchacha palideció, conteniendo apenas un grito. Sus ojos se nublaron de lágrimas. Había visto cómo al acercarse, Pélops retrocedía horrorizado, pero tras un segundo de vacilación continuaba cruzando hacia el patio. ¡Sobre el dintel de piedra colgaban once de las trece cabezas de los infortunados pretendientes!

Otro personaje observaba también interesado la escena: era Mirtilos, hijo de Hermes, el auriga del rey, quien igualmente enamorado de la princesa, planeaba su propia participación en el asunto.

Ya en el patio, Oenomaos se presentó ante Pélops decepcionantemente cordial. Su hermosísima cabeza morena rebosaba nobleza. Bajo dos cejas negras brillaban un par de oscuros ojos serenos. Sin apresurarse planteó una vez más las reglas de la competencia: él tenía por costumbre dar ventaja a los jóvenes pretendientes, declaró. Pélops estuvo a punto de desdeñar esta cortesía pensando en los veloces caballos de Poseidón, cuando advirtió que dos cabezas más miraban la escena, sin poder verla. Eran las de Pelargos y Perifas, las dos últimas víctimas del amor de Hipodamia. Estremecido, aceptó entonces la ventaja. Ahora sólo aguardaban la llegada de la muchacha.

Ligera como una paloma, descalza y con su trenza negra que colgaba hasta el ruedo de la fina túnica, bajó Hipodamia desde la terraza. Pélops y la niña salieron al campo. Era temprano aún para la bajada del sol. Redondas nubes blancas navegaban por el límpido cielo y a sus pulmones llegaba el fragante olor del campo. Respiraron profundamente la dulzura de ser jóvenes y estar vivos. Decididos, ya en secreta complicidad, los dos jóvenes subieron al carro. Mirando hacia el portal del palacio, vieron a Oenomaos en el patio ofreciendo tranquilamente una libación en el altar de Zeus.

Los caballos partieron rápidos como centellas. Dejaron atrás las nubes en cuestión de segundos. Pélops, con las riendas firmemente asidas, apenas respiraba con el viento loco de la carrera. Parecían volar y durante un tiempo les pareció que iban navegando en ese mar de brillante hierba y suaves colinas. De pronto oyeron el ruido de otros cascos: eran los terribles corceles del dios de la guerra que golpeaban la tierra con redoble de tambores.

Los potros del rey podían perfectamente haber aventajado a los de Pélops, sólo que Mirtilos, el auriga real, había soltado los ejes de las ruedas y luego de zafarse una, el carro del rey había volcado. Mirtilos ya se había arrojado al suelo en plena carrera. Los potros despavoridos, sin auriga, arrastraron el carro con Oenomaos enredado entre las firmes correas, y cayó al mar.

Al no sentir ya el carro del rey, Pélops miró hacia atrás y frenó como pudo a los caballos de Poseidón. Dejando sola a Hipodamia corrió y entre la nubada de polvo distinguió a Mirtilos. Sin pensarlo un segundo, levantó la espada y mató a su rival tirándolo también a las espumantes olas. Pélops había vencido cumpliendo las crueles reglas de su suegro.

Así fue como Pélops casó con Hipodamia, dio su nombre a la región del Peloponeso e hizo descender, con el asesinato de Mirtilos, terribles maldiciones sobre la casa de sus descendientes Atreo y Tiestes.

> "¡Oh, laboriosa carrera del antiguo Pélops,
> cuántos ayes arrancaste a esta tierra.
> Pues desde que hundido en el mar yace Mirtilos
> ...nunca se apartó la funesta calamidad!"
>
> Sófocles, *Electra*

Pélops reinó con el cetro que Hefestos había labrado para Zeus. "El padre de los dioses lo había regalado a Hermes cuando éste dio muerte a Argos. Luego Hermes lo regaló a Pélops, de quien lo recibió Tiestes y de éste, Atreo" (Homero). Tal era el ilustre cetro del rey de Micenas.

La historia de Sísifo

"Como son la generaciones de las hojas
de los árboles,
así son las de los hombres.
El viento dispersa las hojas caídas al suelo,
pero el tronco vivo da nacimiento a nuevos
[brotes
cuando retorna el tiempo de la primavera.
De igual suerte una generación humana nace
y otra desaparece."

HOMERO, *La Ilíada*, VI

–Glauco –continuó narrando Demetrio–, descendiente de Sísifo, explicaba así su origen: el tronco del cual él provenía era, según sus propias palabras, el de "Sísifo, el más agudo de los hombres".

Sísifo era hijo de Eolo y vivía en aquella parte del istmo de Corinto que avista quien quiera cruzar hacia el golfo de Sarónica. Un buen día, estando en Acrocorinto, el rocoso promontorio, vio pasar nada menos que a Zeus. Era en aquellos tiempos en que el dios del cielo andaba enamorado de Egina, la isla hija del dios río Asopo. Muy pronto apareció también Asopo, preguntando preocupado por su hija. Sísifo negó haber visto nada, pero cuando el dios río le ofreció hacer brotar una fuente para Corinto, entonces delató sin más al enamorado Zeus.

El rey del Olimpo, furioso, mandó luego contra Sísifo a Tánatos, la Muerte. No se sabe cómo Sísifo pudo burlarla, pero lo cierto es que logró encadenarla y desde ese momento ya nadie podía morir. Ares, sintiéndose directamente perjudicado con esta situación tan extraña, la liberó y puso en sus manos a Sísifo.

"Está bien, Tánatos –dijo Sísifo–. Está bien. Me iré contigo al Hades, pero sólo te pido un favor. Permíteme antes hablar con mi esposa, la reina Merope." Allá se fue el astuto y le dijo a su reina que no lo sepultara y que tuviera buen cuidado de no ofrecer libaciones fúnebres en su nombre a los dioses del reino subterráneo.

Luego que hubo descendido a la oscura mansión del Hades, se fue Sísifo derecho a hablar con Perséfone, la señora de aquellos dominios. Ya los dioses del Hades estaban inquietos, pues ninguna libación había sido hecha. "Mi situación es muy irregular –dijo Sísifo a la reina–, yo no debería estar aquí en realidad, puesto que sin haber sido sepultado me corresponde estar en la otra ribera." Pidió, pues, permiso a Perséfone para corregir su situación y de este modo nuevamente volvió al mundo de los vivos.

Vecino de Sísifo era Autolicos, hijo de Hermes y, como su padre, maestro de ladrones. El agudo Sísifo había observado que su vecino le robaba el ganado, pero parecía realmente imposible pillarlo.

El hijo de Hermes tenía poder para cambiar el ganado de negro a blanco, y de cornudo a sin cuernos. Trabajaba en silencio, de noche, con rapidez asombrosa. ¡Difícil sorprenderlo!

Sísifo discurrió hacerles a sus propios animales una inscripción en las pezuñas, por el lado del suelo, y se puso a esperar. Al día siguiente llamó a otros vecinos para que revisaran parte del ganado llevado durante la noche por Autolicos y lo delató públicamente.

Después de este episodio, como es natural, ambos se hicieron buenos amigos: el mayor de los ladrones y el más agudo de los vivos. Más adelante, Sísifo tuvo un hijo con Anticlea, hija de su amigo Autolicos, la que posteriormente casó con Laertes, el Argivo, por eso se ha dicho que Odiseo,[1] el hombre de enorme ingenio, era hijo en realidad de Sísifo y Anticlea, y no de Laertes, quien figuraba generalmente como su padre.

A su debido tiempo Tánatos volvió a invitar a Sísifo al Hades, donde sus jueces le dieron una pena especialmente adecuada para astutos. Desde entonces y para siempre, Sísifo debe hacer rodar cuesta arriba una enorme piedra y cuando ya está por alcanzar con ella la cima, rueda el peñasco nuevamente hasta el fondo, y todo debe comenzar de nuevo.

---

[1] Se trata, por supuesto, del famoso héroe homérico Odiseo llamado Ulises por los latinos. Odiseo es el protagonista de *La Odisea*.

Heracles

"Hay una hora en que los hombres necesitan
[vientos;
hay una hora para las aguas del cielo,
para las gotas de lluvia hijas de la nube.
Pero si con trabajos un hombre sale victorioso,
los dulces cantos anuncian la fama venidera
y son prenda del recuerdo de grandes
[hazañas."

PINDARO, *O. Olímpica*

"Las estrellas y los ríos y las olas
te reclaman de vuelta."

PINDARO, *Fragmento*

NAVEGACION

Habíamos conocido Olimpia y la salida del río Alfeo, y navegábamos una brillante mañana cerca de la quebrada costa de Elis. Nuestro barco, sin ser pequeño, no era tampoco de esos que defienden demasiado del mareo. Mi hermano, hasta entonces de buen estómago y mejor cabeza, se anduvo quejando y Demetrio amaneció especialmente callado. Al poco rato, murmurando algo sobre "los pájaros de Stimfalos", el profesor me pasó unas páginas para que leyera "en tierra de piratas". En resumen, Demetrio y mi hermano estaban, por alguna desconocida molestia, fuera de combate y se suponía que yo debía entretenerme solo.

Durante los meses anteriores habíamos visto bastante y leído aún más. Me vendría bien esta oportunidad de rumiar a solas, de sentir el mar y pensar. Imaginaba las enormes murallas de Tebas. Tebas era para mí una ciudad de muros y sombras. Micenas, por el contrario, con sus dos fieras y su fiero sol, no tenía nada en común con las oscuras murallas tebanas contra las cuales veía yo la clara silueta de Antígona caminando con una mezcla de miedo y valentía. En Tebas las figuras se esfumaban, pero no se derretían de sol como en Micenas. Así, distraído, empecé a leer.

ORIGEN Y PARENTELA

Los Tafios eran piratas bien conocidos, además de ser reclamantes del trono de Micenas. Pterelao, el rey Tafio, era nieto de Poseidón y no podía ser derrotado a menos que se le robara el mágico rizo dorado, regalo del abuelo. Había hecho hacía poco una gran redada del ganado de Electrión, hijo de Perseo y Gran Rey de Micenas, el que reina sobre los demás. Amfitrión, sobrino de Electrión, quedaría a cargo de Micenas mientras el soberano y sus ocho hijos partían a hacer la guerra contra los ladrones Tafios. Al despedirse el rey prometió a Amfitrión la mano de su única hija, Alcmena.

Cuando el tío estaba en campaña, Amfitrión tuvo noticias del ganado que le había sido robado, por el dato de su amigo el rey de Elis. Este amigo, llamado Augías, podría perfectamente ser "el sol que todo lo ve"... Los ladrones pedían, en todo caso, un rescate por devolver los rebaños, y Amfitrión lo pagó sin más trámites. Cuando regresó Electrión se indignó por el pago de lo que, al fin y al cabo, era suyo. Amfitrión, despechado y bastante picado por la escena que le hizo el tío, tiró un palo descuidadamente a una de las vacas que se había salido del camino. El palo rebotó contra uno de los cuernos del animal y voló derecho hacia la cabeza del rey, matándolo al instante. Entonces Stenelos, otro hijo de Perseo y también tío de Amfitrión, expulsó al muchacho y a su novia de Micenas y él asumió el mando del reino. Amfitrión y Alcmena tuvieron que dirigirse a Tebas, donde fueron purificados del homicidio.[1]

Alcmena, sin embargo, no quería convertirse en esposa de Amfitrión mientras no fuera vengada debidamente la muerte violenta de sus sietes hermanos caídos en el combate contra los piratas Tafios. Amfitrión tuvo que reunir un contingente de aliados y partió en campaña contra los piratas.

La hija de Pterelao, rey de los Tafios, se enamoró de uno de los capitanes de Amfitrión, quien

---

[1] Purificación. Apolo es el dios que purifica a todos los que han manchado sus manos con sangre, sean culpables de su acto o no. Con ello los limpia y sana de la impureza que los impregna y que amenaza con corromper su propia vida moral e incluso contagiar a los demás de su comunidad. Esto es así aun cuando el hecho de sangre haya sido cometido sin intención ni culpa. De acuerdo con las creencias más antiguas el hombre debía sufrir y pagar por lo que había hecho, inexorablemente. Apolo, reconociendo este hecho inevitable, asume la tarea de mostrar al hombre una salida, iluminándolo con respecto a sí mismo y a lo que debe hacer en el futuro. Conviene tener presente aquí el drama de Oreste en *Las Euménides*.

la convenció de robar el famoso rizo de su padre, haciéndolo así vulnerable. De ese modo Amfitrión pudo conseguir a la vez botín y victoria.

El día del regreso de Amfitrión victorioso fue conocido, naturalmente, por los dioses que habitan el bienaventurado Olimpo. Entonces Zeus bajó con una copa de oro en la mano y un collar tan hermoso como el que había regalado en otro tiempo a Europa. Decidido a ser padre de un héroe extraordinario que llevara la sangre ya divina de los descendientes de Perseo, Zeus llegó bajo la apariencia de Amfitrión donde la joven Alcmena.

> "La resina de los árboles empapados exhalaba fragancia, como cuando caen los ensortijados cabellos de Zeus inclinado hacia la tierra con pensamientos de amor."
>
> Angelos Sikelianos, s. XX d. C.

Mientras tanto, Hermes convencía a Helios, el Sol, de quedarse descansando aquel día. Helios murmuró por lo bajo un comentario ácido acerca de los buenos tiempos en que reinaba Cronos, y en los cuales "el día era verdaderamente día, y la noche, noche", pero luego de refunfuñar accedió al pedido de Hermes dejando que las Horas desengancharan sus corceles. La Luna, en cambio, se dejó persuadir fácilmente y demoró tres noches en recorrer el firmamento con su lento paso de plata, de manera que el niño que Alcmena concebiría aquella larga noche sería Triseleno, es decir, un niño de tres lunas.[2]

[2] Cabe preguntarse si las tres lunas serían las tres fases de la vida y, por lo tanto, signo de un destino inmortal.

NACIMIENTO DE HERACLES

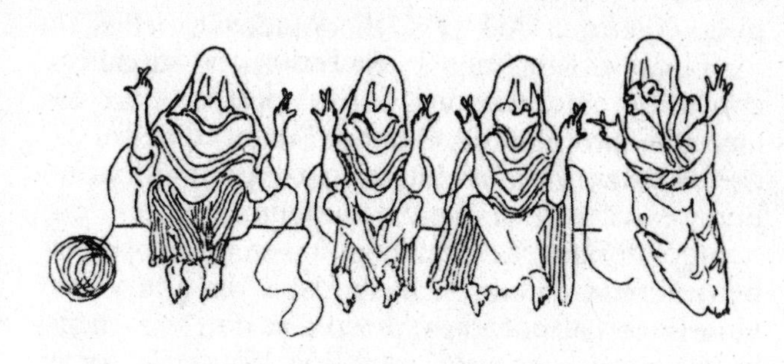

A los nueve meses de la prolongada noche en el palacio de Alcmena, Zeus, poseído de Até,[3] la Fatuidad, anunció con voz sonora y vibrante como campana: "¡Escuchadme, dioses y diosas, que voy a proclamar el secreto que guarda mi pecho! En este día, Eleitea, la que ayuda a dar a luz, recibirá a un niño que será Señor de toda la comarca, pues es de sangre de aquellos que han nacido de mí". Hera pretendió incredulidad: "No podría jamás creer semejante cosa –dijo–; tendrías que jurarlo solemnemente. Sólo así podría creerlo". Zeus orgullosamente juró por la laguna Estigia que "el que hoy caerá entre los pies de una mujer, ejercerá dominio, por ser de los que llevan mi sangre".

Hera sólo esperaba eso. Se apresuró a llegar al palacio de Stenelos, donde a su mujer le faltaban sólo dos meses para dar a luz un hijo. Llamó Hera a Eleitea y apuró el parto. Volvió luego satisfecha al Olimpo e informó sonriente a Zeus que

---

[3] Até es la diosa de la Fatuidad que, antes de este incidente, se paseaba libremente por el universo: ahora sólo deambula entre los hombres.

el Señor de los Argivos era ya nacido: Euristeo, hijo de Stenelos. Al oír esto Zeus se demudó de furia. Agarró a Até por los dorados cabellos, la hizo girar violentamente por encima de su cabeza y la arrojó para que viviera en adelante entre los mortales, prohibiéndole nunca jamás volver al estrellado cielo ni a la cima del Olimpo. Pero ya no podía revocar su solemne juramento.

En el palacio de Amfitrión, mientras tanto, reinaba una tensa espera. Alcmena debía dar a luz, pero el niño no nacía. Eleitea, por orden de Hera, cruzaba tercamente manos y pies con los dedos firmemente enlazados. Las Parcas, a su lado, hilaban y devanaban esperando el momento justo de medir la vida que tendría el recién nacido. Todas estaban sentadas en el lujoso y amplio vestíbulo del palacio.

De la habitación de Alcmena salían los quejidos de la joven parturienta, pero las cuatro terribles diosas no cejaban. De pronto, se abrió una puerta violentamente y salió Galintias, una muchacha que servía en el palacio, gritando alegre: "¡Por voluntad de Zeus el niño ya nació! ¡Por voluntad de Zeus ya no tenéis nada más que hacer aquí!". Las tres Parcas levantaron con sorpresa las manos dejando caer la medida del hilo[4] y Eleitea desanudó pies y manos. Eso mismo quería la muchacha. Alcmena pudo entonces dar a luz a Heracles, hijo de Zeus. ¡Cómo rió Galintias! Ella sola había burlado a las cuatro poderosas diosas, haciéndolas olvidar sus encantamientos como cuatro viejas estúpidas. Minutos más tarde Alcmena daba a luz a Ificles, el hermano gemelo de Heracles.

---

[4] Segundo indicio de la inmortalidad de Heracles.

Así fue como nació Heracles, cuyo nombre significa nada menos que "gloria de Hera", el mismo día que nació Euristeo, el hijo de Stenelos que por entonces era rey de Micenas. El título adquirido por Euristeo gracias al ardid de Hera era el de "Señor de los Señores", parecido al de Rey de Reyes, aunque no exactamente lo mismo. Quien se enseñorea de los reyes es, en realidad, el rey del Hades. Los reyes de la tierra pueden ser representantes de Zeus, pero un buen día llegan sin excepción a ser vasallos "del que recibe a todos". Heracles sería en la tierra vasallo de Euristeo hasta que cumpliera doce altas y arduas tareas. Tal era, por entonces, su destino.

INFANCIA DE HERACLES

"Hay un sendero que cruza el firmamento,
fácil de ver en el claro cielo."

OVIDIO, *Metamorfosis,* I

Una noche estaba Hera durmiendo profundamente cuando Hermes, seguramente por insinuación de Atenea, le puso al pequeño Heracles recostado entre los divinos pechos. El niño al sentir el olor a leche buscó ansioso y pegó una chupada tan vigorosa que Hera despertó adolorida. El chorro de leche siguió brotando con fuerza y se convirtió en la Vía Láctea. Atenea había conseguido su propósito: Heracles había probado la leche de la madre diosa que lo haría inmortal. Este es el tercer indicio de la inmortalidad de Heracles. Así como Dionisos es el héroe entre los dioses, Heracles merece ser el dios entre los héroes.

Una noche, cuando los mellizos tenían un año. Alcmena, luego de bañarlos y de arroparlos con una suave piel de carnero, los acostó a dormir dentro del gran escudo de bronce que Amfitrión había ganado a Pterelao, el del rizo de oro. Luego la madre se fue a su habitación dejando a los niños dormidos en la oscuridad.

"Heracles fue visto por Hera desde su dorado [trono
cuando lo envolvieron en paños color azafrán,
y la reina de los dioses, aguijoneada por la ira,
despachó serpientes prestamente."

Así fue como, pasada la medianoche, dos grandes serpientes azules se deslizaron por el áspero suelo de piedra. Hay quienes sostienen que iban derecho a cumplir una misión mortal, pero algunos declaran que iban con otro propósito. Lo cierto es que Zeus iluminó la habitación. Los gemelos despertaron. Las serpientes se estiraban y enroscaban mostrando sus lenguas rápidas como el relámpago. Ificles, luego de la mudez del terror, pegó un grito agudo y cayó del lecho pataleando. Alcmena despertó a su esposo. Amfitrión saltó, tomó la espada que colgaba del poste a la cabecera de su lecho de cedro y voló a la habitación de los hijos. La oscuridad había vuelto a reinar y Alcmena gritó desesperada pidiendo antorchas. Cuando llegaron los sirvientes la luz mostró un cuadro insólito: el pequeño Heracles sonreía sosteniendo una serpiente muerta en cada mano.

Al día siguiente se consultó al profeta Tiresias de Tebas sobre el asunto. A aquél nada le pareció extraño. Había visto que el niño sería un gran héroe y tendría el don de entender el lenguaje de los pájaros. Todos saben que este don especial de profecía se adquiere pasando lenguas de serpiente por los oídos.

LA JUVENTUD DE HERACLES

"Siempre abiertos, siempre en vigilia
están los ojos de mi alma."

DIONISOS SOLOMOS, 1798-1857

"Debes llegar a los límites de la virtud
antes de cruzar la frontera de la muerte."

TIRTEO, s. VII, a. C.

Los antiguos vasos griegos muestran a Heracles alto, pero no gigantesco; robusto, pero armonioso y proporcionado. El sabio Pitágoras se basó en el estudio de la longitud del brazo de Heracles, calculada según el estadio griego, y llegó a la conclusión de que el héroe fue alto, pero de estatura normal.

Heracles llevaba un garrote como los que usan los pastores de ganado, que él mismo arrancó de un olivo sagrado en el monte Helicón. A veces llevaba un arco y su carcaj completo. Su padre Amfitrión le enseñó el arte del auriga haciéndolo dar las vueltas con el carro lanzado a todo galope, sin siquiera rozar el pilar de la pista.[5] Cástor, uno de los Dióscuros espartanos, le dio lecciones de esgrima y lo entrenó en las artes de la caballería, que siempre fueron la prueba para los griegos de un carácter bien logrado. Sin embargo, las súbitas iras y el peligro de la falta de control, ambas fallas típicas de un héroe, no estuvieron ausentes de su genio.

Otro de sus maestros, Lino, hijo del dios Río, lo atestigua. Un día cometió el error de golpear a su pupilo durante una lección de literatura y Heracles le quebró una silla en la cabeza. Ante tama-

[5] Este pilar marcaba una curva cerrada en la pista de carreras. No rozarlo sin perder velocidad requería gran maestría en el auriga.

ño desacato Amfitrión lo mandó al campo a terminar su educación entre los rudos pastores y la madre naturaleza, la mejor maestra. Antes había tenido a un escita como profesor de tiro al arco y podía disparar certeramente a largo alcance tensando la cuerda hacia la oreja.[6] No todos sus estudios fueron guerreros, también aprendió a cantar con Eumolpo y a pulsar la lira.

La antigua tradición griega consideraba a Heracles como ejemplo del hombre benévolo y cortés, habiendo sido el primero en entregar al enemigo sus muertos para que recibieran honras fúnebres.

LOS TRABAJOS

"Es hijo de Zeus.
Con gran coraje trabajó
dando a los hombres días tranquilos,
al destruir a los temidos monstruos."

EURIPIDES, *Heracles furioso*

[6] Hasta el s. VI a. C. los romanos tenían que usar jabalina para tiro de largo alcance, pues tensaban hacia el pecho. Los soldados de Bizancio tensaban, como Heracles, a la manera escita.

Gracias al engaño de Hera, Euristeo había privado a Heracles de su legítima herencia. Ahora estaba escrito que debía reconquistarla cumpliendo doce insignes trabajos.

I. El león de Nemea

El valle de Nemea se esconde entre las faldas del monte Aspesa, camino de Corinto. Está tan lleno de cuevas, que uno de los cerros de la cadena se llama Tretos, o "perforado". Aquí tenía su guarida un león, calamidad de los pastores. Era hermano de la Esfinge de Tebas, e indudablemente una bestia de los dioses del Hades. Hera lo había mandado. Al cazar al monstruo de Nemea Heracles cazaba algo más que una bestia.

Llegando al valle fue recibido por Molorcos, un campesino que aún lloraba la muerte de su único hijo a manos de la fiera. Fue tanto el entusiasmo que le produjo la aparición de Heracles, que propuso matar en su honor a su último carnero. "Si no regreso en treinta días, sacrifica al animal en sacrificio de héroe, mas si regreso, lo sacrificaremos juntos en honor de Zeus", con estas palabras Heracles partió al lugar donde habitaba la fiera.

Debía entrar a la profunda cueva del león. Tapó una de las dos salidas y entró resueltamente. Intentó primero atacarlo con las flechas, pero éstas sólo rebotaban. Intentó usar luego el garrote, pero nada logró. Entonces el héroe comprendió: este tipo de enemigo sólo podía ser vencido con armas naturales, y así lo hizo, dándole muerte con sus manos desnudas después de un terrible abrazo. Demoró justo treinta días, ¿sería acaso víctima de Hipnos, el Sueño, signo y precursor de la muerte?

Molorcos y Heracles ofrecieron el carnero en honor de Zeus y el héroe vistió de allí en adelante la cabeza y la piel del león de Nemea, proclamando así la esperanza de librar al hombre del imperio que sobre él ejerce la muerte.

Así vestido, se encaminó a la ciudad de Micenas, y el rey Euristeo casi pereció de terror al ver los despojos de la bestia sobre los hombros de Heracles. Le prohibió acercarse, y dicen algunos que hizo fabricar una gran tinaja de bronce para esconderse en ella cada vez que el héroe llegara de regreso portando el fruto de cada uno de los siguientes trabajos. Zeus, en cambio, orgulloso de su hijo, puso en el cielo la figura del León.[7]

II. La hidra de Lerna

Cerca de Lerna, en Argos, se encuentra otro pasaje que conduce hasta el Hades. Allí vivía una enorme serpiente acuática. Sus muchas cabezas, que se multiplicaban al ser cortadas, eran los múltiples rostros aterrorizantes del enemigo que Heracles debía vencer. Lo hizo, pero con la ayuda de su sobrino Iolaos, hijo de su mellizo Ificles. Iolaos taló todo un bosque para utilizarlo como teas ardientes con las cuales cauterizar las innumerables gargantas de la hidra. Cada vez que Heracles daba un tajo con la espada, no sólo crecían nuevas cabezas, sino que un cangrejo gigantesco le mordía los tobillos. Al acercarse a dar cada golpe Heracles debía levantar la espada con ambas manos, empinarse y contener la respiración, pues el aliento de la hidra era mortal.

---

[7] Se trata de la constelación de Leo.

Después de que Heracles la venció. Hera llevó al cangrejo hacia las estrellas[8] y lo puso cerca del León. Pero antes Heracles untó sus flechas en la venenosa sangre de la bestia. ¿Adivinaría, acaso, que serían tan importantes en su propia vida y en la guerra de Troya?

III. La cierva de Cerinea

La cierva de Cerinea tenía unos cuernos dorados hermosísimos. Todos saben que las ciervas no son coronadas, pero ésta era especial. Por sí misma no ofrecía ningún peligro, pero había que capturarla sin lastimarla y su persecución, una vez emprendida, no podía abandonarse. Heracles la siguió con larga paciencia.

La cierva galopaba ante su vista confundiendo su piel con la rojiza tierra, se detenía un segundo inmóvil envuelta en luminosa polvareda, y brincando súbitamente de costado se metía en la espesura. En el bosque apenas se oían sus pequeños cascos sobre la hojarasca y sus brillantes cuernos aparecían y desaparecían vertiginosos, confundiéndose con lampos de sol. A veces, buscando las aguas, cazador y cierva se encontraban en una misma imagen temblorosa, pero nunca bastaba la mano ágil de Heracles para la prodigiosa velocidad del animal. Hacía muchos días que Heracles no reconocía ya las selvas y montañas, los acantilados y roqueríos que cruzaban: la cierva lo había conducido hacia lugares desconocidos.

---

[8] Se trata de la constelación de Cáncer, que significa Cangrejo en griego.

Al cabo de un año supo exactamente dónde se la podía alcanzar. Estaban ya en la tierra de los Hiperbóreos.[9] Allí, acosada, se durmió acezando bajo un fragante mirto y Heracles pudo capturarla. Artemisa se presentó de inmediato con el ceño adusto y la orgullosa cabeza en alto. Era una situación difícil. "La he capturado por mandato de Euristeo", explicó humildemente el héroe y agregó que no había hecho daño alguno al animal.

Muchos ven en esta cierva la imagen de una cierta sabiduría que no se consigue en este mundo. Sus dorados cuernos se confunden con el rápido rayo de luz que rompe la oscuridad de las selvas. A veces se los ve sin advertirlos siquiera. Artemisa permitió finalmente que la cierva fuera llevada a Micenas.

MEDIODIA

Yo me había quedado pensando en la sabiduría, con los ojos cerrados y los párpados rojos de sol. Pronto me uní a los demás que, sin preocuparse del calor, se preparaban para comer un magnífico guiso de tomates, aceitunas, queso de cabra y camarones, regado en aceite de oliva. Todos comimos como atacados por hambre marina y algunos partieron luego a dormir la siesta.

Así fue como a mi flojera natural se sumaron las circunstancias precisas para que yo quedara atrapado en una especie de encantamiento. Nun-

---

[9] Hiperbóreos son los habitantes de una región paradisíaca y misteriosa situada más allá del mundo conocido por los antiguos griegos. Su nombre significa "más allá del Bóreas", el viento frío que sopla desde el Norte.

ca pensé lo caro que me costaría, pero si volviera a elegir pagaría el precio de esa solitaria lectura.

IV. El jabalí de Erimantos

El monte Erimantos era tan amado por Artemisa como el Taigetos, pues era el lugar donde ella solía danzar. El viento y la naturaleza salvaje de los mirtos floridos le llevaban melodías que sus pies convertían en movimiento. Esto era en la región de Arcadia y por allí andaba suelto un enorme jabalí cuyos colmillos curvos recordaban la luna creciente, figura del Arco de Artemisa.

Esta vez la misión de Heracles consistía en llevar el animal vivo donde Euristeo y fue en aquella ocasión cuando se internó en los bosques de Faloe, donde viven los centauros. La memoria de estos hechos es confusa, pero se sabe que los dueños de casa, los salvajes y alegres centauros, no resistieron el influjo del regalo de Dionisos y que después de agasajar a Heracles como huésped de honor se desmandaron. La cosa terminó mal. El héroe los puso a raya con sus flechas, pero con mala suerte: una flecha envenenada con la sangre de la hidra de Lerna hirió a Quirón, el sabio centauro, quien sufrió largamente, pues no podía morir. Pero esto es parte de otra historia.[10] Los vasos antiguos muestran a Euristeo tirándose de cabeza dentro de su tinaja de bronce y a Heracles con el jabalí cargado a las espaldas, para probar que su cuarto trabajo había sido cumplido.

---

[10] Véase el capítulo sobre Prometeo en *Los mitos de los dioses griegos*.

V. Los establos de Augías

Augías era hijo de Helios, el Sol, y reinaba en Elis, situada en la costa oeste del Peloponeso. Su nombre indica su naturaleza: era "radiante". De sus ojos se desprendían rayos semejantes a los del Sol Poniente. Al Occidente van los que mueren. Tenía Augías unos establos que nunca se habían limpiado y que causaban grandes pestes.

La tarea impuesta en esta oportunidad era la de limpiarlos en un solo día. Euristeo gozaba con la deliciosa idea de que la tarea era imposible. ¡Imaginaba a Heracles llevando canasta tras canasta de bostas! El ganado de Augías era el más numeroso de la tierra. ¿Qué ganado podía ser éste, el más numeroso de todos, que aumentaba siempre y nunca disminuía? Ninguna enfermedad lo afectaba, pero era fuente de pestilencia...

Heracles desvió dos ríos, el Alfeo y el Peneo, limpiando todo en un solo día. Euristeo, despechado, no quiso contar como válido este Trabajo, puesto que dos poderosos dioses ríos habían cooperado.

VI. Los pájaros de Stimfalos

Cuando se tiene una fiebre muy alta el cuerpo tirita y arde a la vez. No se sabe entonces si hay alguien cerca o no. La imaginación vuela como pájaro enloquecido que se estrella por todos lados... Los árabes del desierto conocen bien lo que es caer con insolación y comparan este estado con terribles pájaros que bajan súbitos o que lanzan metálicas plumas mortales que caen como flechas sobre los hombres y sus bestias.

Stimfalos es región pantanosa, no tan firme que se pueda caminar, ni tan líquida que permita la navegación. Es hervidero y fuente de mosquitos y de fiebre. Los pájaros de las fiebres delirantes dejaban caer sus plumas agudas, o bien se lanzaban en picada sobre sus víctimas. Estaban, por supuesto, consagrados a Ares. ¡El herido en el campo de batalla los conoce demasiado bien!

Heracles los atrajo con una matraca de madera y comenzó la matanza. Vinieron los pájaros, seguros de su poder, en grandes cantidades. Las flechas volaban hacia los puntos vulnerables y pronto el héroe los espantó. Un resto de la bandada llegó volando aterrorizado hasta el mar Negro, donde más tarde los encontrarían los Argonautas.

VII. El toro de Creta

Otra de las bestias de los dioses subterráneos era un famoso toro cretense que Hera puso en el camino de su hijo de leche. Nuevamente este animal poderoso no podía ser vencido sino con las armas personales: el valor y las manos desnudas. Dicen que luego de vencerlo Heracles lo dejó libre en la región de Maratón, donde siguió molestando hasta que se encontró más adelante con Teseo.

VIII. Las yeguas de Diomedes

Diomedes, hijo de Ares, tenía unas famosas yeguas criadas entre los vientos de la región de Tracia. La especialidad de estos bellísimos animales era comer carne humana. Su hambre fue aplacada finalmente al ser alimentadas por Heracles con la carne de Diomedes mismo.

ALCESTES

Cuando iba de camino a capturar las temidas yeguas de la muerte, Heracles pasó a visitar a Admetos, rey de Tesalia. Al llegar, advirtió que el palacio estaba en duelo y preguntó si su presencia no perturbaría algún dolor familiar. Admetos no quiso decirle la verdad. Le gustó la visita de Heracles y disimulando su gran dolor lo invitó a pasar. Caminando por los largos corredores de puertas cerradas, iba el héroe guiado por un respetuoso sirviente.

Heracles, luego de aceptar la hospitalaria invitación, de coronarse la cabeza y de beber el don sagrado de Dionisos, se sintió expansivo. Miró a su alrededor y sólo vio caras tristes. El viejo sirviente que lo atendía se movía con ese silencio del ánimo encogido que no puede evitar el ensimismamiento. "La vida para ustedes, sobrios y solemnes personajes, en mi opinión no es verdadera vida sino una simple calamidad", comentó algo achispado Heracles.

Entonces el fiel viejo no pudo más y le contó lo que sucedía. El dios Arquero, Apolo, había servido durante su año de purificación[11] en la casa de Admetos, cuando éste era pretendiente de Alcestes, la hija de Pelias, rey de Iolcos. El padre de Alcestes había exigido al novio que unciera al

[11] Véase la historia de Apolo en *Los mitos de los dioses griegos*.

carro nupcial un león ayuntado con un jabalí. La insólita hazaña había sido llevada a cabo por Apolo en nombre del novio, y durante las fiestas nupciales el dios se había divertido dejando a las Moiras o Parcas un poco alegres con el vino. Entonces les exigió un regalo de bodas digno de su magno poder. Entre bromas y risas, las severas señoras ofrecieron cambiar la hora de la muerte de Admetos por la de alguien que quisiera morir en su lugar.

Pasó el tiempo. Apolo finalmente dejó el palacio de Admetos, terminada ya su purificación, cuando la pareja había recibido la bendición de dos hijos. La joven esposa, Alcestes, amada por todos, daba gracia y paz al hogar.

El mismo día que Apolo dejó el reino, entró Tánatos, la Muerte, a cobrar su presa. El viejo padre de Admetos y su anciana madre rehusaron morir por él, pues "parecen muy falsas las llamadas a la muerte que hacen los viejos"... y "cuando se acerca la muerte, los achaques de la vejez se hacen livianos"... según canta Eurípides en esta obra.[12] Tampoco los viejos amigos del rey quisieron morir. Habían sido bravos para cultivar las artes de Ares, pero ahora sentían "la dulzura de la vida". Sólo Alcestes, la joven esposa, voluntariamente entregaría su vida a cambio de la de Admetos. Tánatos lo sabía y era a ella a quien venía a buscar.

Alcestes se sabía herida de mal de muerte. Conociendo que su día había llegado, se lavó con agua clara del río. Abrió el viejo arcón de cedro, se puso su más fina ropa de lino y adornó sus brazos con todas las joyas. Luego se detuvo de-

---

[12] Se trata de *Alcestes,* obra de Eurípides.

lante del hogar y oró a Hestia:[13] "Señora, iré bajo la tierra. Por última vez me arrodillo ante ti. Te ruego que cuides a mis hijos, ahora huérfanos. Dale a mi hijo una esposa que lo ame y a mi hija únela a un noble esposo. No permitas que mueran a destiempo como su madre, sino que lleguen a ser ancianos y felices en su heredad".

Enseguida adornó todos los altares con fragante mirto y en cada uno ofreció su oración. Fue a su habitación, donde años antes había entrado como alegre doncella; saldría ahora como esposa constante y fiel.

Admetos no podrá olvidar nunca este dolor punzante: no puede morir pero vivirá la muerte. Alcestes se despide haciéndole jurar que no dará madrastra a sus hijos. Admetos lo jura y agrega: "¡Pondré fin a las alegrías... a los convites de amigos, a las guirnaldas y cantares que solían llenar mi casa!". Luego la esposa se despide: "¡Sol, luz del día, fugaces nubes del cielo...! Pero cuando Tánatos toca los cabellos de alguien con su espada ha llegado la hora del descenso al Hades".

Se oye entonces el lamento de las mujeres que crispan las manos y hacen sonar las palmas con los brazos en alto. Se pone delante de la habitación el cántaro de agua clara; se esparcen mechones de cabellos por el suelo del vestíbulo. Se forma el cortejo de los nobles acompañantes...

Ni siquiera Asclepio, el sabio hijo de Apolo, puede ya rescatar a nadie, pues Zeus lo fulminó con su rayo. Sólo queda sacrificar sangre en el altar de los dioses y cantar el solemne himno en

---

[13] Véase el capítulo "Hestia, la diosa escondida", en *Los mitos de los dioses griegos*.

honor de Hades, el rey que a todos recibe. Los poetas, servidores de las Musas, entonarán largos cantos en honor de la nobleza de la muerta. Pero eso no consuela a su casa.

Heracles se entera en este momento de la verdad, y se dispone una vez más a interceptar a la Muerte, pues... "mis tareas suelen ser cuesta arriba, arduas y difíciles".

Si Heracles alcanza a llegar antes de que Alcestes sea alzada a la pira funeraria, podrá interceptar a Tánatos. Nadie vio nunca al héroe en este cuerpo a cuerpo.

Admetos regresa a su casa triste y vacío. Ha perdido el cariño de sus ancianos padres. Ha conocido los peores rostros de la muerte: el resentimiento, la soledad, la desilusión de toda amistad, la pérdida de lo que había dado sentido a su vida, ha conocido sus límites y empieza a conocer el abismo.

Es entonces cuando Heracles llega con Alcestes, velada y silenciosa, botín inapreciable de su encuentro con Tánatos. Admetos, al principio incrédulo, poco a poco revive al hecho. Pero no podrá tocar a su mujer durante tres días, hasta que se borre la consagración al Hades. Se muestra así la extraña relación de las nupcias y la muerte, de la muerte y de las muertes.

Heracles entrega Alcestes finalmente al esposo. "No fue robada –dice–, sino ganada con gran trabajo." Nadie antes había arrebatado nunca nada a Tánatos.

IX. El cinto de Hipólita

Hipólita, hija de Ares, era reina de las Amazonas, esa terrible tribu de mujeres guerreras que habitan cerca de la laguna donde desaguan tantos ríos. Algunos autores sostienen que el vestido de la reina era una piel de serpiente de Libia. Esta vez Heracles no emprendió solo su trabajo, sino en muy buena compañía de héroes. No fueron mal recibidos, por lo menos al principio.

No se sabe, en realidad, si el cinto de Hipólita hubiera podido ser ganado pacíficamente. El hecho es que Hera, disfrazada de amazona, sembró entre ellas la desconfianza. Luego de una guerra sin cuartel Heracles despojó a la reina de su cinto y partió rumbo a Micenas, donde aún se guardan estos trofeos.

Hera, en vista de que le había fallado la intriga, consiguió que Hipnos, el Sueño, pesara sobre los párpados de Zeus. Mientras dormía, ella levantó una terrible tormenta en el mar y de las seis naves en que viajaba el grupo de héroes, se perdieron cinco. Siguieron las aventuras y llegaron finalmente a Cos. Allí Heracles tuvo que luchar contra una serie de reyes de nombres muy sugerentes: "El de los Grandes Portones", "El de los Dientes de Bronce"... Pero Zeus terminó por despertar. Al tomar conciencia del aprieto en que se encontraba su hijo, montó en cólera. Retó a todo el Olimpo y amenazó con sus iras. Luego empezó a buscar a Hipnos, que se había refugiado en el regazo de la vencedora de los dioses y de los hombres. Entonces Zeus reprimió su cólera no queriendo invadir los derechos de la "Sagrada Noche". Así Hipnos se salvó de ser arrojado por Zeus, el Pastor de Nubes, hacia el profundo mar.

Pero con Hera tuvo un buen desquite. La suspendió cielo abajo con una cadena de oro con grilletes en los pies, y prohibió expresamente auxiliarla. Hefestos, hijo de Zeus y Hera, intentó su liberación, pero fue arrojado violentamente Olimpo abajo, donde se ganó la segunda fractura de las piernas.[14]

ATARDECER

No había sentido el paso del tiempo. Dejé la lectura y vi que todo el universo se había transformado. Ya las cosas no estaban ocultas por la intensa luz. Ahora los colores se hacían tibios, el mar dorado, el cielo brillaba suavemente y el sol empezaba a sentarse en el horizonte.

Por un instante todo se volvió cercano y bañado de sol. Al segundo siguiente las islas lejanas enrojecían, el cielo bajaba achicando el espacio y contenía la respiración haciéndose nuevamente agua y cielo nítidamente separados.

Se había dejado sentir la nostalgia, hermana de la tarde, que hace huérfanos y extranjeros a los hombres. El mar se hizo bravo movimiento presente y eficaz. El pálido color helado de las olas hizo regresar del rojo sol poniente al oscuro mar de Homero, camino del Hades. Me instalé en el camarote a leer. Al venir "la sagrada noche" entraría con Heracles al mundo subterráneo. El mar se agitó un instante en su sueño, y después terminé por olvidarlo.

---

[14] La primera vez, recién nacido, había caído del Olimpo.

X. El ganado de Gerioneo

"Luego el dios Sol, Helios, hijo de Hiperion,
fue izado en su dorada copa sobre el Océano
y entró en las oscuras profundidades de la
[Sagrada Noche.
Iba en busca de su madre, su joven esposa,
[sus amados hijos.
Pero Heracles cruzaba la tierra caminando
[resuelto
a su misión por los sombreados bosques de
[laureles."

STESICHOROS DE SICILIA, c. 630 a. C.

Heracles se embarcó para cumplir esta tarea en la corriente misma del Océano. Navegar por las aguas del Padre Océano era algo tan insólito que si el héroe pudo hacerlo, es muy probable que nadie se le haya opuesto seriamente.

El ganado que Heracles debía recobrar estaba en una isla occidental, roja de sol poniente, así como sus vacas eran rojas y hermosísimas. El rebaño era cuidado por Orto, el perro hermano de Cancerbero, cuidador del Hades. Su dueño, Gerioneo, andaba extrañamente armado para ser un simple pastor.

Para embarcarse en la corriente oceánica era necesario pasar por la puerta de Pylos, cuyo rey era Neleo, "el Despiadado". En este punto de la historia Hera, Poseidón y Hades en persona detienen a Heracles. El héroe avanza. Con mano firme saca primero una flecha de tres puntas y se la lanza a Hera encima de un pecho. Hera, terriblemente adolorida –no creyó nunca que un mortal la hiriera–, vio muy pronto herido también a Hades, a quien el hijo de Zeus le clavó otra flecha cerca de las puertas de su propio reino. Poseidón tampoco lo pudo detener, de modo que el héroe se embarcó como se lo proponía. Al cruzar el actual estrecho de Gibraltar, erigió dos pilares, uno en Africa y el otro en Europa, en recuerdo del hecho. Seguramente lo hizo también para evitar que grandes monstruos del Occidente entraran al Mediterráneo. Helios lo miró asombrado y sus rayos comenzaron a caer verticales sobre Heracles. "Con este calor –pensó el héroe–, ¿quién puede trabajar tranquilo?"

Entonces tensó su arco y cerrando bien los ojos mandó al Sol una vibrante flecha. Más tarde Heracles y Helios se entendieron tan bien que el Sol le prestó a Heracles su famosa embarcación dorada con forma de flor de loto. Océano se divirtió mucho haciéndola inclinarse peligrosamente primero de un lado y luego del otro.

Finalmente llegó a su destino. Orto salió ladrando con el pelo erizado, listo para devorar al intruso. "Sin miedo –llamó un poeta a Heracles–, pues los salvajes mastines de Gerioneo tiritaron delante de él." A Gerioneo, Heracles le dio muerte con sus flechas.

Al regresar pasó por Lidia, "madre de las fieras", y debió pelear con Anteo, un gigante. Este era hijo de Poseidón y no dejaba pasar a nadie sin luchar con él. Por supuesto, nunca perdía. No se sabe bien qué hacía con los cadáveres de sus víctimas, pero dicen que reservaba las calaveras para adornar un templo que estaba construyendo en honor de su padre.

Antes de la lucha, Heracles se untó el cuerpo con aceite como lo hacen los atenienses, y Anteo, en cambio, se roció cuidadosamente con tierra. Al primer encuentro Heracles lo tumbó y observó espantado que mientras más plano lo mantenía contra el suelo, mejor parecía sentirse el gigante. Siguieron la lucha y Anteo fingió caerse. Heracles entonces sospechó la verdad. Este gigante era hijo de Gea, la Madre Tierra, y cada vez que caía ella le renovaba sus fuerzas. Fue necesario debilitarlo suspendiéndolo largo rato en el aire para poder derrotarlo.

XI. Las manzanas de las Hespérides

Viajando hacia el Poniente, en la falda del monte Atlas, está el famoso jardín propiedad de Hera. En su centro está plantado el árbol que la diosa recibió como regalo de bodas de parte de Gea, la Madre Tierra, cuando su matrimonio con Zeus, y cuyos frutos son las afamadas manzanas de oro. Al huerto de Hera llegan todos los días los cansados caballos del carro solar y en sus suaves laderas pastan los ganados. Hera había dejado a las Hespérides, hijas del lucero de la tarde, el encargo de cuidar los frutos, pero como encontraba que ellas eran demasiado generosas, había dejado, además, a la serpiente Ladón enroscada en el tronco del árbol.

Heracles no conocía el camino que conducía al jardín –en realidad nadie lo sabía–, de modo que partió hacia el río Po, en Italia, para conseguir la información de parte del dios Nereo, que tiene dotes proféticas. Al llegar a la ribera del Po encontró al viejo profeta profundamente dormido. Lo sujetó fuertemente con ambos brazos, pues sabía, como todo el mundo, que el viejo se transformaría en diversos monstruos para desanimarlo. Pero sin asustarse y con paciencia obtendría finalmente de él información y consejo. Así fue.

Siguiendo las instrucciones de Nereo, Heracles llegó al Jardín de las Hespérides. Al acercarse vio la enorme muralla que Atlas había construido antes de ser condenado a sujetar eternamente el firmamento sobre sus espaldas. Heracles conferenció un rato con el gigante. ¿Dejaría Atlas su puesto unos minutos a Heracles y le haría el servicio de sacar las doradas manzanas? (así lo había aconsejado Nereo). En realidad Atlas estaba dispuesto a hacer cualquier cosa para librarse del peso del firmamento, pero temía a Ladón.

De modo que desde la muralla Heracles mató a la serpiente con una certera flecha. Entonces Atlas partió alegremente y sacó las manzanas. Pero ya le había tomado el gusto a la libertad e ingenuamente le comentó a Heracles que lo hacía muy bien sujetando el firmamento. ¿Tal vez él mismo le podría llevar las manzanas a Euristeo? "Perfecto –respondió Heracles–, sólo déjame acomodar mejor la cabeza con este peso." Contento, Atlas dejó las manzanas en el suelo y se instaló en su antiguo puesto, donde aún está.

A la vuelta se dice que Heracles pasó por el mar Rojo, "que fulgura como pulido bronce y a todos alimenta, el mar de los etíopes en el Océano, donde Helios que todo lo ve baña su cuerpo inmortal y sus cansados caballos en la tibia marea de sus suaves olas" (Esquilo, fragmento).

XII. Cancerbero

El último trabajo de Heracles era bajar al reino del Hades y traer nada menos que al propio Cancerbero de vuelta a Micenas. Antes de entrar a las mansiones subterráneas el héroe debía iniciarse en los ritos de los Misterios, por lo que tuvo que dirigirse a Eleusis.[15]

Su compañía, esta vez, fueron Atenea, siempre cercana a los héroes, y Hermes, el guía del Hades. Los fantasmas huyeron chillando a su vista, excepto un tal Meleagro, magnífica visión de brillante espíritu guerrero. Heracles lo vio y tensó el arco colocando una flecha, pero la joven sombra armada le habló así: "No me lances inútiles dardos...". Con los ojos nublados por el llanto, contó su historia y la de su triste casa: una terrible plaga, un jabalí enviado por Artemisa, luego de levantar las viñas con sus colmillos, de pisotear el trigo, de asesinar a los corderos y a las ovejas madres, había matado uno a uno a todos los hombres de la casa. En los fértiles campos donde solían bailar y cantar las muchachas, todo era ahora tristeza y desolación. Inútiles habían sido los sacrificios, inútiles los ruegos de su madre. Finalmente a él mismo le había llegado la muerte en forma súbita.

El hijo de Amfitrión sintió que sus propios ojos ardían con saladas lágrimas y preguntó si habría alguna doncella en casa de Meleagro que quedara

---

[15] Los misterios de Eleusis, en el Atica, básicamente eran la adoración de Deméter, diosa de la fertilidad de la tierra, y de su hija Perséfone, reina de las regiones subterráneas. La analogía entre la tierra y una madre humana ha sido la base de muchos ritos, especialmente en los albores de la agricultura. Los atenienses estaban orgullosos porque el secreto de la agricultura les había sido confiado en tiempos muy remotos por Deméter y ellos lo habían compartido con los demás mortales. Estos ritos ofrecían iniciación a todos, libres y esclavos. Luego de las usuales purificaciones y ceremonias, se les confirmaba a los asistentes "mejores esperanzas después de la muerte". No excluía la adoración de otros dioses.

aún sin desposar. "El día de mi muerte –se lamentó la triste sombra–, vivía una sola doncella de hermosa garganta, Deyanira. Como niña no sabe aún nada de los embrujos del amor." Heracles decidió entonces que, al regresar del Hades, la tomaría como esposa y así lo prometió a Meleagro.

Más adelante en el camino se encontraron con la Gorgona, pero ante el gesto nervioso de Heracles buscando la espada, Hermes le explicó que eso era inútil, pues de nada servían allí abajo las armas. Además, las sombras de los muertos no son sino apariencias.

Bajo una piedra estaba Ascalafos, un demonio que había testificado contra la reina Perséfone, antiguamente. Heracles lo liberó, pero Deméter, que no olvida nunca nada, lo convirtió esta vez en lechuza chillona.

Llegó por fin al trono imponente de Hades. Cancerbero estaba allí en todo su erizado horror: los dientes puntiagudos, las serpientes colgantes, las tres cabezas, los ojos llameantes. Hades le dijo quedamente a Heracles: "Ahí está. Es todo tuyo. Llévatelo, pero no podrás usar garrote ni espada". Sólo las manos le servirían.

Protegido por su piel de león de las serpientes que intentaban atacarlo, Heracles dio al perro infernal tal abrazo que, sintiendo que se asfixiaba, Cancerbero se dejó llevar. No sabemos cómo salió el héroe del Tártaro en semejante compañía. Algunos dicen que Cancerbero dio su última pelea al ver la luz del sol, que lo enloqueció de terror. Más tarde, las mujeres y niños que volvían del campo a sus casas, lo vieron con sus propios ojos en el cruce de caminos de Midea.

Este fue el último de los Trabajos de Heracles. Euristeo tuvo que sufrir por última vez el pavor de la llegada del héroe a Micenas en fuerte compañía.

EL MATRIMONIO DE HERACLES

"Trae tu ofrenda virginal.
Los panes con semilla de sésamo,
las nueces, el suavísimo aceite,
no olvides la dorada miel."

Canción Nupcial Popular Griega.

Al son de flautas y bajo guirnaldas de alegres ramos, Heracles había casado con Megara, en Tebas. La muchacha era hija de Creonte.

Cuentan que mientras Heracles estaba cumpliendo sus Trabajos, Lycos, rey de Tebas, quiso "ahogar en sangre" a la estirpe del héroe. Amfitrión, el viejo padre de Heracles. Megara y los tres hijos que la pareja había tenido, se encontraban refugiados delante del altar de Zeus Soter (Salvador), para rogar por su vida como suplicantes.

Entonces Lycos ordena hacer apilar leña alrededor del desdichado grupo. Megara comprende la situación y decide prepararse con sus hijos a morir valientemente por la espada. Ella y su suegro Amfitrión piensan en los brazos fuertes del héroe ausente. Lycos sabe, por lo demás, lo que están pensando. Pero algunos hombres no comprenden la sustancia de un héroe. "Ganó fama de esforzado sin merecerlo, peleando sólo con fieras...", dice el rey. Las siete bestias de los dioses del Hades, las cinco hazañas también mortales, ¿qué son en realidad? ¿Qué significa la lucha cuerpo a cuerpo con Tánatos, la Muerte? Del héroe no se conoce el pensamiento, sólo es visible su acción para el que tiene ojos.

Y llega Heracles, pero en vez de liberación trae muerte. Hera, enfurecida por sus triunfos, ha soltado a Lyssa, la Locura, a enseñorearse de él. Heracles, poseído por la demencia, confunde a sus hijos con los de Euristeo, mata a su propia mujer Megara y a sus hijos, y de paso también a su verdadero enemigo. Luego, se revuelve ciego de espíritu y sufriente hasta que Palas Atenea interviene compadecida y le arroja la "piedra de la cordura",[16] haciendo caer al desdichado en un profundo sueño.

"También las desdichas abaten a los fuertes.
El es el hijo de Zeus."

Eurípides, *Heracles furioso*

Los esforzados trabajos cara a cara con la muerte no habían tocado el discernimiento de Heracles. Pero la Locura lo ha hundido totalmente. Al enfrentar el dolor del despertar, del encuentro con la muerte que ha triunfado en su mujer y sus hijos, Heracles se vuelve realmente hijo de Zeus.

"Pienso que algún día ha de ser tan extrema [mi desventura,
que la tierra me dará voces para que no la [toque,
y el mar para que no lo atraviese, y las fuentes...
y los ríos..."

Eurípides, *Heracles furioso*

Dejando a su padre Amfitrión el triste deber de sepultar a los muertos, Heracles parte sumido

[16] Se trata de la "lithos sophronister" de Atenea.

en el dolor, acompañado por Teseo, su amigo y espíritu semejante a él.

> "Deja que los dioses se encarguen de todo.
> Muchas veces resucitan al hombre
> a quien el desastre ha dejado tirado boca abajo,
> sobre la negra tierra."
>
> Arquiloco de Paros, s. VII a.C.

AMANECER

> *"Purísima luz del alba sobre el tranquilo mar,*
> *el mundo recién nacido*
> *navega en el aire sagrado.*
> *La luna, cansada de las orgías de la noche,*
> *se aleja...*
> *Gozo de los dioses,*
> *el día de los griegos estalla en rosas..."*
>
> PAULO NIRVANAS, 1866-1937

Parecía que el barco se hubiera detenido. Apagué la luz y vi que el cielo ya estaba claro. Por primera vez durante la travesía me sentí algo mareado. Necesitaba aire, ruido, ojalá algún ser humano que disipara la sensación oscura e inquietante de dolor que me dominaba. Habían pasado ya los terrores de la noche, y la demencia de Heracles me parecía aún peor a la luz del día.

Afuera había calma. El día sería despejado. Un viento suave y fresco me asaltó el rostro. Aquello fue la vuelta al equilibrio, como la piedra de la cordura de Atenea. Respiré y se abrieron mis oídos y escuché los lengüeteos del mar en los costados del barco. Después del alegre desayuno mi hermano, que había dormido toda la noche y se sentía como nuevo, me convidó a todo tipo de actividades. Demetrio me defendió, felizmente:

–Déjalo por ahora, creo que tiene derecho a terminar su lectura –dijo a mi hermano. Mirándome, añadió muy serio–: Pareces un muerto de tres días.

Bueno, en realidad cansado estaba.

LOS KEKROPES

Hay episodios oscuros y huellas de muchas otras historias que tienen que ver con Heracles. Ni siquiera se ponen de acuerdo los autores sobre el orden de sus hazañas, salvo en los doce Trabajos.

Cuentan que el Paso de las Termópilas, el más angosto de Grecia, era lugar favorito de los salteadores de caminos. Había dos especialmente odiosos. Se trataba de los hijos de Tea, "la divina", titanesa hija de Océano. "Mentirosos, tramposos, maldadosos, engañosos, viajeros vagabundos, azotes de la humanidad", según los describe algún poeta, los Kekropes habían oído decir a su madre que tuvieran cuidado con el "hombre del trasero oscuro". Según los antiguos dibujos griegos, estos Kekropes dan la impresión de haber sido, además de odiosos, unos mellizos muy pequeños de estatura, cuyas manos ágiles y alegre falta de escrúpulos los hacían especialmente dotados para su particular vocación.

Se encontraron con Heracles adormecido, tumbado de espaldas y rodeado de sus armas. Cayeron rápida y silenciosamente sobre ellas. Heracles no estaba tan profundamente dormido como parecía y los cazó a cada uno en una mano, como si hubiesen sido un par de moscas. Los ató y colgó de un palo por las piernas. Luego se los echó a las espaldas cabeza abajo, de modo que quedaron colgando en muy buena postura para apreciar la verdad de la advertencia materna. ¡Quien los llevaba boca abajo tenía ciertamente el trasero oscuro! La piel del león de Nemea no alcanzaba a cubrir esa parte del cuerpo de Heracles, que estaba bien tostada.

La primera reacción fue de miedo, pero luego les bajó un ataque de risa tal, que Heracles divertido no pudo dejar de preguntar la razón de tanto jolgorio. Terminaron riendo los tres juntos y el héroe los dejó ir. Zeus, testigo de la escena, los convirtió en monos y los mandó poblar la isla de Ischia, o isla de los Monos, situada al sur de Italia.

Otras historias relacionadas con el héroe se refieren a un período de servidumbre que habría pasado en Lidia, como esclavo de la reina Omfale. Además, algunos autores cuentan que le tocó en suerte rescatar a la mismísima Hera del ataque importuno de unos Silenos, un día que la diosa daba uno de sus acostumbrados paseos terrestres.

LA CONQUISTA DE DEYANIRA

"Aquí, a tus pies, estoy dispersando
llena de nostalgia,
la florida riqueza de mi vida...."

MYRTIOTISSA, 1883-1967.

Meleagro, el triste guerrero que en el Hades había contado la sombría historia de su casa, consideró que sólo Heracles podía desposarse con su joven hermana Deyanira. Ahora, luego de haber entrado y salido tantas veces del territorio de las sombras, el héroe se encaminó a Caledonia, en Etolia, donde estaba el reino de Oeneus, padre de Meleagro y Deyanira.

Llegó, dicen algunos, muy a tiempo para disputar la mano de la doncella. El poeta latino Ovidio cuenta la lucha a muerte que sostuvo por la bella Deyanira. Heracles debió pelear con el dios río Aqueloo cuerpo a cuerpo, mientras la princesa miraba horrorizada. Es el propio Aqueloo quien relata su historia, "aun cuando duele tener que hablar de los propios fracasos".

"Deyanira era la doncella más hermosa y yo la cortejé con empeño –dijo–. Pero tuve que luchar con Heracles. El asunto me pareció humillante. Yo, un dios, contra un hijo de Zeus, pero mortal... Al comienzo intenté ganar mi pleito con palabras, pero Heracles replicó: 'Me defiendo mejor con las manos que con la lengua'. Se desnudó de su piel de león y yo crucé los brazos para detener los brutales ataques".

Después de luchar largo rato el río empezó a transformarse, primero en luminosa serpiente, cosa que a Heracles le pareció ridícula, puesto que él había vencido a dos desde la cuna, y más tarde había luchado con la muy magnífica hidra de Lerna. Enseguida el río se transformó en toro bramador, pero Heracles, que había vencido al toro de Creta, lo hizo doblegar los poderosos músculos del cuello hasta hacerle tocar el suelo. No sólo eso, también le arrancó de cuajo uno de los cuernos. Las Náyades lo recogieron amorosamente y acostumbran repletarlo de frutas y perfumadas flores de manera que desde entonces, santificado, el cuerpo del río enriquece a la diosa de la Abundancia.[17]

---

[17] Se lo representa como un perfecto cuerno de oro colmado de frutos y flores, y se le conoce como "cornucopia", cuerno de la abundancia.

Cuando llegó la Aurora y los primeros rayos del sol tocaron las cumbres de las montañas, Aqueloo, terminada su historia, escondió sus rústicas facciones en las profundidades de sus aguas. Muy pronto volvía a fluir tranquilo, olvidado de violencias y calmado ya de amores.

Heracles debía ahora viajar con Deyanira recién ganada cruzando las hirvientes aguas del Evenos. Hacía poco que habían comenzado los deshielos de primavera y las aguas formidables y caudalosas desbordaban los límites normales. El podía nadar, pero temía por su joven mujer. Entonces apareció Neso, el centauro de fuertes patas y sabio conocedor de vados. "Yo te la cruzo –dijo a Heracles–, tú guarda tus fuerzas para nadar." El héroe lanzó a la otra ribera su garrote, su arco y flechas, y sin preocuparse de buscar un cruce fácil se tiró a nado. Deyanira, pálida, igualmente aterrorizada del río que del centauro, temblaba como una hoja. Apenas llegó el esposo a la otra orilla y levantaba su arco del suelo, cuando escuchó los gritos desesperados de la joven.

Comprendió entonces que el centauro huía raptando a Deyanira, confiado en sus rápidos cascos. Heracles apuntó una flecha tensando largamente el arco hacia la oreja y lanzó su famoso tiro, atravesando al centauro de espalda a pechos. Obligado a la muerte, Neso buscó todavía alguna forma de venganza y dijo a Deyanira: "Un regalo, niña, te quiero dar antes de morir. Toma mi camisa empapada en mi sangre. Te servirá para asegurar… el amor de tu marido". La sangre de Neso ya estaba envenenada, pues Heracles había usado con él una flecha empapada del veneno de la hidra. Deyanira ignoraba todo esto y, confiada, guardó el regalo.

"Sólo por tu exquisito amor
la noche colmó mis ojos de estrellas
para iluminar tu camino por un momento..."

MARIA POLYDOURAS, 1905-1930

LA MUERTE DE HERACLES

Mucho tiempo después, al final de la conquista de Oechalia, cuando el héroe se preparaba para ofrecer los sacrificios a Zeus, Rumor, que ama mezclar lo verdadero y lo falso y se alimenta de sus propias mentiras y crece desde pequeños comienzos, se adelantó a Heracles en regresar a casa trayendo a oídos de la esposa la noticia de nuevos amores de Heracles con Iole,[18] la princesa hija del terrible Arquero.

"Deyanira lloró amarga y largamente. Pensó en el odioso reproche, en la persecución amarga, y rencorosa, en la indiferencia, en la muerte larga de la tristeza" (Ovidio). De pronto recordó la camisa de Neso y, ¡oh imprudencia!, la envió prontamente a Heracles con dulces recados. El esposo la recibió contento y se la envolvió en sus fuertes hombros.

Los fuegos del sacrificio ya se habían encendido, estaban preparados los doce blancos toros y el héroe ofrecía incienso y oraciones a los dioses mientras derramaba vino con su copa sobre el mármol del altar. Entretanto, la violencia del veneno, calentada por el fuego, bajó por sus miembros hasta alcanzar sus pies. Con su coraje acostumbrado Heracles ahogó sus quejidos todo

[18] Iole también es conocida como Viola en otros relatos.

lo que pudo, pero cuando el sufrimiento se le hizo insoportable, llenó el boscoso monte Oeta con sus gritos. Trató de arrancarse la camisa mortífera, pero la tela sólo desgarraba piel y carne, dejando sus fuertes huesos a la vista. ¡No era posible quitarla!

Le hervía la sangre saturada de veneno, chirriando como suena el hierro calentado al rojo cuando recibe el agua helada en la forja del herrero. Intentó librarse del dolor arrojándose al agua, pero éste se hizo aún más agudo. Las aguas del lugar se volvieron calientes desde entonces, y hasta hoy se conocen como "Termópilas", "puertas calientes".

No había límite para su agonía: el fuego le roía el corazón, oscuro sudor lo bañaba, sentía que las coyunturas se le resquebrajaban mientras la escondida pestilencia le derretía los mismos huesos. Entonces clamó a Hera, hija de Cronos: "¡Mírame ahora y alimenta tus ojos con mi desgracia...!". Luego recordó sus hazañas tan duras y esforzadas. "Pero ahora... el fuego entra a mis pulmones y se alimenta de mis miembros mientras el rey Euristeo vive poderoso y saludable. ¡Que así haya hombre que aún crea en los dioses!" (Ovidio).

Me pareció éste un momento oportuno para preguntar a Demetrio sobre la causa de esta persistencia de Hera por acosar al héroe. Demetrio no me lo dejó completamente claro, sin embargo algo sugirió con sus palabras:

–Heracles significa ciertamente 'gloria de Hera' –dijo–, pero es la gloria de la diosa más alta del Olimpo, por lo tanto la más difícil, exigente como ninguna. Quizás, también, la más amante.

Después de un instante prosiguió:

–Pienso que así como Zeus debía comunicar la superabundancia de su ser procreando innumerables hijos, porque la tierra necesitaba su semilla, así también Hera cumplía un papel misterioso. No eran sólo los celos la causa de su oposición continua y activa contra algunos héroes. Creo yo que ella era el acicate para su acción porque los obligaba a hacerse más grandes, a transformarse realmente en hijos de Zeus. ¡Tantos lugares, tantos objetos quedaron ennoblecidos y se hicieron famosos en los cantos de los poetas, sólo porque tuvieron alguna parte en sus hazañas!... Pero terminemos ahora con Heracles.

Gritando, el héroe subió las cumbres del monte Oeta como brama un toro llevando incrustada la lanza con la que el cazador le ha herido para después huir de su violencia. Mientras caminaba así por la montaña vio al aterrorizado pastor Lycas encuclillado en la hendidura de una roca y, creyéndolo culpable, lo agarró y arrojó violentamente al mar Eubeo. Al volar por el aire la sangre de Lycas se congeló de terror y así se convirtió en el promontorio rocoso que los marineros evitan pisar porque creen que siente.

Se vio a Heracles apretando los dientes, gimiendo ronco, loco de dolor mientras abatía el bosque hasta formar su propia pira funeraria. Filoctetes, otro pastor, fue quien se apiadó encendiendo para él el fuego y recibiendo a cambio el famoso arco de Heracles, su carcaj y las flechas envenenadas, destinadas a ver Troya por segunda vez. Heracles extendió luego la piel del león de Nemea y se tendió. Las llamas empezaron su tarea. Crepitó la madera y Filoctetes vio cómo las rojas lenguas cubrían la figura del héroe echado ahora en tranquila dignidad. "Como quien está reclinado en un banquete", dijeron más tarde los poetas.

El viento de la montaña alzaba hacia el cielo las últimas lenguas de la hoguera cuando el poderoso Zeus abrió las nubes. Nada quedaba ya del hijo de Alcmena. A la manera de las serpientes que aparecen brillantes de juventud renovada a cada cambio de piel, la parte de Zeus en Heracles se hizo manifiesta y poderosa apareciendo en nueva figura majestuosa e inmortal. Así fue llevado al cielo el héroe, ya dios, en la cuadriga de su padre. Atlas sintió todo su peso. "Hera lo esperaba sentada al lado de Zeus. Allí en el Olimpo, como Hera del Matrimonio, le tenía una novia inmortal, Hebe, la Juventud."

Heracles es un auténtico Perseida, héroe de los primeros, un matador de fieras y rescatador de mujeres, jugador en las barbas del Hades y sujeto a la muerte. Verdaderamente Gloria de Hera, la esposa de Zeus, el que preside el Olimpo.

La historia de Teseo

"Los atenienses, aunque hijos de Kekrops, se consideran descendientes del rojo suelo del Atica, que desde el principio dio frutos de hombres y no de bestias"

C. KERENYI, *The Heroes of the Greeks.*

La casa del profesor Christomanos fue nuestro hogar durante la estadía en Grecia, mientras papá estaba en terreno, de modo que realmente llegamos a conocer Atenas y a encariñarnos con ella. Estaba ubicada en uno de esos barrios antiguos que en otro tiempo, decían, había sido bastante elegante y que ahora había ido adquiriendo ese ambiente de vecindario con chiquillos jugando, viejitos fumando pipa al sol y dueñas de casa que casi no salían, excepto para ir al mercado, a comadrear, y a alguna de esas iglesitas bizantinas redondas como lechuzas, antiguas y hermosas, que interrumpen constantemente el esquema de la ciudad.

Una mañana, la primera vez que salimos casi de madrugada hacia la Acrópolis, las mujeres ya iban de compras hablando hasta por los codos. "¿Es necesario ir al Partenón tan temprano?", refunfuñamos. "Es necesario verlo tan temprano, y un poco más tarde, y a toda hora, e incluso verlo de noche, con luna llena", contestó pacientemente Demetrio. De modo que lo seguimos resignados pasando entre vendedores de esponjas que abrían ya sus puestos callejeros, chiquillos que jugaban, olor a guiso de cordero, y popes que caminaban pausadamente, hasta que llegamos al pie de la Acrópolis y comenzamos a subir. Pronto se nos pasó el sueño.

Durante esos meses lo hicimos muchas veces, y a diferentes horas. Lo que decía Demetrio era verdad. El Partenón amanecía blanco, de corona violeta; a mediodía llegaba a tener el color de la sal y lentamente se fundía en la luz y durante la tarde se veía tan cercano, color miel, que uno sentía que casi podía tocarlo desde lejos.

LOS PRIMEROS REYES DE ATENAS

Dicen que la famosa ciudadela, o Acrópolis, tomó su nombre del rey Kekrops,[1] pero fue construida por Palas Atenea, que con sus propias manos quiso hacerla inexpugnable ante sus enemigos.

Kekrops fue el primer legendario rey de esta ciudad, famosa entre todas. A los atenienses les gustaba ser llamados "Kekropidas", es decir "des-

[1] Acrópolis = Polis o ciudad de Kekrops.

cendientes de Kekrops", aunque se consideraban en verdad hijos de la tierra suave y rojiza del Atica.

Al rey Kekrops se le atribuye haber ordenado la ciudad. Fundó las leyes sobre el matrimonio civil entre un hombre y una sola mujer, y lo puso bajo el auspicio de Atenea. También formó la primera comunidad con la unión de diversos grupos cercanos, aunque dispersos, de habitantes del Atica. Desde entonces el centro cívico y espiritual de Atenas fue la Acrópolis.

De la unión de Kekrops con la hermosa Aglauros nacieron tres hijas y un hijo, Erictonio, segundo rey de Atenas. El tercero fue el famoso Erecteo, hijo del dios Hefestos y de la Madre Tierra, en cuyo honor se construyó el edificio más famoso de la Acrópolis después del Partenón, el Erecteón. Esta construcción conmemora la reconciliación de Erecteo con Poseidón, el otro dios protector de la ciudad, con quien el rey había tenido algunas discrepancias. La insignia de la casa real ateniense era la figura de la serpiente.

Entre los muchos descendientes de Erecteo se cuenta muy principalmente a su bisnieto Egeo, el padre mortal del héroe Teseo. Hubo también otros parientes que descendían de Erecteo y que se sentían con iguales derechos para asumir el gobierno de la ciudad. Los conflictos que originó esta situación son parte importante de la vida de Teseo, nuestro héroe.

LA JUVENTUD DE TESEO

"Mi corazón no encontró alegría en el cariño extranjero. Ningún lugar es tan precioso como la tierra del hogar..."

TEOGNIS DE MEGARA, s. VI a. C.

Desde lo alto de la ciudadela contemplábamos una tarde a la bullente Atenas moderna a nuestros pies.

–Teseo nació en Trecenia, pero amó por encima de todo a esta ciudad, y anheló fervientemente llegar a estas alturas. –Así comenzó su relato nuestro amigo–. Aquí vivió algunos de los momentos más importantes de su larga vida, ya que no murió joven, sino cuando todas sus facultades y su experiencia habían llegado al máximo.

Observen hacia el sur –continuó alargando un brazo–. Si miran con atención es posible distinguir al otro lado del mar el lugar donde se alzaba la ciudad de Trecenia, sobre la costa del Peloponeso. Ustedes ya conocen una historia en la que apareció Teseo fugazmente, cuando hablábamos del amor de Ariadne y Dionisos. Fue él quien matando al Minotauro, liberó a Atenas del tributo sangriento que debía pagar anualmente al rey Minos de Creta, ¿recuerdan?

Teseo es el gran héroe de Atenas, llegó a la cumbre de la gloria y con su elevación engrandeció a la ciudad, pero el comienzo de su vida fue azaroso y lleno de proezas, y su final, muy desventurado.

Descendía de ilustre linaje. Su padre mortal fue el rey Egeo, aunque muchos aseguran –y probablemente con razón– que su verdadero padre fue Poseidón, el dios del mar. Toda su vida tuvo estrecha relación con el señor de las profundidades marinas, porque Poseidón amaba a la ciudad y Teseo sólo vivió para ella.

Sucedió que el rey Egeo, gran devoto de Afrodita, llevaba casado largo tiempo, pero no tenía hijos aunque lo deseaba ardientemente. Se dirigió, pues, a consultar al oráculo de Delfos en busca de consejo. Allí recibió de la Pitia una respuesta que no pudo interpretar: "No deberás soltar las cuerdas de tus odres hasta regresar al punto más alto de Atenas, de lo contrario morirás de dolor".

Entristecido Egeo por el extraño oráculo, inició el regreso. De paso visitó la región de Trecenia, donde reinaba su amigo el rey Piteus, hijo de Pélops e Hipodamia. Piteus era un rey justo y tenía la fama de ser el hombre más sabio de su tiempo. Recibió a Egeo con cariñosa hospitalidad y muy pronto conoció la sentencia indescifrable de la Pitia. Después de largas cavilaciones logró desentrañar su oculto sentido: "soltar las cuerdas de los odres" significaba beber su contenido, es decir, el vino. Si Egeo bebía vino antes de regresar al punto más alto de Atenas, es decir, a la Acrópolis, moriría de pena.

Piteus comprendió que este hecho debía tener relación directa con el nacimiento de un hijo de Egeo y pensó que el anuncio tan complicado de los dioses era indicio seguro de que ese futuro niño estaba destinado a una gloria indudable. Entonces, con gran sagacidad, se las arregló para que Egeo se enamorara y desposara a su hija Etra, la joven princesa que languidecía recordando a su prometido Belerofonte, el héroe que nunca pudo regresar a su lado.

Afrodita ayudó en este ardid a su protegido Egeo haciendo que la muchacha realmente se enamorara de él y lo desposara gozosa. Sin embargo, los atenienses y los trecenios contaban que Poseidón, que amaba secretamente a Etra, se encarnó en la persona de Egeo para poder así llegar hasta la muchacha.

Los novios fueron felices sólo durante un breve tiempo, ya que pronto Egeo recibió mensajeros desde Atenas y debió partir porque la ciudad, por la ausencia del rey, estaba envuelta en contiendas internas.

Tenía Egeo varios hermanos, entre ellos Pallas, cuyos cincuenta hijos representaban un fuerte poder dentro de Atenas y amenazaban con usurpar el trono, todavía sin herederos directos del rey, ya que también ellos eran descendientes del linaje de la serpiente.

Egeo partió solo. No se conoce la razón por la cual Etra no lo acompañó, pero todo hace pensar que siguió el aviso de Poseidón, que conocía el futuro. Tan rápida fue la partida de Egeo que no llegó a saber si Etra ya había concebido un hijo. Pero pensando que eso era posible, instruyó cuidadosamente a la joven esposa y a su suegro por si llegaba aquel hijo tan deseado.

En caso de que naciera un niño, debía ser criado ocultamente allí en Trecenia hasta llegar a la adolescencia. Si era hombre, sería llamado Teseo, nombre que sólo conocerían ellos tres. Como prueba para reconocer a Teseo en el futuro, Egeo había dejado ocultas sus sandalias y una maravillosa espada de empuñadura de marfil tallada y enjoyada con la figura de la serpiente real, bajo una enorme piedra plana conocida como el Altar de Zeus el Fuerte, en las afueras de la ciudad.

Creció el niño en Trecenia, en el reino de su abuelo, y desde que era muy pequeño demostró un arrojo excepcional y una inteligencia poco común. Cuentan que el héroe Heracles, su pariente, visitó un día a Piteus y fue agasajado con un lujoso banquete. Para sentirse más cómodo se quitó la famosa piel de león con la que cubría sus hombros y la dejó sobre un escaño. Los niños del palacio habían sido llamados para escuchar el relato de sus aventuras, pero cuando entraron a la gran sala y vieron la piel se asustaron y salieron corriendo. Sólo el pequeño Teseo, que entonces tenía cinco años, se quedó. Miró de frente al animal y cogió la espada de un invitado para darle muerte. ¡Como era tan niño, creyó que el león estaba vivo! Todos rieron, pero comprendieron que el muchachito tenía un alma grande que no retrocedía ante ningún peligro.

EL VIAJE A ATENAS

"Despójate de tus ropas y cúbrete con tu desnudez, alma mía..."

KOSTIS PALAMAS, 1859-1943.

Al llegar a la edad viril, Teseo quiso partir a conocer a su padre y recuperar sus derechos sobre el trono de Atenas. Era un adolescente de fortaleza maravillosa, a quien Piteus se había encargado de educar hasta convertirlo realmente en un hombre. Dicen que fue el abuelo quien hizo correr el rumor de que Poseidón era su padre, para infundir temor entre los enemigos de Egeo, que no deseaban la existencia de un heredero.

Al conocer la decisión del muchacho, su madre Etra se dispuso a acompañarlo. Primero fueron hacia Delfos, donde el muchacho, cortándose los cabellos, los ofreció a Apolo en signo de veneración, y esta costumbre fue adoptada después por los jóvenes nobles de Atenas. Luego la madre lo condujo hasta el Altar de Zeus el Fuerte. Allí Teseo demostró ser hijo de Egeo, porque no tuvo ninguna dificultad para recuperar la espada y las sandalias a pesar del tamaño monumental de la roca. Durante su niñez Etra le había contado muchas veces la historia de su nacimiento y el muchacho ardía en deseos de ser reconocido como príncipe de Atenas y de ser recibido con honores en la casa de su padre.

A pesar de los consejos del prudente Piteus y de su madre, Teseo no quiso hacer el viaje por mar, ruta mucho más directa y segura, sino por tierra. En kilómetros realmente la distancia no es demasiado grande –hizo notar Demetrio–, pero en aquellos tiempos prácticamente no existían caminos. Ciertos tramos obligaban a atravesar bosques tupidos llenos de peligros, y a cruzar acantilados subiendo y bajando continuamente desde las rocas al mar. Como todos los muchachos de su tiempo, Teseo conocía las hazañas de su pariente Heracles y deseaba emularlo para llegar a Atenas cubierto de gloria. Era un verdadero héroe, no sólo anhelaba lograr el fin de sus afanes, es decir, ser reconocido por su padre como heredero del trono, sino también la fama y el renombre de las hazañas que lo llevarían hasta él.

Enfrentó una serie de obstáculos en su camino, el encuentro con seres monstruosos, o con personajes de gran crueldad y poderío. No le fue fácil vencerlos, porque iba completamente solo, y era tan joven. Lo notable de sus hazañas fue que siempre castigó a sus oponentes con el mismo castigo que éstos aplicaban a las víctimas que caían en sus manos. Teseo fue justo, pero nunca cruel.

Uno de sus trabajos más famosos fue el ocurrido con Pitiokamptes, un desalmado que asolaba el difícil camino costero que servía de acceso al istmo de Corinto. El encuentro tuvo lugar en las cercanías de Epidauro. Allí vivía este sujeto que no perdonaba a nadie que osara viajar sin fuerte escolta. Era un cobarde. Su nombre significa "doblador de pinos", porque acostumbraba coger alguno de los pinos más altos, muy numerosos en aquella región, luego lo inclinaba hasta el suelo y amarraba allí en la punta al desdichado que había caído en sus manos. Enseguida soltaba súbitamente el árbol doblado y la víctima terminaba destrozada en las alturas al azotarse contra las copas de los pinos cercanos. En otras ocasiones amarraba los pies y manos de sus prisioneros a las puntas de cuatro pinos doblados también hasta el suelo y luego los soltaba. ¡Así se divertía!

Venciendo su temor, el joven Teseo enfrentó un día a Pitiokamptes. Después de larga lucha lo venció en combate limpio con su bella espada y luego hizo con el cobarde exactamente lo mismo que éste había hecho con sus víctimas. Muy pronto las noticias de sus victorias empezaron a difundirse por todas partes.

Otro hecho memorable fue el castigo que propinó a Procusto, el "estirador". Esto sucedió cuando Teseo ya había llegado a la región del Atica. Procusto engañosamente ofrecía hospitalidad a los viajeros solitarios, ya que vivía en una enorme casa situada al lado del camino. Allí, después de demostrar a sus huéspedes toda clase de atenciones, les ofrecía alojamiento haciéndoles elegir entre dos lechos, uno muy corto y otro muy largo. Cualquiera fuera la elección del perplejo convidado, estaba condenado de antemano, ya que Procusto o le cortaba los miembros sobrantes si había elegido la cama chica, o bien estiraba sin piedad el cuerpo de la víctima hasta hacerlo calzar perfectamente con la cama grande. El "lecho de Procusto" se había hecho tristemente famoso porque su dueño no aceptaba una negativa a su invitación. Entonces conducía a los viajeros a su casa por la fuerza.

Teseo, que ya había oído hablar del asunto, aceptó amablemente la invitación y fue atendido con gran esmero; le fueron servidos exquisitos manjares y aprovechó de reparar sus fuerzas de las privaciones que había sufrido durante largo tiempo. Finalmente llegó la noche y Procusto gentilmente lo invitó a pasar a la habitación contigua. Pero Teseo estaba preparado. Cuando estuvieron junto a los famosos lechos, se adelantó, cogió al desprevenido Procusto y lo obligó a elegir uno de los dos. La historia no nos cuenta cuál cama fue la que eligió Procusto, pero sí nos cuenta que murió después de haber sufrido en carne propia el mismo suplicio que él había ideado.

EL ENCUENTRO CON EL PADRE

Teseo tuvo todavía tres o cuatro encuentros más, todos peligrosos, en los que debió demostrar no sólo su fuerza excepcional, sino hacer uso de toda su inventiva. Siempre salió victorioso, hasta que llegó finalmente a las puertas de Atenas, la anhelada ciudad de su destino, donde habitaba el padre desconocido con el que había soñado durante toda su niñez.

En las aguas del río Kephissus, Phytalus, que era uno de los jefes más importantes del Atica, le dio hospitalidad y lo hizo purificarse ante Zeus por la sangre derramada durante el largo camino. Todavía pueden verse las ruinas del altar de Zeus "lleno de Gracia" en una de las riberas. En el palacio de Phytalus el joven se preparó para entrar a Atenas y darse a conocer al rey, su padre.

Ya se había oído hablar de él: "¿Quién es este extranjero? ¿Acaso dicen desde dónde llega su voz? ¿Qué apariencia tiene? ¿Acaso avanza en su camino con una poderosa hueste de guerreros? ¿O conduce sólo a algunos pocos seguidores, como suelen hacerlo los viajeros que visitan regiones desconocidas?...". Así describe el poeta su actitud: "...profunda en el fondo de sus ojos arde una llama –llamas semejantes a las que se alzan donde arden las hogueras en Lemnos. En años es sólo un muchacho, mas su corazón está empeñado en el combate y en el estrépito de las espadas en acción, y la meta de su viaje, según dicen, es Atenas, la tierra que se gloría de su luz".[2]

Como huésped de la noble familia de Phytalus fue invitado por el rey a un banquete que debía celebrarse en el Templo del Delfín, la residencia real, situada aquí en la Acrópolis –prosiguió Demetrio–. Al lado del rey Egeo, en la mesa principal, estaba sentada la hechicera Medea, de oscura belleza, muy amiga del rey y protegida suya después de que ella debió escapar de su reino de Corinto.

Medea, que tenía poderes mágicos, sospechó que ese joven tan apuesto y decidido venía con intenciones de ocupar el trono ateniense, pero no logró darse cuenta de que era el legítimo heredero. Por eso confió al rey sus temores y le aconsejó deshacerse de él, porque en sueños lo había visto sentado en el trono de Atenas. Con este fin entregó una copa de vino envenenado que Egeo ofre-

---

[2] Baquílides de Ceos, c. 505-450 a. C.

ería a Teseo, quien había sido sentado frente al rey, como invitado de honor.

–Siempre me ha gustado imaginar esta escena –confesó Demetrio– y me habría gustado estar presente. Egeo miraría al muchacho y éste miraría a su padre. No sabemos qué pasaría en aquellos momentos por el espíritu de ambos. En el instante en que Egeo, ya viejo y cansado, extendía hacia el hijo la mano con la siniestra copa, el joven Teseo sacó del cinto su hermosa espada para trinchar la pierna de cordero que un sirviente le ofrecía. Sabía que su padre la reconocería. Los ojos de Egeo se detuvieron hipnotizados en la empuñadura tallada con la serpiente y su corazón se estremeció sacudido por una oleada de recuerdos. Tembló la mano del rey y el vino envenenado se derramó. Sintió Egeo que ésa era la señal de los dioses anunciándole la llegada de su hijo.

Entonces tuvo lugar la escena más conmovedora. Padre e hijo lloraban de alegría y se estrechaban con amor, mientras los comensales se comunicaban unos a otros la gran noticia: "¡El hijo del rey, tan esperado, el heredero, finalmente ha regresado!". Medea, asustada por la venganza que Teseo seguramente tomaría contra ella, huyó lejos. Los atenienses, en su júbilo, encendieron los fuegos de todos los altares de la ciudad, de manera que con la aparición del príncipe, Atenas entera se encendió de luz y de alegría.

Pero no todos se alegraron. Pallas, el hermano del rey, y sus cincuenta hijos, se declararon en abierta rebelión porque con la llegada de Teseo se acababan sus esperanzas de subir al trono. Divididos en dos grupos atacaron con sus seguidores la ciudad desde dos puntos, pero el príncipe logró vencerlos con la ayuda de los ciudadanos fieles a su padre, y destruyó las fuerzas enemigas. El sitio final tuvo lugar aquí mismo, en estas alturas de la Acrópolis.

TESEO Y EL REY MINOS

Con el tiempo Teseo se fue ganando el respeto y la gratitud de los atenienses, tarea nada fácil porque durante los años de su juventud ausente, Atenas había vivido un clima de gran desconfianza y división interna. Tenían sí, además, un gran pesar: el rey Minos de Creta años atrás había vencido a la ciudad y los ciudadanos habían sido obligados a pagar el ignominioso tributo que ustedes ya conocen. Las familias más nobles vivían atribuladas todo el año temiendo que al echar suertes les tocara entregar al sacrificio a algunos de sus hijos e hijas. Con la empresa victoriosa en la que Teseo se embarcó hacia Creta y mató al Minotauro, su popularidad llegó a ser enorme. Esa historia ustedes ya la saben.[3]

–Cuando hablamos de ese viaje de Teseo a Creta sólo les conté lo indispensable para que conocieran a Ariadne, la amada de Dionisos. –Aquí el profesor interrumpió por breves momentos su relato y contempló el mar tranquilo, allá a lo lejos, en dirección al Pireo–. Ahora veremos lo que le sucedió a Teseo durante la travesía, antes de llegar a Creta. Allí quedó claro que era verdaderamente hijo de Poseidón.

Una de las versiones de esta historia declara que el rey Minos viajaba a Atenas para elegir

---

[3] Véase el capítulo sobre Dionisos en *Los mitos de los dioses griegos*.

personalmente a los catorce adolescentes destinados al sacrificio en el Laberinto. Después que llegó Teseo y fue reconocido como heredero, Minos naturalmente lo eligió para hacer aún más duro a los atenienses el pago del tributo, y el muchacho se embarcó con las víctimas en el navío real.

Durante la navegación el rey se enamoró de una de las muchachas atenienses llamada Eribea, hermosa e inocente. Un día se atrevió a acariciar su mejilla con insolencia. Teseo, que se encontraba sentado sobre uno de los palos del velamen, presenció la humillación de la niña y acudió presuroso a defenderla. Interpeló duramente al rey: "¡Oh, poderoso Minos, señor de Knossos! Domina tus impulsos atrevidos porque de lo contrario yo no vacilaré en retarte a duelo de fuerza y astucia, y entonces el Destino decidirá quién es el mejor, ya que te haces llamar hijo de Zeus. Has de saber que yo soy hijo de la ilustre Etra y del inmortal Poseidón, señor del mar que baña tus dominios. Las Nereidas coronadas de violetas asistieron al secreto desposorio de mis padres y regalaron a mi madre un velo de oro. No estás ante un hombre cualquiera, ilustre Minos. ¡Pon atención a mis palabras!"

El soberbio rey cretense se enfureció ante el desafío público de aquel adolescente. Alzó los ojos hacia el cielo despejado y oró a Zeus para que confirmara con un rayo que era verdaderamente su padre. Y desafió a Poseidón a que demostrara ser el padre de Teseo. Si el joven príncipe era capaz de traer de vuelta un anillo que en ese mismo instante Minos arrojaba al fondo del mar, entonces creería en sus palabras y dejaría en paz a la muchacha.

Zeus escuchó desde el Olimpo el inaudito pedido de Minos y admirado por su audacia, decidió cumplir su deseo. Envió un rayo soberano que iluminó e hizo resonar todas las islas del mar de Creta. Ahora le tocaba el turno a Teseo. Su corazón latió fuertemente de inseguridad y temor. ¿Accedería su padre, el temible Poseidón, a escuchar también sus ruegos?

Lentamente se dirigió hacia la proa del navío. Todos los jóvenes atenienses lo observaban con los corazones en vilo por la preocupación y la esperanza. El cuerpo atlético de Teseo brilló un momento mientras ágilmente se preparaba de pie sobre el palo de proa. Cerró un instante los ojos y súbitamente como un pez se zambulló entre las crespas olas. Cuenta el poeta Bacchylides que el ánimo del muchacho no desmayó y que el reino de las profundidades marinas lo recibió con amor. Hasta Minos, inflado de orgullo por el insigne favor de Zeus, sintió admiración por el valor del joven, mientras el real navío hendía el agua en veloz viaje dejándolo allá abajo, quizás en su tumba eterna. Las lágrimas corrían por las mejillas de todos esos muchachos condenados a la muerte.

Lustrosos delfines acudieron a recibir al príncipe en la irisada y transparente morada de Poseidón y Amfitrite. El joven Tritón, hijo de la divina pareja, salió al encuentro de su hermano y lo acompañó hasta el trono de los inmortales del mar. Teseo quedó deslumbrado por el resplandor de fuego que irradiaban los cuerpos maravillosos de las Nereidas de largos y sedosos cabellos.

Amfitrite lo vistió de lujosa púrpura de Tiro y puso alrededor de sus sienes la famosa corona entretejida de rosas de oro y perlas que Afrodita, la diosa del amor, le había regalado el día de sus bodas con Poseidón. Con ademán desdeñoso puso en manos del ateniense el anillo que Minos había arrojado a las olas. La reina del mar miró luego largamente a Teseo con sus profundos ojos verdeazulados como su propio reino, aquellos ojos que habían seducido a Poseidón, enseguida sonrió y las oscuras profundidades se iluminaron. Pronto, con un gesto de su brazo más brillante aún que el de las Nereidas, lo despidió con amor.

–Tratemos de imaginar la escena del regreso de Teseo al navío –prosiguió Demetrio con entusiasmo–. Saliendo de las olas, a cierta distancia de la proa, emerge de pronto Teseo con sus magníficos atavíos. Diestramente se coge de una cuerda y asciende hasta la cubierta en medio de las aclamaciones de alegría de sus compatriotas, y ante el total desconcierto de Minos que, aturdido, recibe su propio anillo. El brillo de la corona de Amfitrite sobre la oscura cabeza de Teseo debe haber sido todo un espectáculo. ¡Poca cosa debe haberle parecido entonces su soberbio anillo!

Pero Minos cumplió su palabra y dejó a todos en paz hasta llegar a Knossos. Allí sucedieron muy pronto los hechos que ustedes ya conocen. ¿Recuerdan también su triste desenlace? ¡Cómo Teseo por la maldición de Minos olvidó cambiar las negras velas de su barco y cómo el rey Egeo, al contemplar desde la costa la oscura silueta del navío, creyendo muerto a su hijo se arrojó al mar por la intensidad de su dolor! Así se había cumplido el oráculo de Apolo: "No soltarás las cuerdas de tus odres hasta regresar al punto más alto de Atenas, de lo contrario morirás de pesar". En verdad, hacía largos años había bebido del vino de Piteus y se había enamorado de Etra. Al desposarla había sido padre de Teseo y ahora moría de pesar a causa de ese hijo. Pero había tenido una vida plena y había engendrado a un digno heredero. Al morir el muchacho, ya no podía esperar nada más de la vida. Entonces Egeo se precipitó hacia las aguas de la muerte creyéndolo todo perdido.

EL REY TESEO

"La mañana inundada de sol, bello de sol,
el día;
Atenas, un zafiro en el anillo de la tierra.
Luz por doquier, plena luz..."

KOSTIS PALAMAS, 1859-1943.

Teseo desembarcó finalmente en las costas de Atenas y ofreció a los dioses los sacrificios prescritos en acción de gracias por el victorioso regreso de los nobles rehenes. Cuando le informaron la triste noticia de la muerte de su padre, con inmenso dolor ordenó construir un templo para recordar eternamente su memoria. En el festival anual que la ciudad instituyó para celebrar el triunfo sobre Minos, las catorce madres de los adolescentes ofrecieron sacrificios rituales y narraron los grandes hechos de Egeo, Teseo y los héroes del pasado.

El velero en el cual Teseo había hecho el viaje de regreso desde Creta, desde entonces todos los años emprendía una travesía hacia Delos, en acción de gracias a Apolo. A través del tiempo debió ser reparado una y otra vez hasta que llegó un momento en que poco o nada quedaba de su estructura primitiva. Cuenta Plutarco que los filósofos tomaron el navío como ejemplo famoso cuando discutían los graves problemas de la identidad de todas las cosas: ¿Era el navío de Teseo el mismo, o no, que el que viajaba anualmente hacia Delos?

A la muerte del padre, Teseo lo sucedió en el trono e inició un reinado decisivo para el futuro de Atenas. Convirtió a la ciudad en la cabeza de la Federación de ciudades libres del Atica. Creó un Consejo y Tribunal común para las doce comunidades y unió a todos los suburbios que rodeaban a la Acrópolis, con lo cual Atenas llegó a una grandeza nunca antes vista. Fundó los Juegos Panateneos en los que participaba toda el Atica en honor a Atenea. Dio a la Federación una nueva constitución y logró tratados de paz con los habitantes de Megara y del Peloponeso, enemigos tradicionales.

Durante su larga vida Teseo se casó varias veces. Su primer matrimonio, con Ariadne –como ustedes saben–, fue interrumpido por el olvido que le infundió Dionisos. Con su segunda esposa tampoco tuvo un matrimonio duradero. Ella fue Antíope, la reina de las Amazonas, notables mujeres guerreras venidas de las márgenes sudorientales del mar Negro. Ellas invadieron el Atica desde el Norte causando grandes estragos durante el recorrido. Los atenienses finalmente las lograron vencer después de largos meses de asedio e intensa lucha. Entonces ellas se retiraron, tras haber firmado un tratado de paz, y se instalaron en la región Escitia. La reina Antíope le dio a Teseo un hijo llamado Hipólito, poco antes de morir. No se sabe exactamente si fue muerta por sus compañeras amazonas que la consideraron traidora, o en batallas que sostuvieron durante la retirada. El joven Hipólito fue criado junto a su padre y adoptado como heredero del trono de Piteus, su bisabuelo, que ya estaba sumamente avanzado en años y cansado de reinar. La historia hermosa y trágica de Hipólito inspiró a Eurípides la tragedia que lleva su nombre.[4]

La tercera mujer de Teseo, llamada Fedra,[5] era la hermana menor de Ariadne y, por lo tanto, cretense. Su matrimonio se realizó para reafirmar el tratado de paz entre Atenas y Creta. Con ella tuvo dos hijos que no llegaron a reinar. Fedra, como su hermana Ariadne, tampoco tuvo larga vida. Su muerte fue muy trágica y nuevamente Teseo quedó solo. Así prosiguió su glorioso reinado, continuamente acechado por enemigos.

LA MUERTE DE TESEO

El fin del héroe, al igual que sus primeros tiempos en Atenas, estuvo lleno de traiciones. Antiguos enemigos trajeron a la ciudad a Menesteo, otro descendiente de Erecteo, y lo instalaron como regente durante una prolongada ausencia de Teseo. Quizás por sed de aventuras, o quizás también por soledad, junto con el osado Heracles había emprendido la descabellada empresa de raptar a Helena, todavía casi una niña, la que habría de ser causa de la guerra de Troya. Ambos héroes se vieron envueltos en complicadas aventuras durante las cuales Teseo quedó atrapado en el Tártaro, y allí habría permanecido si no lo hubiera liberado Heracles.

---

[4] Véase Eurípides, *Hipólito*.

[5] En el s. XVII, el dramaturgo francés Racine escribió otra famosa tragedia llamada *Fedra,* como la tercera esposa de Teseo, inspirado en el amor imposible de la mujer por su hijastro Hipólito.

A su regreso a Atenas no pudo volver a tomar el completo control de la ciudad. Amargado por la ingratitud de sus conciudadanos, maldijo a Atenas desde las alturas del monte Gargeltus antes de levantar anclas abandonándola para siempre. ¡Así había terminado su sueño!

Una tormenta lo arrojó a la isla de Skiros, cerca de la península de Eubea, donde reinaba Lycomedes –amigo del regente Menesteo–, quien al principio lo acogió hospitalariamente. Pero por su amistad con Menesteo el rey accedió a tomar parte en sus intrigas. Otros dicen que su propia mujer se enamoró de Teseo y que esto provocó en Lycomedes el deseo de venganza. Como fuere, un día que ambos paseaban por los acantilados de la isla mostrándole el rey los límites de sus dominios, traicioneramente empujó a Teseo desde lo alto y éste se hundió, igual que antaño su padre, en las profundas y espumosas aguas del Egeo, así llamado en memoria de aquel rey.

De este modo ambos se reunieron en los dominios de Poseidón, su padre divino, antes de descender para siempre unidos al reino de Hades.

Las aventuras de Jasón

"...el 'Argo' que a todos atañe..."
HOMERO, *La Odisea,* XII.

Mirábamos el hermosísimo golfo de Volos desde el puerto situado exactamente en el centro de su costa norte. Se veía un perfecto círculo rodeado enteramente por costas que a la distancia aparecían suaves y verdes. La salida del mar Egeo no alcanzaba a divisarse en medio de las islas, ensenadas y recodos envueltos en una leve niebla matinal. Era temprano.

–Hace más de tres mil años partió el "Argo" con sus cincuenta héroes desde este mismo lugar. –Así comenzó Demetrio su relato–. En aquellos tiempos este golfo era llamado Pagasai y aquí estaba ubicado el puerto del mismo nombre, muy importante porque era la principal salida hacia el mar de la rica llanura de Tesalia. Muy cerca, hacia el norte, estaba la ciudad de Iolcos, capital del reino que constituía la heredad de Jasón, de la que fue injustamente despojado. Este lugar y estos hechos fueron el punto de partida de sus aventuras.

Fueron tales la fama y el renombre del viaje de estos héroes, que existe un gran número de versiones, algunas muy diferentes, acerca de su recorrido completo y de los diversos lugares que visitaron en sus correrías. Se calcula que la empresa del "Argo" y sus hombres duró alrededor de tres años; en todo caso, los antiguos narradores están de acuerdo en afirmar que Jasón cruzó las fronteras del mundo conocido, llegó al más allá y descendió hasta el borde mismo de la morada de Hades, antes de dar término a su peregrinar.

La historia de Jasón tiene ciertos caracteres especiales, ya que fue en buena parte una gran aventura colectiva que conmovió profundamente al mundo heroico. Todas las familias nobles de la época quisieron estar representadas en la búsqueda del Vellocino de Oro. Además, en una medida muy importante el éxito de la aventura se debió a una mujer extraordinaria, la princesa Medea, que era hechicera o diosa –aunque algunos sostienen que era hija del Sol–, personaje extraño y fascinante cuyo destino fue terrible.

–¿Qué era el Vellocino de Oro? –preguntamos casi al mismo tiempo nosotros.

–Es una larga historia –respondió nuestro amigo.

EL VELLOCINO DE ORO

Por aquel entonces reinaba en Iolcos un Eólida[1] llamado Pelias, hijo de la reina Tiro, cuyo primer marido fue el dios Poseidón. Su segundo marido fue el rey Creteo, padre de Pelias. El hijo mayor y heredero del trono era Esón, pero había sido desterrado y despojado de sus derechos por Pelias, el hermano menor favorecido por Poseidón.

Refugiado en Tesalia, Esón casó con Polymede y tuvo de ella a su hijo Jasón, el buscador del Vellocino de Oro, Con buenas razones la madre temió por la vida del niño y envió al recién nacido a ser criado en la cueva del centauro Quirón y su esposa Filira; él era uno de los más afamados maestros de la antigüedad y más tarde habría de educar al invencible Aquiles.

Algunos años antes de estos acontecimientos, otro descendiente de Eolo, el padre de los Vientos, llamado Frixos y primo de Esón, había huido del reino para salvar su vida llevando consigo a un carnero famoso porque tenía el cuerpo enteramente cubierto con lana de oro. La posesión de este animal maravilloso aseguraba la prosperidad a su dueño y la estabilidad del reino. Cuentan que a causa de la huida de Frixos la maldición de Zeus había caído sobre la raza de Eolo. Sólo se aplacaría con el rescate del Vellocino desde la morada donde reposaba, situada fuera del mundo mortal.

---

[1] Pelias y Jasón eran ambos descendientes de Eolo, uno de los hijos de Heleno. Zeus había confiado a Eolo el control de todos los vientos a pedido de Hera. Tan bien lo había hecho que, al morir, Zeus no quiso enviarlo al Tártaro y lo sentó en un trono en la Cueva de los Vientos situada en la Isla de Lipara.

En la fuga, Frixos había llegado hasta un lugar remotísimo, la Cólquida, situada en el último extremo del mar Negro, conocido entonces como Ponto Euxino. La tierra aquella se llamaba Aia, "al este del sol y al oeste de la luna", según referían los más antiguos narradores. Allí reinaba Aetes, hijo de Helios, el Sol, cuyos rayos dormían en su seno cada noche y despertaban al amanecer.

Frixos fue acogido muy bien por el rey de Aia, quien deseoso de conservar el maravilloso Vellocino dentro de su reino, casó al huésped con una de sus hijas llamada Calcíope. El día de la boda ofrecieron el animal al mismo Zeus para implorar su protección, y la lana, el Vellón de Oro, fue colgada en un bosquecillo sagrado en lo alto de un árbol vigilado por una monstruosa serpiente enroscada alrededor del tronco.

El matrimonio tuvo varios hijos y fueron felices, aunque Frixos añoraba profundamente la patria lejana. A su muerte fue enterrado en la Cólquida y la familia de Aetes conservó el Vellón como patrimonio propio, en aquella tierra extraña y desconocida.

Retornemos ahora a Iolcos, donde reinaba el usurpador Pelias, enemigo de Jasón, aunque naturalmente ambos no se conocían. En una ocasión, celebrando sacrificios Pelias había recibido una extraña profecía: "Guárdate del forastero que sólo usa una sandalia". Imposible interpretarla.

Cuando Jasón llegó a la edad adulta –dieciocho o veinte años en aquellos tiempos– se despidió del noble Centauro y partió a recuperar su reino siguiendo los imperativos de su corazón y las enseñanzas de Quirón. Casi al final del largo camino encontró una tarde a una vieja harapienta que no podía cruzar el río Anauros, muy cerca ya de la ciudad de Iolcos. Cortésmente Jasón le ofreció ayuda, la cogió y cargándola sobre sus fuertes hombros la llevó hasta la otra orilla. Al hacerlo perdió una de las sandalias en las fangosas aguas. No podía saber el muchacho que esa vieja era nada menos que la diosa Hera, deseosa de poner a prueba su carácter. Desde aquel incidente Hera lo tomó bajo su protección.

Cuando Jasón llegó a Iolcos todo el mundo quedó asombrado por su apariencia. Era muy alto y fornido, los cabellos negros le caían sobre los hombros, ya que Quirón no se había preocupado nunca de hacérselos cortar, y protegía sus espaldas con una piel de pantera. Llevaba, además, dos grandes espadas y, lo que era aún más extraño, calzaba sólo una sandalia.

La noticia del forastero llegó rápida hasta el palacio de Pelias. Por la descripción supo inmediatamente que había llegado el hombre de la profecía, pero ya tenía él un plan para alejarlo, probablemente para siempre. Lo hizo traer a su presencia y escuchó atemorizado las palabras serenas de Jasón: "Fui educado por Quirón, el sabio Centauro, y jamás han salido de mi boca palabras desmedidas. Vengo ahora hasta esta tierra de mis antepasados para recuperar el honor de mi padre deshonrado por ti, y por ti despojado de sus derechos. Mi nombre es Jasón, hijo de Esón, hermano tuyo y descendiente de Eolo. No pretendo dejarte en la pobreza con la cual tú castigaste a mi padre. Conserva tus ganados, pero déjame el trono que injustamente ocupas".

Las mesuradas palabras y la apostura del muchacho causaron honda impresión en los más ancianos y sabios cortesanos del reino. Pelias comprendió que debía manejar la situación con mucho cuidado, de modo que lo recibió aparentando favor, pero le respondió de esta astuta manera: "Es probable que tengas razón, hijo de Esón, y estoy dispuesto a considerar tu reclamo. Pero antes deberás cumplir con la obligación que le corresponde al heredero. Tendrás que traer el Vellocino de Oro, porque el fantasma de Frixos, nuestro antepasado común, a menudo en sueños me reclama su anhelo de que sus restos reposen en la tierra que lo vio nacer y que su familia recupere el bendito trofeo".

Pelias sabía muy bien que esta misión era prácticamente imposible y que con ello enviaba a Jasón hacia una muerte segura.

LOS ARGONAUTAS

Comprendió claramente Jasón que allí se jugaba su destino y lo aceptó resueltamente. Mandó heraldos a las ciudades más importantes de toda Grecia invitando a los jóvenes nobles a tomar parte en la gloriosa y arriesgada empresa. Todos los que acudieron –y fueron muchos– estaban dispuestos a perder la vida.

Jasón necesitaba un barco suficientemente grande para los cincuenta valientes del grupo y, al mismo tiempo, lo más veloz posible. No había nada semejante en los astilleros de Pagasai ni en otros puertos de las regiones adyacentes. Un nuevo barco fue construido por Argos –y de él tomó su nombre– con la ayuda y la dirección de la diosa Atenea, experta en construcción naval. Fue la nave más grande de su tiempo ya que tenía dos hileras de doce remos a babor y otras dos a estribor. Aparte de los cuarenta y ocho remeros, Jasón era el comandante y había un piloto y un vigía. En la pieza de proa, adornada con un hermoso mascarón en forma de Nereida, Atenea puso un trozo de encina del árbol profético de Zeus en Dodona, que les haría conocer su voluntad a través de esa madera oracular.

Entre los cincuenta Argonautas, así llamados desde el famoso viaje, estaba Orfeo cuya lira maravillosa exaltaba el ánimo de los esforzados y les daba ímpetus para surcar velozmente las peligrosas aguas desconocidas.

Estaban también los dos alados hijos del viento Bóreas, los mellizos Zetes y Calais; el vigía Linceus,[2] el de la vista extraordinaria; Tifis, el piloto más experto de la antigüedad; Telamón, futuro padre de Ayax el Grande, y muchos otros nombres ilustres. Algunos dicen que también Heracles se embarcó con ellos durante una parte del viaje. Por último, parece que Acastos, el hijo del usurpador Pelias, se embarcó también contra la voluntad de su padre, porque tenía un noble corazón.

Para conmemorar el día de la partida se construyó en Pagasai un altar en honor de Apolo Protector de los Navegantes, y se celebró un sacrificio consagrado por Orfeo, el único de los mortales que conocía un camino hacia el reino de Hades. Las palabras de la canción de Orfeo exaltaban el comienzo de los dioses y eran el preludio a un viaje especialmente sagrado.

Durante largos años se contaba el esplendor de aquel día en que el "Argo" se alejó de las costas griegas rumbo hacia más allá del mundo

---

[2] De su nombre viene el del "lince", animal de vista portentosa.

conocido. Los sonidos de la lira de Orfeo terminaron por confundirse con el rumor de las olas, mientras el velero se perdía en el horizonte azul. Dicen que hasta Pelias sintió admiración ante la decisión de aquellos cincuenta jóvenes, los mejores de su tiempo. Desde aquel día, ser descendiente de un Argonauta fue considerado uno de los mayores signos de nobleza.

EL VIAJE HACIA LO DESCONOCIDO

"Jasón fue a la ciudad de Aetes, el rey,
donde se guardan los veloces rayos del sol
en dorada habitación,
en los labios del Océano."

MIMNERMO DE COLOFON, s. VII a. C.

–Las aventuras de los Argonautas fueron muy numerosas, de tal modo que sólo les contaré algunas –comentó Demetrio–, aquellas que me parecen más notables. Vale la pena leer algo más sobre el viaje. Algunos autores incluyen un recorrido hacia Occidente, haciendo un tramo de navegación fluvial por el interior de Europa Central. Otros relatos hacen al grupo cruzar los desiertos de Libia, donde habría tenido que cargar la nave para trasladarla nuevamente hacia la costa. Se les atribuye, por supuesto, toda clase de encuentros peligrosos, romances y peripecias.

La primera aventura fue sin duda la llegada a la isla de Lemnos, donde creyeron que sólo se quedarían el tiempo necesario para aprovisionarse. Pero allí fueron retenidos durante largos meses, según algunos casi un año. Encontraron la isla habitada sólo por mujeres, ya que éstas habían dado muerte a todos los hombres en un acceso de celos. Entonces las divinidades masculinas habían maldecido a la isla y la habían abandonado.

Cuando vieron arribar al imponente barco, las mujeres decidieron atender en forma extraordinaria a los navegantes y celebraron grandes fiestas para enamorarlos. Se proponían lograr que los héroes las desposaran para asegurarles descendencia. Era la única manera de salvar el futuro de la isla. Estaban arrepentidas de su brutal pecado contra los hombres y habían intentado por todos los medios aplacar a los dioses. Ahora, finalmente, sus plegarias habían sido escuchadas y el reino estaría a salvo.

Cuando los argonautas más tarde quisieron seguir su camino, ellas, agradecidas, los dejaron partir con dolor, pero acatando la voluntad de Zeus. Llenaron las bodegas del "Argo" con las mejores provisiones: vasijas de vino y agua fresca, granos, carne seca, aceitunas, higos, aceite, pasas y muchas otras cosas.

EL REY FINEO Y LAS HARPIAS

Con el ánimo ligero continuaron el viaje. Cruzaron tierras extrañas y debieron luchar no sólo contra enemigos comunes sino también contra fuerzas desconocidas, vientos contrarios y peligrosos estrechos. Cruzaron el Helesponto y pronto dejaron atrás el Bósforo.

Algunos ubican la aventura en la tierra del rey Fineo en las costas de Tracia, antes de llegar al mar Negro. Otros aseguran que sucedió después. En todo caso es significativo que sitúen su palacio allí donde comienza el reino de la oscuridad. Parece que Fineo era hijo de Poseidón. Este rey ciego era un gran vidente, es decir, un profeta que conocía el futuro. Se decía que Zeus lo había enceguecido como castigo por revelar secretos no destinados a ser conocidos por los hombres antes de tiempo. Había recibido el don de profecía de Apolo, pero Zeus le había enviado la ceguera y una vida larguísima, más allá de lo imaginable.

Su mayor tormento eran las Harpías, unas mujeres pájaros que devoraban diariamente la comida del rey y sólo le dejaban restos tan nauseabundos que Fineo estaba en el límite de sus fuerzas.

–¿Quiénes son estas Harpías? –pregunté–, ¿y qué tienen que ver con las Furias?

–Nada en absoluto –me contestó el profesor–. Son creaturas emparentadas con los vientos y su nombre significa "las que arrebatan". Suelen traer la pestilencia como el ardiente Siroco que sopla desde el norte de Africa y también, en ocasiones, extravían a los navegantes con la fuerza de sus ráfagas malintencionadas. Fueron necesarios otros hijos del viento, los descendientes del helado Bóreas, el Viento Norte, para hacerlas desaparecer.

Como su reino se extendía cerca del borde mismo de los dominios de la muerte, Fineo conocía el modo de entrar por aquellas regiones y, lo que es más importante aún, sabía la forma de intentar el regreso. Todavía nadie que él conociese se había atrevido a hacerlo. El que lo osara podría liberarlo de sus tormentos.

Cuando llegaron a sus dominios los Argonautas, el desdichado rey vio en ellos su única esperanza. Casi moribundo los saludó y les contó su desgracia. Por último prometió revelarles el camino hacia el reino de Aetes, la oscura región donde estaba el codiciado Vellocino de Oro, si ellos lo libraban de las Harpías.

Los dos alados hijos de Bóreas, Zetes y Calais, se ocultaron aquel día cerca de la mesa del rey poco antes de que le sirvieran la comida. Cuando ya las odiosas Harpías devoraban los ricos alimentos, los héroes se lanzaron sobre ellas. Velozmente arrancaron las dos monstruosas aves, pero las alas de los hijos de Bóreas fueron más fuertes, para sostener la larga persecución. Ellos no podían matarlas –eran inmortales–, por eso tuvieron que espantarlas hasta una distancia inaudita para impedirles el regreso. Por encima del mar llegaron volando hasta las Islas Estrófades, llamadas desde entonces Islas del Retorno. Allí las abandonaron cuando apareció la graciosa Iris, mensajera de los dioses, y les aseguró que por voluntad de Zeus allí se quedarían para siempre.

Fineo pudo al fin alimentarse y recuperar sus fuerzas. Cumplió lo prometido y dio a conocer a Jasón y sus compañeros el camino que conduce al otro mundo. Les advirtió que el punto de más peligro eran las Islas Azules, llamadas también Erráticas, cercanas al Bósforo, donde comienza la oscuridad.

Estas islas rocosas se trasladaban y chocaban entre sí a la deriva, de modo que hacían imposible la navegación en esos estrechos. Fineo les aconsejó imitar a las palomas de Zeus que pasaban anualmente por allí a buscar la ambrosía desde el otro lado del mundo para llevarla hacia el Olimpo. Sucedía que las rocas siempre habían logrado atrapar sólo a la última avecita de la numerosa bandada.

Los Argonautas debían soltar una paloma desde la popa del barco hacia la mortal angostura y luego avanzar como flecha remando con todas las fuerzas, animados por la lira de Orfeo. Así lo hicieron. Las oscuras rocas comenzaban a estrecharse, a acercarse peligrosamente mientras el "Argo" a duras penas, crujiendo entero, lograba llegar al otro lado. Sólo la pieza de popa perdió algunos maderos y quedó maltrecha y astillada. Desde ese día las Islas Azules quedaron fijas para siempre y la ruta quedó expedita para los navíos de Occidente. Los héroes habían abierto un nuevo camino.

"Y ahora los héroes una vez más respiraron y
[sacudieron
de sí el helado terror, y osaron mirar tímidamente
al cielo y al mar extendidos sin fin ante su vista,
y callaron palpando la vida nueva y cara,
porque sus enormes ojos habían visto muy cerca
al Hades oscuro."[3]

Siguieron avanzando en medio de la oscuridad y llegaron un día a la isla desolada de Tinias. Sus ánimos estaban abatidos y sus cuerpos muy cansados. Allí tuvo lugar entonces la famosa epifanía del dios Apolo que los llenó de consuelo y nuevo coraje.

Era la hora del amanecer y vieron al resplandeciente hijo de Leto surgir sobre las rocas armado con su arco. Toda la isla se estremeció y ninguno de los Argonautas osó contemplar al dios hasta que desapareció al otro lado del horizonte. Entonces Orfeo compuso un himno inolvidable en honor de Apolo del Amanecer.

Reanimados con nueva esperanza prosiguieron su peregrinar. La proa oracular les indicaba a

---

[3] Todas las citas de aquí en adelante están tomadas del poema épico *Argonáutica,* de Apolonio de Rodas, a menos que se indique otra fuente.

veces dónde detenerse para tomar provisiones y agua, o dónde proseguir para eludir demoras innecesarias. Tenían además los sabios consejos del profeta Idmón. En la Isla de Ares encontraron a dos hijos del Eólida Frixos –el antepasado de Jasón que había llevado a la Cólquida el Vellocino– quienes habían naufragado allí durante el viaje en que se proponían llegar hasta Iolcos, la tierra de su padre. Recogió Jasón a los inesperados parientes con el acuerdo de sus compañeros, ya que podían serles útiles cuando llegaran finalmente a Aia, la meta del largo viaje, donde reinaba Aetes.

Más adelante llegaron a avistar el Cáucaso y se estremecieron cuando contemplaron allá en las alturas a la inmensa águila de Zeus dando eternos círculos alrededor de Prometeo encadenado. Desde la costa pudieron escuchar los lamentos e imprecaciones del Titán del Olimpo. Allí crecían las flores nacidas de su sangre, cuyo poder utilizaban los hechiceros para preparar encantamientos.

EL AMOR DE MEDEA

Hasta que un día llegaron al reino de Aetes. Previendo futuros peligros, los navegantes dejaron el "Argo" oculto entre los altos totorales de la ensenada donde habían desembarcado. En esa tierra extraña y de apariencia hostil fueron presentados por los agradecidos náufragos rescatados.

Al saber la llegada de un barco tan notable el rey ordenó que los expedicionarios fueran conducidos al recinto del palacio. Medea, una de las bellísimas hijas de Aetes y sacerdotisa de Hécate, se hallaba en aquella ocasión en el templo de la reina de la noche. A la distancia ella observaba al grupo con creciente interés y entre todos se destacaba claramente Jasón. En ese mismo instante comprende que "el amor agridulce, irreprimible, le debilita los miembros, y tiembla".[4]

---

[4] Safo.

Con toda claridad expuso Jasón luego, ante el poderoso Aetes, el motivo del viaje y reclamó el derecho de los Eólidas sobre el Vellón de Oro. El rey presintió el peligro que significaba aquel joven deslumbrante y le ordenó hacer válido ese derecho yendo a rescatar completamente solo la preciosa prenda, sabiendo que moriría en su cometido. Antes de enfrentar a Jasón con la monstruosa serpiente que vigilaba el Vellón, le ordenó además cumplir dos o tres hazañas casi imposibles, entre ellas la de someter y poner bajo el yugo a un par de toros que despedían fuego por las fauces.

Las pruebas empezarían al amanecer. La gente se fue a sus casas con la imagen anticipada del joven héroe luchando contra la muerte; el rey se durmió seguro, pues otro Jasón probablemente ya no vendría en busca del Vellocino, mientras Medea, temblorosa por el descubrimiento de su primer amor, se encaminaba a las habitaciones de las doncellas.

"El rumor de la ciudad fue acallándose, los perros dejaron de ladrar por las calles, la oscuridad haciéndose más densa fue apagando todo rumor. Pero a los ojos de Medea no llegaba el sueño... El dolor por el destino del muchacho, el miedo a los toros en su fuerza gigantesca, la mantenían despierta. Seguramente él moriría miserablemente en el campo de Ares". Con los ojos abiertos miraba la noche hasta el punto de imaginar la suerte de Jasón destrozado. "Se estremeció de angustia, por cada fino nervio que pasaba de la nuca a la cabeza presionaba el dolor, como cuando el amor, no conociendo el reposo, suelta en el corazón de los hombres los dardos de su pena."

Medea se ve enfrentada por dos lealtades contrapuestas: al rey, su padre, y al joven extranjero. ¿Qué estratagema puede usar para ayudarlo? ¿Podrá verlo a solas? Así pasa la muchacha un tercio de la noche cavilando angustiosamente. "Si lo ayudo con encantamientos traicionaría a mis padres; si no lo ayudo, más me valiera morir. Si lo salvo y luego salgo al encuentro de la muerte, las gentes dirán: 'Trajo la negra desgracia a su casa por el rostro de un extranjero'."

Se arrojó en el lecho llorando hasta que empapó su pecho. Ya estaba decidida. Simplemente moriría. "¡Triste muchacha! Ya intentaba abrir con manos febriles el cofre que guardaba el veneno, cuando cayó sobre su espíritu todo el horror de la odiosa oscuridad de Hades. Atontada y muda se sentó. Ahora se alzaban ante sus ojos las claras alegrías que hacen la vida amable. Pensó nuevamente en los placeres que animan a los vivos, en sus alegres compañeras, como piensan siempre las doncellas. Guardó el cofre, inclinada por la voluntad de Hera."

Alzando la vista, por el arco de piedra de la ventana vio aparecer el círculo de la luna, y su resplandor despejó la oscuridad de su mente. Ya estaba decidida. El poder de su magia ayudaría a Jasón. Conforme a su plan, la princesa decide encontrarse con él por primera vez en el templo de Hécate, la que preside la noche, "brillante de oro, servidora de Afrodita" (Safo).

Pasadas esas horas terribles, Jasón y Medea se enfrentan en las profundidades del templo:

"Sin una voz, sin murmurar, permanecían de
[pie cara a cara,
como encinas o altos pinos, enraizados en su
[lugar,

uno junto al otro, inmóviles, en la altura de la
[misma colina.
Como cuando los vientos callan y súbitamente
[una ráfaga
canta entre las ramas y murmura con infinitas
[voces,
así ahora, frente al impetuoso viento del amor
[los dos estaban
destinados en un momento a cantar entera la
[historia
de su corazón".

La noche voló rápida mientras ambos se miraban largamente, a veces callando, a veces hablando. Pero Jasón no olvidaba en ningún instante a qué había venido a esta tierra y le pidió ayuda. En esa soledad terrible le pidió apoyo como en otro tiempo Ariadne, la hija de Minos, había ayudado a Teseo encontrando gloria inmortal y un lugar en las estrellas. Medea era la única que podía hacerlo. Descendiente de Helios, sus encantamientos eran poderosos. Algo más le dijo él también. "Halagada, ella bajó la vista con una sonrisa suave como el néctar de los dioses y encendida por la admiración que despertaba, se fundió en ella su corazón... Nuevamente se encontraron sus ojos... Ahora, ya decidida, sacó el encantamiento guardado en la fragante cintura. Rápido y alegre él lo cogió. Ella, igual le hubiera dado la misma vida de su pecho, feliz como estaba de su deseo."

Así estuvieron largo rato hasta que Medea se puso súbitamente muy seria y le dio las instrucciones exactas para salir bien de las terribles pruebas que lo esperaban. Luego hablaron de los dos y del futuro. Escudriñando intensamente su rostro, ella dice: "Si vuelves a salvo a tu hogar recuerda el nombre de Medea, y cuando tú estés lejos yo también recordaré". Ella empieza a preguntarle sobre su tierra y se le comienza a apretar lentamente el corazón. En Jasón, las lágrimas de la doncella despiertan el despiadado poder de la pasión y exclama: "¡Ciertamente no puedo imaginar que pueda yo olvidarte, ni de día ni de noche! Si encuentro mi camino a casa, si escapo de la muerte, si vuelvo a las playas de Grecia…" El le habla entonces de su amor y su fidelidad. Pero Medea lo interrumpe: "Sólo te digo esto: cuando regreses, ¡recuérdame! Yo, cualquiera sea la voluntad de mi padre, yo recordaré siempre. Aunque sea desde muy lejos, alguna palabra, algún pájaro mensajero me contarán el día en que tú olvides. ¡Ay! ¡Me encontrarás entonces como huésped sorpresivo, no soñado, ese día junto al fuego de tu hogar!"

Así responde impetuosamente Jasón: "¡Señora, deja tus pájaros y tus vientos impetuosos vagar por donde quieran. Si vinieras a la Hélade, serías reconocida como salvadora de muchos héroes. Entonces harás de mi cámara tu lecho nupcial. Nada podrá quebrar nuestro juramento de amor hasta que la muerte nos envuelva con su larga, última noche!"

LAS PRUEBAS Y LA HUIDA

Jasón realmente descendió al Hades cuando se enfrentó con la pavorosa serpiente que custodiaba al Vellocino en el bosque de Ares, indudablemente un recinto de la muerte. Fueron las hierbas mágicas preparadas por Medea, quien no dudó en acompañarlo, las que obligaron al monstruo a devolver la presa desde el interior de sus ardientes fauces. El cuerpo exánime del héroe fue devuelto a la vida por las artes de la poderosa hechicera.

Pasada la angustia, sin vacilar cogieron ambos el brillante Vellón y corrieron hacia el campamento de los Argonautas. Desde allí todos abordaron rápidamente el navío oculto por las piadosas sombras de la noche. Sigilosamente abandonaron remando en total silencio la ensenada y se dirigieron hacia las islas Fakianas, donde los dos enamorados celebraron solemnemente su desposorio. "El dorado vellón fue extendido, amplio, sobre el lecho nupcial para adornarlo con el debido honor... Lanza un rayo tan intenso que los hace brillar como las estrellas del día, inspirando amor..."

En aquella fuga los ayudó, sin duda, la Luna que aparecía y desaparecía tras la nubes indicándoles claramente el rumbo a seguir.

Pero ya Aetes había iniciado la persecución, enfurecido por el robo del Vellón y hondamente herido por la traición de su hija. Mandó preparar dos ágiles navíos, uno para sí mismo y su séquito y otro para su hijo Apsyrtos, ambos acompañados por una gran cantidad de hombres de armas.

El velero de Apsyrtos era liviano y logró alcanzar al "Argo" y hasta sobrepasarlo para cortarle la salida del mar Negro. En la furiosa batalla que siguió ganaron los Argonautas, pero Medea contribuyó cometiendo un acto horriblemente impío. Cogió el cadáver de su hermano vencido, y a medida que el "Argo" se alejaba del barco perseguidor comandado por su padre, ella fue arrojando al mar los trozos del cuerpo desmembrado del hermano. Sabía que Aetes los recogería uno a uno para darle al hijo los ritos fúnebres exigidos por los dioses. Con esta terrible estratagema el "Argo" ganaría tiempo y podrían escapar. Así sucedió efectivamente, pero ya los Inmortales estaban gravemente ofendidos.

Vagaron los héroes por muy diferentes regiones y los relatos varían aquí considerablemente. En todo caso, la pareja culpable debió buscar un lugar de purificación. Medea se acordó entonces de la morada de la hechicera Circe, ubicada en una isla del mar Tirreno. Circe era hermana de Aetes y, por lo tanto, tía de Medea. Pudo reconocer que aquella muchacha forastera era sin duda del linaje de Aetes por los reflejos dorados de los negros ojos de Medea, signo inequívoco de todos los descendientes de Helios, el Sol. Sin embargo, Circe no les permitió permanecer sino el tiempo indispensable para celebrar los ritos, puesto que Medea había traicionado a su propia sangre.

En realidad, hasta entonces Jasón apenas había tenido paz para contemplar al objeto de todas esas desventuras, el hermosísimo Vellocino de Oro. Cuentan que los rizos de aquella lana maravillosa recogían la luz del sol y la reflejaban transformada en mil colores diferentes, y que su vista hacía descansar el corazón.

–No voy a extenderme mucho más en la larga serie de aventuras y peripecias que afrontó el valiente grupo antes de lograr el retorno al hogar –nos tranquilizó Demetrio–. Pudieron regresar finalmente a la patria, y llegar aquí al puerto de Pagasai, desde donde habían partido. –Se agachó y recogió un cascajo redondo y pulido de la playa–. Quizás en este mismo lugar desembarcó alguno.

Los padres y parientes de los héroes celebraron piadosos sacrificios y homenajes en honor de los dioses, en especial de Zeus, Apolo y Hera, por su protección a los sobrevivientes y en eterna memoria de los que no habían vuelto del largo viaje. Parece que fueron seis. A Hera le dedicaron especialmente la nave "Argo", a la que ubicaron en un hermoso lugar en el istmo de Corinto, cercano al santuario de Poseidón.

La ciudad entera celebró grandes fiestas y cada uno de los navegantes, luego de intercambiar eternos juramentos de amistad y alianza, se alejó rumbo al suelo familiar, cubierto de gloria por las hazañas cumplidas. Ya podían todos contar a sus descendientes cómo era la región más allá de este mundo y cuán bello era el Vellocino de Oro. Así terminó la dura empresa de los Argonautas.

JASON Y MEDEA

Nos preguntábamos ahora qué habría pasado con Jasón, ya que todavía no había logrado recuperar el trono de Iolcos.

–Para Jasón las peripecias estaban aún lejos de terminar –continuó Demetrio–. Recuerden que ya no estaba solo porque se había casado con Medea, y pronto iba a saber lo que significaba esta unión con una mujer que tenía mucho de hechicera y también algo de diosa.

Durante los años que había durado la búsqueda del Vellocino, en el reino de Iolcos continuó gobernando Pelias, el usurpador. Al regreso de Jasón el rey ya estaba bastante viejo, pero nada dispuesto a entregar el trono al vencedor. Medea decidió entonces obtener los legítimos derechos de Jasón recurriendo a cualquier medio. Para ello se valió de la vanidad de Pelias. Pues uno de los más impresionantes poderes de Medea era hacer rejuvenecer a los hombres mediante ritos y pociones mágicos.

Tomando un día el aspecto de una simple forastera, hizo ante el rey y sus hijas una extraordinaria demostración. Cogió un carnero viejo y enfermo, lo cortó en trozos, los puso en un enorme caldero y los hizo hervir; luego, murmurando extraños encantamientos, hizo surgir de esos restos humeantes a un joven y hermoso chivito. Todos quedaron encantados con aquella maravilla y el corazón del viejo rey no pudo evitar recuerdos de su ya lejana juventud. Le ofreció a la extranjera cualquier cosa con tal que lo sometiera al mismo proceso.

"Cuando llega la vejez,
el hombre se siente débil y feo,
se arrastra bajo un aplastante dolor."

Mimnermo de Colofón, s. VII a. C.

Medea accedió al ansioso pedido del rey que quería ser nuevamente joven, pero dispuso que las hijas debían ser quienes ejecutaran la ceremonia. El viejo logró convencerlas y ellas siguieron las instrucciones bastante atemorizadas, pero al final Medea no les dio a conocer las palabras clave del encantamiento y el desventurado Pelias murió así miserablemente adentro del caldero. El propio Jasón quedó horrorizado con esta crueldad y desistió de quedarse en Iolcos. Cedió el trono tan azarosamente conquistado a Acastos, el hijo de Pelias que había sido su compañero de aventuras, y partió con Medea y sus hijos hacia Corinto, donde esta princesa descendiente del Sol tenía un hogar ancestral que pertenecía a su padre, Aetes, hijo de Helios.

Allí ambos se establecieron y Medea dio hijos a Jasón. La hermosa hechicera fue siempre gran devota de Hera y edificó un magnífico templo donde cada vez que le nacía un nuevo hijo lo dedicaba a la diosa. Cuentan que más tarde, no se sabe bien por qué, Medea se entregó a ritos extraños, incomprensibles para Jasón, que entonces dejó de amarla, olvidando las promesas de aquella lejana noche al otro lado del mundo.

Sobre los hechos posteriores Eurípides, el trágico, escribió una obra muy discutida llamada precisamente *Medea*.

–¿Por qué tan discutida? –preguntamos.

–A una mujer así no se la puede amar y abandonar impunemente –comentó Demetrio–. Por otra parte, siempre se ha disputado sobre las razones de la conducta de Jasón... ¿Fue sólo la manera de ser de Medea, tan intensa, lo que atrajo el desenlace?...

Sucedió que Jasón terminó por enamorarse de la hija del rey de Corinto y obtuvo de éste el consentimiento para un nuevo matrimonio, repudiando antes a Medea. Pero el rey conocía el temperamento fuerte y apasionado de la mujer asiática y temió su venganza. Entonces decidió desterrarla junto con sus hijos para evitar males futuros. Nadie pensó en los sentimientos de Medea, ni siquiera el esposo que tanto le debía, ni el rey, que por ser viejo debió haber sido más prudente.

Medea preparó una venganza terrible: envió a la novia corintia una túnica bellísima que parecía tejida por la Aurora y una incomparable diadema de oro como regalo de bodas. El abandono, el amor desdeñado, la ingratitud, la joven promesa incumplida, habían enloquecido verdaderamente a la desdichada. Cuando la prometida de Jasón recibió estos magníficos presentes en su palacio y se los puso de inmediato para exhibirlos a su familia –admirados todos de la generosidad de Medea–, un sutil y potente veneno se desprendió de ellos. La infortunada muchacha murió abrasada por un extraño fuego que también alcanzó a consumir a su padre.

Ya Medea en su furor estaba más allá de todo sentimiento humano. La hija del Sol, fuera de sí, terminó por matar a sus propios hijos para no verlos desterrados sin honor, y huyó desesperada en una carroza conducida por dos serpientes aladas, enviada por Helios. Se dirigió hacia Atenas, donde pidió asilo a su antiguo amigo, el rey Egeo, padre de Teseo. Cuando huía lanzó contra Jasón los más terribles juramentos y maldiciones.

Terminó estableciéndose en Asia, donde dio origen a los Medos. Algunos relatan que se retiró a los Campos Elíseos, en las Islas de los Bienaventurados, ya que por descender del Sol llevaba en sí sangre inmortal.

LA MUERTE DE JASON

Después de estos dolorosos sucesos Jasón vagó algún tiempo por el mundo llevando en su corazón el dolor de la muerte de sus hijos y de su trono perdido. Un día llegó a la playa, al lugar donde antaño la ciudad de Iolcos había dedicado el "Argo" a la memoria de la diosa Hera después del venturoso retorno. Abatido por tantos recuerdos se sentó bajo la carcomida proa, junto a los restos del hermoso mascarón que había surcado las aguas de tantos mares extraños.

Largamente estuvo quieto allí Jasón, absorto en sus recuerdos, cuando súbitamente Amfitrite, la de los ojos azules, hizo surgir grandes olas y hubo un temblor de tierra. Siempre se ha creído que esto fue obra de Poseidón. El viejo mascarón del glorioso barco se desprendió de la proa y cayó sobre Jasón. Así el héroe, junto a su barco, llegó al final de su destino. Había alcanzado la mayor gloria y vivido un gran amor, había vencido en empresas sobrehumanas y conocido el más allá antes de la hora señalada por las Parcas para descender al Hades para siempre. Ahora emprendía el viaje sin retorno.

"Dejamos atrás muchos cabos, muchas islas,
el mar que conduce al otro mar, gaviotas y focas.
Hubo momentos en que mujeres desdichadas
lloraron lamentando a sus hijos muertos...
Anclamos en costas cargadas de perfumes [nocturnos
en medio del canto de los pájaros,
costas que dejaban en las manos el recuerdo [de una gran felicidad.

Pero jamás llegaba el fin de nuestros viajes...
Sus almas se fundieron con los remos y sus [ataduras,
con el gris mascarón de proa, con la estela del [timón,
con el agua que quebraba sus imágenes.
Uno después de otro desaparecieron los [camaradas con los ojos abatidos,
sus remos señalan en la playa el lugar donde [duermen."

Los Argonautas, George Seferis, 1900-1971

Los héroes tebanos

"El señor Apolo, el que dispara distante,
ha hecho de otro un vidente,
y conoce el mal que desde lejos le viene
al hombre cuando los dioses
le otorgan premoniciones.
Mas ningún agüero, ningún sacrificio
puede alejar lo que es oráculo absoluto."

SOLON, *Fragmentos,* 14, 43 - 7 = 23 D

LA FUNDACION DE TEBAS

Cuando visitamos las ruinas de lo que hace miles de años fue la ciudadela de Tebas, la Acrópolis Cadmea, sabíamos muy poco de su historia increíble. ¡Cuánto dolor habían visto aquellos muros de los cuales ya casi nada quedaba! ¡Pero también cuánta gloria! ¡Cuánta sangre y lágrimas habían caído sobre esa tierra antes tan fecunda! Situada en la rica llanura de Beocia, antaño alimentaba a los famosos rebaños de los descendientes de Cadmos y sus seguidores.

Demetrio nos había contado brevemente la historia de aquella ciudad, honrada por dioses y por hombres juntamente, materia de canto para tantos poetas.

Tebas, como todas las ciudades heroicas, fue fundada de acuerdo con los designios inescrutables de los dioses.

Agenor, llamado también Eginos, era hijo de Poseidón y Libia y reinaba en la región de Tiro, al Oeste del Mediterráneo. Había sufrido terriblemente al conocer la suerte de su única hija, la hermosísima Europa, raptada por Zeus. El rey ya era viejo y nada podía contra el más poderoso dios, de modo que ordenó a sus hijos varones que recorrieran el mundo en busca de la hermana raptada y la trajeran de vuelta al hogar. Añadió que si no la encontraban más les valdría no regresar.

Cadmos, el más joven, fue el único que persistió en su empeño. Los demás hermanos se fueron quedando por el camino formando sus propios linajes para perpetuar el ilustre origen.

Cansados de vagar largo tiempo sin éxito, el noble Cadmos y sus amigos hicieron el viaje de los peregrinos hasta el sagrado oráculo délfico para pedir la iluminación de Apolo. Allí la Pitia solemnemente le comunicó que jamás encontraría a la joven Europa porque ella estaba cumpliendo su propio destino. En cambio, el dios le ordenaba una tarea mucho más gloriosa. Así le habló el oráculo, según cuenta Eurípides en tragedia *Las Fenicias:*

"Cadmos, hijo de Agenor, atiende a mis palabras.
Levántate al alba, abandona a la noble Pito
en traje de pastor llevando una lanza de cazador,

y cruza la tierra de Flegia y Focis
hasta encontrar al pastor y al rebaño de Pelagón,
nacidos para la muerte.
Sale a su encuentro y entre la vacada mugiente
escoge una que tenga en ambos flancos una
[media luna;
hazla tu guía a través de los hollados senderos.
Una clara señal te daré, tú la reconocerás;
allí donde la vaquilla que habita el campo
doble sus rodillas sobre el suelo cubierto de
[hierba,
allí harás sacrificios limpios y santos a la Tierra
[de oscuras hojas.
Hecha tu ofrenda, funda sobre la colina una
[ciudad
de espaciosas calles, cuidando de enviar antes a
[la muerte
al temible guardián de Ares.
Así tu nombre llegará hasta los hombres venideros
y tu esposa será una diosa, bendito Cadmos".

La profecía se cumplió punto por punto. Llegó Cadmos al sagrado lugar de Beocia en pos de la vaquilla que sobre sus suaves y oscuros flancos lucía las dos blancas lunas de la diosa virgen.[1] Cuando el cansado animal se hubo recostado sobre la olorosa hierba, supo Cadmos que aquél era el lugar y se preparó para la ofrenda. Ordenó a sus hombres que fueran a buscar agua para las purificaciones rituales. Pero ellos no regresaron jamás. Al borde de la cristalina fuente, llamada después Castalia, los esperaba el dragón hijo de Ares, señor de la región donde pronto se levanta-

[1] Se trata de Artemisa, hija de Zeus, que gobierna el curso de la luna.

ría la ciudadela de Tebas. También el monstruo esperaba a Cadmos.

Armado éste únicamente con su lanza y completamente solo, se enfrentaron los adversarios. Pero Atenea, la que no abandona a los héroes, guió la mano del muchacho. Con un certero golpe mató al dragón y, siguiendo los consejos de la diosa, le arrancó los dientes y los sembró en la solitaria meseta. Ofreció luego la vaquilla en sacrificio en honor de la divina Atenea. Desde aquel hecho Cadmos ha sido conocido como "el Sembrador".

Mientras todo esto sucedía, las extrañas semillas brotaron y de ellas surgieron los hombres llamados Espartos –que en griego significa "los Sembrados"–, de temible aspecto guerrero. Rápidamente Cadmos comprendió la situación y con astucia inició entre ellos una pelea furiosa para distraer su atención e impedir que lo atacaran. Si no se agotaban entre sí, él estaba claramente en desventaja.

Sólo cinco Espartos sobrevivieron a la dura refriega. En esto reconocieron que Cadmos era un enviado y lo tomaron por señor, formando así cabeza de los clanes más ilustres del futuro reino. Eran verdaderamente de la semilla del dios de la guerra, temibles hombres de armas.

Pero Cadmos había matado al dragón, hijo de Ares, y el dios le exigió satisfacción por este hecho de sangre. Al igual que Apolo por la muerte de Pitón, del mismo modo Cadmos debió servir a Ares durante un año solar (ocho años ordinarios) para aplacar su enojo.

Al finalizar la expiación, el señor de la guerra cumplió la última parte de la profecía entregándole al héroe a su propia hija, Harmonía, en matrimonio. Y así se cumplió el oráculo délfico.

LAS BODAS DE CADMOS Y HARMONIA

Cuentan los poetas que sólo las bodas de Tetis y el mortal Peleo pudieron compararse en magnificencia con las fiestas del matrimonio de Cadmos con la hija de Ares y Afrodita.

Desde luego, éste fue el primer matrimonio de un mortal al que asistieron todos los dioses olímpicos. Doce tronos de oro se levantaron en la gran sala del palacio que Cadmos había construido junto a la ciudadela Cadmea.

El novio y la joven diosa, tan hermosa como su nombre, llegaron al banquete en un carruaje conducido por un jabalí y un león. Sólo Apolo pudo lograr tranquilizar a los fieros animales y él mismo los condujo durante la ceremonia. ¡Extraña tregua de dos razas salvajes que habrían de estar siempre en pugna durante la historia de esta familia!

En las nupcias las Musas cantaron y ejecutaron en sus instrumentos las más bellas melodías en honor de los novios. Los dioses entregaron a la real pareja regalos de tal belleza que, durante siglos, se habló de ellos y de la suerte lamentable que acarrearían sobre Tebas. El más hermoso presente fue quizás el collar de oro labrado por Hefestos que Afrodita entregó a su hija Harmonía. Tenía el peligroso poder de embellecer irresistiblemente a quien lo llevara. El presente de Atenea fue una túnica tejida con hilos de oro por las mismas manos de la diosa. La afortunada que la usara tendría un porte y dignidad verdaderamente celestiales. Hermes les regaló una lira, regalo delicado y muy escaso en aquellos tiempos arcaicos. Finalmente Deméter les concedió la fertilidad de cinco hijos y bendijo las tierras con innumerables cosechas, signo de prosperidad.

Así fue como Tebas creció y se enriqueció bajo el reinado de Cadmos, secundado por los Espartos y sus descendientes. El fundador inició una próspera civilización, enseñó el alfabeto a los rudos nativos y aquellas tierras se hicieron famosas por la excelencia de su agricultura.

Cuatro hijas dio Harmonía a Cadmos, todas marcadas por un trágico destino: Semelé, la madre de Dionisos, que murió consumida por el rayo de Zeus; Agave, la madre de Penteo, el trágico protagonista de *Las Bacantes* de Eurípides;[2] Autonoe, madre del desdichado Acteón; y por último, Ino, que se arrojó al mar llevando a su hijo Melicertes en los brazos. Cadmos tuvo también de Harmonía un hijo tardío, llamado Polidoro, a quien correspondió continuar la estirpe trágica en su hijo Lábdaco, padre de Layo y abuelo del infortunado y glorioso Edipo. Todos los descendientes de Cadmos podían ser reconocidos porque sus cuerpos llevaban como signo una mancha en forma de serpiente, según otros, de dragón.

Cadmos y Harmonía vivieron largos años. Cargados de gloria y de dolores tuvieron un final a la altura de sus vidas. Fueron transportados en un carro celestial enviado por Zeus –aunque algunos cuentan que fue Ares– a las Islas de los Bienaventurados. Allí reinan los héroes y reyes del mundo subterráneo.

---

[2] Las historias de Semelé y Agave aparecen en *Los mitos de los dioses griegos*.

Del reinado de Polidoro se sabe poco. Es posible que haya sido muy breve, ya que Cadmos vivió muchos años y al final de su vida abdicó el poder en su nieto Penteo, el que murió destrozado por las Bacantes en los tupidos bosques del monte Citerón.

A Polidoro lo sucedió en el trono su hijo Lábdaco, cuya historia no se ha conservado mayormente. Sólo se sabe que murió cuando su hijo Layo tenía un año de edad. Con su muerte los hechos comenzaron a adquirir gravedad.

Los Espartos, los más poderosos señores del reino, eligieron a Lycos como regente durante la minoría de edad del niño príncipe. Pero la ambición y su secuela de intrigas y asesinatos comenzaron a corromperlo todo. Finalmente, cuando Layo tenía veinte años fue desterrado del reino. A pesar de su sangre ilustre Layo jamás estuvo a la altura de su nobleza. Hacía ya tiempo que el viejísimo Tiresias –el profeta ciego contemporáneo de Cadmos y condenado por Zeus a vivir durante siete generaciones– había adivinado claramente cómo sería la historia de los errores de Layo. Se horrorizó, pero nada podía hacer.

Al abandonar su tierra, Layo encontró en el reino del ilustre Pélops la hospitalidad que correspondía a su rango, y recibió de este gran señor y su familia el afecto que sólo pueden dar los amigos. Pero no supo corresponderlo.

El desterrado recibió buena acogida del menor de los hijos de Pélops e Hipodamia, el joven Crisipo, muchacho de extraordinaria belleza y suave disposición de ánimo. Era famoso por su pericia para conducir caballos y carruajes. Inclinaciones torcidas fueron invadiendo el ánimo de Layo y terminaron por nublarle la razón. Sucedió que un día huyó raptando engañosamente al confiado Crisipo. Al conocer Pélops la traición, elevó su voz y clamó a Hera, la protectora del hogar, pronunciando la maldición que habría de pesar para siempre sobre la dinastía tebana: Layo jamás debía tener hijo, si llegaba a engendrarlo, aquel mismo hijo lo mataría.

El traidor fue perseguido y estuvo a punto de ser muerto por Atreo y Tiestes, los hermanos mayores de Crisipo, pero escapó. El muchacho no tuvo tanta suerte, ya que fue asesinado por sus propios hermanos. Y también cayó sobre ellos la maldición de Pélops.[3]

Finalmente Layo logró recuperar su reino y allí tomó por esposa a una mujer de familia tan ilustre como la suya: Yocasta. Ella pertenecía también al linaje de Cadmos el Sembrador, puesto que era descendiente de Agave, una de las cuatro hijas desafortunadas, quien se había casado con uno de los Espartos.

LA JUVENTUD DE EDIPO

"A la humanidad entera bien demostraron para el futuro que no hay oráculo que se equivoque jamás."

Inscripción del monumento público a los muertos en la ciudad de Atenas.

---

[3] El destino también trágico de estos hermanos y su familia es uno de los temas centrales de varias tragedias, entre ellas la trilogía de Esquilo llamada *La Orestíada*.

"Señor del Tesoro Pitio,
¿qué significa la palabra que nos has dado?
¡Esa palabra asombrosa, extraña, que Tebas
[ha escuchado!
¡Oh! Ha estremecido nuestros corazones
dándoles un andar vacilante!
¿Qué nos tiene escondido? ¿Será pronto?
¿Tardará todavía antes que se curve
en círculo completo a su final fatal?"

Sófocles, *Edipo Rey*.

Yocasta es una figura de gran majestad, sólo Níobe y Antígona pudieron compararsele en grandeza y sufrimiento. Y también Hécuba, la reina de Troya... Así como Cronos tantísimos años antes temió –según la profecía inmemorial– ser destronado y muerto por su hijo Zeus, así también Layo temía al futuro.

Yocasta honraba a sus antepasados y amaba a su ciudad, para la cual deseaba prosperidad y gloria. Ella, a pesar de que Layo le había revelado la maldición que pesaba sobre él, deseaba intensamente tener hijos. Joven como era, llena de vida, no podía pensar que cosas así pudieran suceder. Tres veces fueron los esposos hasta el templo del Apolo Délfico para conocer la validez de la maldición, y por tres veces la Pitia les advirtió no tener descendencia.

Sin embargo, en Yocasta el deseo de hijos pudo más que la razón y una noche muy bella sedujo a Layo haciéndolo olvidar sus preocupaciones por el porvenir. Logró así engendrar un niño y hábilmente ocultó el hecho a su marido hasta que llegó la inminencia del parto. ¡Creyó ella que el padre al ver a su creatura no osaría hacerle daño alguno! La reacción del desdichado fue violenta, ya que así era su naturaleza.

Ordenó a los criados que arrancaran al recién nacido de los brazos de la madre y ligándole fuertemente los pies traspasados lo precipitaran desde las alturas del nevado Citerón. Destrozó así el corazón de Yocasta y se atrajo las iras de Apolo por haber desobedecido sus advertencias. No menos adversa habría de serle Hera, protectora de los sagrados lazos familiares. Pues sería ella quien años más tarde enviara a Tebas la aflicción de la Esfinge, así como Apolo el que azotara a la ciudad con la desoladora peste.

Pero debía cumplirse la maldición de Pélops reafirmada por el oráculo. El servidor de Layo que recibió la ingrata orden de exponer al niño, no tuvo corazón para cumplirla. Se las arregló para entregar la creatura a un pastor de Polibus, rey de Corinto, que llevaba sus rebaños a una ladera cercana del Citerón.

La esposa de Polibus, la reina Peribea, no había logrado la bendición de un hijo, de modo que acogió gozosa al niño que le entregó el compasivo pastor y lo presentó a su corte como propio. Corrieron los años y el niño fue creciendo rodeado de cariño. Tenía un corazón compasivo e inmenso, un espíritu generoso y amante de la justicia y un intenso deseo de servir a su pueblo. Pero había heredado la irascibilidad de Layo, su desconocido padre. Como el mismo Edipo lo expresa en la tragedia de Sófocles, vivió en Corinto los años de la "bella juventud".

Una noche asistía el joven Edipo a un festín con algunos amigos. Uno de los comensales había bebido en exceso y en su embriaguez llamó a Edipo, hijo adoptado de los reyes.

Si había algo que pudiera llamarse la pasión de Edipo, era sin duda la búsqueda de la verdad. Podría haber desdeñado las palabras de un borracho envidioso. Pero ellas despertaron extraños ecos en su corazón. Al día siguiente, lleno de dudas, acudió a sus padres, Polibus y Peribea, quienes se indignaron ante las insolentes palabras del amigo de Edipo. Pero no lograron acallar del todo sus dudas.

Ocultamente se trasladó al santuario de Apolo Délfico y consultó a la Pitia. La respuesta del dios fue una profecía sobrecogedora: "¡Edipo mataría a su padre, se uniría en impío matrimonio con su madre y mostraría al mundo una progenie abominable!". Horrorizado, el joven príncipe huyó de Corinto procurando así oponerse a este designio monstruoso.

Vagó sin rumbo guiado por los astros, queriendo poner distancia entre sí y los seres queridos. Cruzó el istmo de Corinto y se dirigió hacia el Norte. ¡Sin saberlo iba acercándose al lugar de su destino! Llegó un día a una encrucijada en la que se cruzaban tres caminos, en la región de Focis. Allí se detuvo pensativo dudando hacia dónde dirigir sus pasos. ¡Había dejado atrás tantas cosas! ¿Qué le traería ahora la vida? Así estaba cavilando Edipo cuando por un recodo apareció veloz un carruaje de apariencia real escoltado por cuatro o cinco hombres. Se trataba nada menos que de Layo, señor de Tebas, que se dirigía a Delfos a consultar el oráculo.

El cochero, y luego los otros servidores de Layo, interpelaron arrogantemente al viajero pensativo que les impedía el paso y a latigazos pretendieron apartarlo del camino. Toda la ira, todo el orgullo y la nobleza de Edipo se despertaron ante este injustificado trato, y ciego de pasión mató a los escoltas. Sólo uno logró huir. Finalmente mató al propio Layo, que tampoco había desdeñado atacar a Edipo. ¡Así terminaron por enfrentarse, sin saberlo, aquel padre y aquel hijo que tan fuertemente y tan en vano habían intentado evitarse!

Sobre la polvorienta encrucijada quedó tendido el cuerpo de Layo, consumada así la maldición de Pélops. ¡Se había cumplido también el primer eslabón de la terrible profecía de Apolo!

Nuevamente emprendió Edipo el camino tomando la ruta que conducía a Tebas. Al aproximarse a la amurallada ciudad la encontró sumida en un estado de dolor y confusión. El rey había desaparecido. Según algunos informes, el rey había sido asesinado en tierra extranjera. Además un ser monstruoso, la Esfinge, atormentaba a los habitantes. Era una creatura alada con rostro de mujer y cuerpo de león. ¡Hera no había olvidado el antiguo pecado de Layo y castigaba ahora a su ciudad!

La Esfinge, sentada a un costado del camino que cruza el monte Ficio, se complacía en dirigirse a los caminantes para proponerles un enigma. Si no lo podían resolver, los estrangulaba y devoraba allí mismo o los despeñaba monte abajo. Si no pasaba nadie, desde lejos enviaba la muerte a cualquier desdichado. Largo tiempo habían ya sufrido los tebanos. Era por esto que Layo había partido a Delfos.

Al pasar Edipo, la Esfinge de melodiosa voz le dirigió el enigmático canto que debía descifrar y que ella había aprendido de las Musas: "Dime, caminante, ¿quién es el ser que en dos pies, ¡sí!, y en cuatro pisa la tierra y hasta en tres, una creatura de un solo nombre? De todos los seres que caminan sobre la tierra o vuelan por el aire o habitan en el mar, sólo él cambia de esa forma. Pero cuando se apoya sobre los cuatro pies la fuerza de sus miembros es más débil".

Largo rato estuvo meditando Edipo, buscando la verdad que escondían aquellas extrañas palabras. Finalmente respondió con voz queda: "Del hombre hablas. Cuando se está formando primero se arrastra en cuatro pies, niño de cortos años; cuando llega a la vejez un bastón, el tercer pie, debe sostenerlo, cargado de hombros, desvalido en su curvada ancianidad".

Derrotada la Esfinge por la clarividencia de Edipo, se precipitó furiosa desde lo alto del monte y se arrojó al mar cercano. Al conocerse en Tebas la buena nueva, Creonte, el hermano de Yocasta y regente del reino desde la muerte de Layo, salió a recibir al vencedor. Los ciudadanos liberados del monstruo aclamaron a Edipo y le concedieron la mano de su reina para que fuera su esposa. De este modo podría recibir el premio de la dignidad real. ¡Y así se cumplió el eslabón segundo de la profecía!

EDIPO REY DE TEBAS

"Unos hombres son grandes en algunas cosas,
[otros en otras,
pero la cumbre más elevada corresponde a
[los reyes.
No pongas tu mirada más lejos.
¡Ojalá te sea posible el caminar tan alto los
[días todos de tu vida!"

PINDARO, *Oda Olímpica* I.

Edipo y Yocasta, unidos en fecundo matrimonio, reinaron largos años, aumentando la gloria y el esplendor de Tebas. Cuatro hijos nacieron de esta unión: dos varones llamados Polinice y Eteocles, y dos muchachas, Antígona, de renombre incomparable, e Ismene.

Edipo fue un rey justo. Se tenía por afortunado no sólo por la posesión del reino y el respeto de su gente, sino sobre todo por haber podido escapar al destino amargo que le había sido anunciado.

Pero Apolo no había olvidado la ofensa de Layo. Sin motivo aparente un día se abatió la peste sobre la floreciente ciudad. En los campos ahora desolados mugían los rebaños diezmados, los árboles rendían cosechas mezquinas y dañadas y hasta las flores dejaban de crecer y los capullos se marchitaban antes de abrir. El lamento de las madres al ver morir a sus hijos sin poder hacer nada era un espectáculo espantoso. Bien pronto no hubo familia que no arrastrara andrajos enlutados.

El pueblo comprendió que algo extraño sucedía y envió a su rey una embajada. "¡Henos aquí, Edipo todopoderoso, nuevamente vueltos hacia ti! ¡Te suplicamos que nos encuentres algún remedio, ya sea que comprendas la voz divina o que escuches el consejo de algún hombre sabio...! ¡Anda, oh tú, el mejor de los mortales! Endereza a la ciudad que cae. ¡Anda, tu gloria está en juego!"

Al oír este justo ruego Edipo envía a Creonte hacia Delfos para conocer los designios de los dioses. La respuesta de Apolo es muy clara: "Es necesario desterrar a los asesinos de Layo o rescatar el asesinato mediante el asesinato, porque es aquella sangre derramada la que ha desencadenado la fiebre sobre la ciudad".

Sorprendido y enojado, Edipo maldice al asesino desconocido porque comprende que Layo todavía no ha sido vengado, y jura solemnemente esclarecer la identidad del culpable para darle muerte. Tal es la reparación que ahora los dioses reclaman.

Poco a poco, en forma inexorable, van conociéndose los detalles que inadvertidamente habían ido quedando en la sombra. Layo había muerto en una encrucijada de tres caminos en la región de Focis... En el espíritu de Edipo se va formando una duda demasiado siniestra para poder ser aceptada.

Manda nuevos mensajeros a todas partes. En su creciente desasosiego se acuerda del anciano

Tiresias, de largos años y aun más larga memoria. Y lo hace llamar. Yocasta, la noble Yocasta, ha acudido con el ánimo acongojado por la situación de la ciudad. Silenciosamente escucha los informes, las ansiosas preguntas de Edipo y las respuestas cada vez más desconcertantes de los mensajeros. Y también los silencios y evasivas.

Al presentarse ante el rey, Tiresias se niega a responder: "Déjame retirarme. Será mejor para ti y para mí, Edipo, créeme". Apremiado por éste cuyo corazón desborda, responde finalmente el profeta: "Sois locos, todos vosotros. Jamás revelaré yo lo que sé, porque no quiero revelar tu propia desdicha".

Edipo pierde la calma y lo increpa duramente por su ceguera. En medio de su dolor la ira va creciendo en su interior y por último saca al anciano de sus casillas: "Tú eres el rey, pero debes otorgarme licencia de responder como tu igual... Ya que me avergüenzas por mi ceguera, escucha: tú que tienes tus ojos no ves en qué abismo has caído, ni dónde habitas, ni con quién compartes tu existencia. ¿Sabes acaso de quién has nacido? De los tuyos, muertos y vivos, eres enemigo sin saberlo. Pronto... tú que tienes tan buena vista vivirás en las tinieblas... Jamás mortal alguno será juguete de una suerte más cruel que la tuya... Antes de que caiga la noche recibirás la luz y la perderás".

En vano Yocasta ruega a Edipo que no escarbe más en el pasado. Ella presiente ya que el abismo está muy cerca.

Llegan noticias desde Corinto, donde el rey Polibus ha muerto y la reina Peribea envía a buscar a su hijo Edipo. Para ello ha enviado a su antiguo servidor, el mismo que le había entregado al niño años atrás. Peribea sabe que Edipo le tendrá confianza. Al escuchar estas noticias el rey siente enorme alivio, ya que Polibus ha muerto de vejez y con esto se siente momentáneamente liberado de la maldición porque él no ha matado a su presunto padre. Pero la búsqueda ha llegado demasiado lejos y nuevamente surgen dudas sobre su propia identidad. Interroga nuevamente con afán al mensajero corintio hasta que por último acaba enterándose penosamente de otra parte de la verdad: los reyes de Corinto no son sus padres. ¡Después de tanto huir no ha logrado todavía eludir al oráculo!

Cada vez más estremecido Edipo ordena enseguida que busquen al antiguo servidor de Layo, aquel pastor del monte Citerón. Pronto lo traerán a su presencia.

Yocasta ha ido escuchando cada vez más desencajada la progresiva revelación de estas verdades. Su dolor se va haciendo insoportable. Una vez más se le destroza el corazón. Desesperada intenta por última vez disuadir a Edipo de su búsqueda: "¡Oh, desdichado! ¡Desdichado! ¡Es el único nombre que me queda para nombrarte! ¡El único!". Y se retira caminando lentamente hacia el palacio.

Por fin encuentran al viejo pastor. Frente a Edipo el anciano se niega a hablar. Acosado por las preguntas del rey lucha consigo mismo y con sus recuerdos: "¡Más me hubiera valido morir aquel día!", exclama finalmente y termina por decir lo que aún queda por saber: "¡Ay! Fuiste salvado para los mayores sufrimientos, porque si eres el niño que tú dices, has de saber que eres verdaderamente un infortunado".

En medio del gran silencio que pesadamente cae sobre la escena, Edipo murmura con un hilo de voz: "¡Oh, cómo todo se ha descubierto...! ¡Oh, luz del día, vuelco hacia ti mis últimas miradas, porque está claro que nací prohibido, que contraje un matrimonio prohibido y que he matado contra la naturaleza!"

Yocasta, enloquecida de horror al comprender la situación insostenible en que ha vivido esos últimos años, se ha retirado a sus habitaciones. No sabe qué hacer, se desgarra las hermosas vestiduras, se arranca los cabellos y sus lamentos hacen eco en los vastos y silenciosos aposentos. Se encierra en ellos y recorre en su espíritu todo el pasado. "La infortunada gemía sobre el lecho donde había concebido primero a un marido de su primer marido y a los hijos de su hijo."

Edipo, abrumado, se va abriendo paso en medio de gritos terribles. Frente a las puertas de Yocasta se lanza sobre ellas e irrumpe en la habitación. Allí ve a su esposa suspendida de un velo que ha cerrado para siempre su garganta. Como un animal herido Edipo libera ese cuerpo exánime que tanto había amado y lo tiende sobre el lecho. Arranca los broches enjoyados que adornan las vestiduras de su reina y se atraviesa con ellos una y otra vez aquellos ojos que vieron lo que jamás debieron haber visto. Reniega de sus hijos a quienes jamás debió haber engendrado y sale gritando que abran las puertas del palacio para que sea visto por todos. Quiere desterrarse porque ya no puede habitar bajo ese techo, maldito como está por su propia maldición. "...su infortunio sobrepasa las fuerzas humanas." "¡Ah, Citerón! ¿Por qué me recibiste? ¿Por qué no me hiciste perecer de inmediato? Así no hubiera yo jamás revelado a los hombres la vergüenza de mi nacimiento!"

Creonte se acerca a Edipo. ¡Quién dijera que aquel hombre curvado por el dolor y de rostro ensangrentado, cuyas manos crispadas sostienen la corona, era ayer el poderoso Edipo rey de Tebas! Recordó las proféticas palabras de Tiresias: "¡Antes de que caiga la noche recibirás la luz y la perderás!". Había visto, sí, había visto demasiado. En unas pocas horas vio su nacimiento, conoció quiénes habían sido sus padres, supo quién era él mismo y lo que había hecho con su vida. Era demasiada luz. ¡Benditas serían para él en adelante las tinieblas!

Así ruega el desdichado a Creonte: "Da sepultura a aquella que está en el palacio. Le debo la obligación de hijo... Déjame partir al Citerón que mi padre y mi madre habían escogido como tumba para el recién nacido... Pero sé que no seré arrebatado ni por enfermedad ni accidente natural alguno. ¿Acaso habría sido yo salvado del umbral mismo de la muerte sino para cumplir un infortunio extraordinario? Que mi destino siga su camino. De mis hijos varones, Creonte, no te preocupes, ya son hombres. Pero mis dos niñas, mis pequeñas queridas... Déjame que toque sus manos, déjame llorar su infortunio... Tocándolas creeré tenerlas todavía conmigo, como cuando en otro tiempo las veía".

Creonte, nuevamente regente, concede a Edipo esta última dulzura antes de partir.

"¡Venid, hijas mías, acercaos a estas manos fraternales!... Ya no tengo ojos para miraros sino sólo para llorar... Cuando llegue el tiempo de vuestras nupcias, hijas mías, ¿quién osará cargarse con todos los flagelos que han marcado a vuestros padres y a los míos? Ningún crimen falta: vuestro padre ha matado a su padre, se ha unido a su propia madre y os ha engendrado en el seno en el cual él mismo fue concebido... ¿Quién os desposará?... Te suplico, Creonte, hijo de Meneceo, no las abandones sin recursos, sin hogar... Vosotros, hijas mías, si vuestra edad pudiera comprenderlo, qué consejos os daría... Que se os conceda vivir y ser más felices que el que os dio la vida."

Ya Edipo sólo desea alejarse de la patria, del hogar, de sus hijos y de su glorioso pasado. "No existe mortal alguno a quien se pueda considerar feliz antes de haber franqueado el término de sus días sin haber conocido el dolor." Con estas palabras termina Sófocles la historia de *Edipo Rey.*

LOS ULTIMOS DIAS DE EDIPO (CONSUMACION)

> *"La rueda ha dado un círculo completo. Aquí estoy."*
>
> W. SHAKESPEARE, *El rey Lear,* V, III

Antes de partir hacia el largo y anhelado exilio, Edipo fue confinado en los lugares más remotos de la enorme fortaleza Cadmea. Así lo había ordenado Creonte: "¡Edipo! ¡Teme al menos contaminar al sol, divina fuente de toda vida, al exponer así, sin velo, tal cúmulo de impurezas, un ser cuyo contacto no admitirán la tierra, ni la sana lluvia del cielo, ni la claridad del día!"

Y así se hizo. Lentamente la peste desoladora abandonó su presa, y la ciudad, después de tantos horrores, retomó el hilo de la vida. Creonte asumió la regencia durante la minoría de edad de los hijos de Edipo, Eteocles y Polinice. Pero ellos eran verdaderamente una progenie prohibida que no conocería jamás el reposo. No tardaron en mostrar su insolencia hacia aquel padre cuyo rostro ciego era un recuerdo permanente de su desgracia.

Llegó un momento en que Edipo volvió a ser presa de una de sus tremendas iras y los maldijo. Como un profeta de mal agüero les predijo que llegaría el día en que ambos se dividirían el reino y sus riquezas mediante las armas, y que morirían juntos cada uno bajo el acero del otro.

Había llegado el tiempo del destierro de Edipo. Ya nada podía detenerlo. Abandonó Tebas cubierto con hábito de peregrino y apoyado sólo en un cayado, el tercer pie de su curvada ancianidad. Nada más llevaba que recordara que había sido un gran rey. Iba sólo acompañado de Antígona, su hija nobilísima, la más grande de las heroínas griegas.

Durante largos años recorrieron senderos y caminos reales. El viejo rey y su hija recibían la hospitalidad de las gentes generosas y, a veces, también el desprecio de los corazones duros. Hasta que un día llegaron a Colono, en las proximidades de la poderosa Atenas, donde reinaba Teseo.

"Colono, país de hermosos caballos, en la más bella campiña, amada por los ruiseñores que modulan con límpida voz en los verdes pliegues de las quebradas..." Así canta Sófocles a Colono, su segunda patria.

Sin saberlo, padre e hija han pisado un lugar consagrado e inviolable, dominio de las Erinias, diosas temibles hijas de la Tierra y de la sangre de Cronos. Allí eran honradas bajo el nombre de Euménides, las Benevolentes, las protectoras de Atenas "de mirada inevitable".

Un viajero que pasa advierte este hecho a los dos peregrinos y entonces Edipo decide acogerse a la protección de las diosas en calidad de suplicante. Comprende que ésa es la ley de su destino y se prepara para el fin que ya sabe próximo.

¡Finalmente ha llegado Edipo a Colono, al Suelo de Hierro, al umbral que protege el acceso a Atenas, donde lo aguarda el término de sus sufrimientos! Aquel mismo oráculo de Apolo que había sido su ruina le había anunciado también el encuentro de aquel lugar sagrado de las diosas donde hallaría asilo, para dicha de los que lo recibieran y para infortunio de los que lo habían desterrado.

Edipo y Antígona se acercan a una enorme roca donde se yergue el altar de las Euménides y allí esperan. El rey Teseo deberá decidir si dará refugio al infortunado cuyo sólo nombre despierta horror en todas partes.

Pero no ha acabado todavía el dolor de Edipo. Hasta ellos llega Ismene, la hija menor, después de correr grandes peligros para salir de Tebas sin ser advertida. Las noticias que trae sólo confirman los viejos temores del desterrado. Aquellos hijos que jamás debieron haber nacido luchan ahora, hermano contra hermano, para asegurarse el dominio absoluto de Tebas. Han olvidado completamente a su padre. Los últimos oráculos les han asegurado que la ciudad que posea la tumba del despreciado Edipo gozará de seguridad. El mismo Creonte, regente de Tebas, se dispone ahora a venir en su busca. ¡Así, aquel despojo de rey, abominado por todos, ha pasado ahora a tener un valor inestimable!

Edipo suplica a Ismene que busque todo lo necesario para ofrecer los sacrificios destinados a honrar debidamente a las Benevolentes.

Ya se aproxima el noble Teseo: "¡Hijo de Layo. sí, por tu ropaje, por tu frente marcada por el dolor, me es fácil reconocerte!... Como a ti, me sucedió ser criado lejos de mi patria; sobre tierra extranjera expuse mi vida en luchas sobrehumanas. Por ello cuando un extranjero implora mi ayuda, como tú lo haces ahora, yo no la rehusaría por nada del mundo. No olvido que soy hombre y que, no más que tú, no soy dueño del mañana".

Edipo advierte a Teseo que su generosidad lo expone a la violencia de Eteocles, Polinice y Creonte, que desean llevarlo a Tebas por la fuerza. El sabe que la sangre tebana será derramada y vencida por los atenienses y que éstos son los destinados a recibir las bendiciones de su tumba. Teseo debe regresar a Atenas, pero promete a Edipo que nadie lo arrancará de aquel sagrado lugar: "Mi nombre será su salvaguarda", y se aleja para preparar la defensa.

Antígona desde lejos advierte la llegada de Creonte con un gran séquito. Suaves y compasivas son las palabras que dirige a Edipo, y parece conmovido al ver en qué condición vive la noble Antígona, a quien los sufrimientos han madurado antes de tiempo. Pero Edipo no se deja engañar y despide a Creonte... "retírate y déjame vivir aquí. No seremos desdichados en nuestra miseria si ésta es la suerte que nos place".

Sin embargo, Creonte traidoramente se ha apoderado de Ismene y amenaza a Edipo con llevarse también a Antígona. Pero olvida que está violando la hospitalidad de un lugar sagrado. Desdeñando toda piedad arranca a la muchacha de los brazos de su padre y hasta pretende poner sus manos sobre el propio Edipo, al mismo tiempo que descuida imprudentemente la ofensa que esto significa para Atenas y sus leyes.

Aparece Teseo, quien, no lejos de allí, ofrecía sacrificios a Poseidón, señor de Colono. Al enterarse de lo ocurrido, ordena rápidamente que sus hombres rescaten a las dos princesas y asegura a Creonte que no le permitirá salir de la región hasta que ellas lleguen sanas y salvas. "¿Crees tú que mis Estados están desiertos o poblados por esclavos?... ¡No creo que Tebas te felicitaría si supiera que robando mi bien y el bien de los dioses te llevas a viva fuerza a estos pobres suplicantes!... Conozco demasiado lo que un extranjero debe al país que lo acoge. El tuyo no merece la vergüenza que tú le infliges. ¡Bien sé que el tiempo te ha hecho más rico en años que en sabiduría!"

Pero Creonte inconmovible se aleja amenazando regresar con sus ejércitos.

Muy pronto vuelven los compañeros de Teseo escoltando a Antígona e Ismene, ya liberadas. El corazón de Edipo, que tan grandes emociones ha conocido, experimenta una vez más la dulzura del reencuentro con sus dos hijas queridas.

El ateniense se adelanta hacia Edipo y le cuenta que hasta el altar de Poseidón acaba de llegar otro suplicante, pariente del rey tebano, ¡a quien desea implorar algo! Edipo se estremece, sabe que sólo puede tratarse de uno de sus dos hijos y no quiere recibirlo. Ante los consejos de Teseo y los ruegos de las dos hermanas, Edipo termina por acceder.

Bien pronto aparece el suplicante, solo y lloroso. Es Polinice, quien se muestra conmovido por el estado en que encuentra a su padre y hermanas. Edipo permanece en silencio. El hijo ingrato cuenta sus propios sufrimientos. ¡Cómo ha sido desterrado por Eteocles y sus aventuras en tierra extranjera, donde ha reunido un ejército para marchar contra Tebas y arrebatársela al hermano!

"Un oráculo ha predicho que la victoria será de aquellos a quienes tú protejas, padre!... Mendigos, desterrados, ¿no es éso acaso lo que tú y yo somos? El genio común de nuestra suerte nos obliga a adular a los otros para vivir... Si accedes a ayudarme... te restableceré en tu morada... sin ti no tengo fuerzas siquiera para salvar mi vida." Así habló Polinice.

Por última vez el espíritu iracundo hace presa de Edipo. "¿No eres tú quien ha hecho de mí este apátrida cuyos andrajos hacen brotar ahora tus lágrimas, ahora que conoces tú también lo que es la adversidad? Es demasiado tarde para llorar tus males... Vete, reniego de ti... Llévate las imprecaciones que pido para ti. ¡Que jamás reconquistes la tierra de tus antepasados y que, sin volver a contemplar el valle de Argos, mueras a manos de tu hermano, el usurpador que expirará también bajo tu mano! ¡He aquí mi deseo para ti!"

¡Terribles palabras! Antígona todavía tiene entereza para rogar a Polinice que reflexione y no ataque a la patria amada. Pero el hermano ya no puede volver atrás ante sus compañeros de aventuras. Quedaría como un cobarde. Ruega a sus hermanas, que ya nada pueden hacer por él, que por lo menos cuiden de su cadáver cuando haya muerto. Y así, ignorando la maldición del padre, parte a enfrentar su propio amargo destino, sabiendo que las palabras de Edipo habrán de cumplirse.

Un trueno distante se deja oír y Edipo ordena entonces que prestamente hagan venir a Teseo: "Hijas mías, ha llegado el fin prescrito para mis días, nada puede desviarlo".

El rey de la ciudad más ilustre de Grecia se apresura para escuchar las últimas palabras de ese anciano que había sido tan grande: "¡Hijo de Egeo, noble Teseo! Te revelaré un tesoro inestimable para tu país. Pronto, sin que nada me conduzca, te guiaré al lugar de mi partida... Te revelaré allí un secreto prohibido a los labios humanos. Guárdalo fielmente en tu memoria. Cuando llegues al final de tu vida deberás comunicárselo sólo a tu sucesor y sólo así deberá ser transmitido. De tal modo alejarás de tu patria toda incursión de los tebanos, simiente del dragón… Hijas mías, seguidme… pero sin tocar mi mano… Yo os dirigiré… Es la ruta que me indican Hermes, el conductor de las almas, y la diosa subterránea. ¡Oh, claridad del día, tinieblas para mis ojos, hubo un tiempo en que te poseía! Hoy tocas mi cuerpo por última vez… Vamos, querido Teseo, sé feliz tú y tu pueblo después de mi muerte y que la fortuna te sea fiel".

Cuando llegaron al lugar en que se levantaba una tumba de piedra, Edipo se sentó despojándose de sus pobres ropajes. Pidió a sus hijas que trajeran agua clara para el baño y las libaciones finales. Así se hizo y le vistieron la túnica del lino con que cubren a los muertos.

Súbitamente rugió Zeus subterráneo. Las dos muchachas y el padre se abrazaron sollozando… "Una voz tan poderosa hizo resonar el nombre de Edipo que ya ningún grito turbaba el silencio, cesaron todos los gemidos… Un dios lo llama, lo urge…"

Teseo promete solemnemente cuidar de las dos princesas. Ambas permanecen en el lugar mientras los dos reyes avanzan hacia el bosquecillo sagrado de las diosas. El desterrado está más allá del dolor y de la ira. Su rostro brilla cuando se arrodilla e interroga juntamente a la tierra y al Olimpo, morada de los dioses.

Ha muerto Edipo. "¡Sí, ha muerto de la más bella muerte! Contra él no se ha dirigido el furor de Ares ni de las olas; el suelo misterioso se ha abierto ante él, la sombra se ha cerrado sobre él. ¡Ay! Pero ¿y nosotras dos? Una noche mortal desciende sobre nuestros ojos... ¿Cómo en país tan lejano o sobre las olas sin tregua, errantes, ganaremos el pan amargo de las huérfanas?" Así canta Antígona la muerte del padre y lamenta su propio abandono.

Teseo consuela a las desdichadas: "Hijas mías, ya es suficiente. A los dioses no les place que haya aflicción por aquellos que en la tumba conservan el reconocimiento de todo un pueblo. Sin embargo, os está vedado visitar el lugar... Nadie debe visitar el lugar sagrado de su reposo ni revelar el secreto. Mientras yo observe esta ley, me aseguró que la desdicha olvidaría a mi país. Mientras él hablaba un dios nos escuchaba y el servidor de Zeus, el Juramento, que todo lo oye".

Ya se alejan Teseo y las dos infortunadas. Vuelven a Atenas y allí, de acuerdo con los deseos de Antígona, el rey dispone todo para su regreso a Tebas, la patria nunca olvidada.

En verdad nunca se conoció con exactitud el lugar donde Edipo pasó al más allá. Al saberse la forma milagrosa de su bajada al Hades, muchas ciudades quisieron atribuirse este honor y, entre ellas, Tebas la primera de todas. Así fue honrado Edipo muerto, el héroe cuyo sufrimiento floreció postreramente.

Cuando escuchábamos estas historias, durante aquella semana en que con Demetrio recorríamos la antigua Beocia, no las comprendíamos muy bien. ¡Qué héroe más extraño, pensaba yo! No se distingue por ninguna de las proezas que ahora llamamos heroicas. Su historia lamentable difiere enteramente de las de otros héroes. Pero más adelante, al leer las tragedias, creo que comprendí un poco por qué los griegos lo veneraron en tantos lugares y por qué una y otra vez los poetas cantaron, con innumerables variaciones, los hechos de su vida. Edipo es el hombre que sufre en forma sobrehumana y que heroicamente sobrelleva todos los dolores que el destino le tenía reservados. El supo cuán larga sería su vida de mendigo errante y el horror que causaría en todas partes hasta que llegara a una tierra ajena, generosa, cuyo rey lo acogería. Allí ese rey sería testigo de su paso al otro mundo, al reino subterráneo y toda la ciudad honraría el lugar de su sepultura. Durante largos siglos viajeros y peregrinos honraron como sagrado aquel lugar, regresando fortalecidos con el recuerdo de aquellos insignes sufrimientos.

¡Qué genio y qué compasión la de aquellos poetas y de aquel pueblo que así sabía valorar el dolor del corazón humano!

HERMANO CONTRA HERMANO

"Porque conocéis la obra destructora de Ares,
Dios del dolor,
Habéis experimentado toda la furia de la pe-
[nosa guerra.
Estabais con aquellos que huyeron y con sus
[perseguidores.
¡Jóvenes habéis colmado ya vuestra medida
[de ambos!"

TIRTEO, *Fragmentos*, 11.7-10.

Eteocles y Polinice, los dos hijos de Edipo y Yocasta, ya se recelaban mutuamente. Su tío Creonte, el regente de Tebas, había ideado un plan para mantener el reino en paz. Los dos príncipes reinarían alternadamente. Echadas las suertes, tocó a Eteocles el primer período de gobierno. Por su parte, Polinice se obligaba a desterrarse para regresar al cabo de doce meses solares y asumir su turno. Así lo hizo, pero no sin llevarse junto con su parte del tesoro aquellos famosos presentes recibidos por su antepasada Harmonía, como regalo de bodas de parte de Afrodita y Atenea.

Transcurrido ya el primer año, Eteocles no estuvo dispuesto a cumplir lo pactado. Prohibió a Polinice la entrada a la ciudad amurallada y lo amenazó de muerte.

El desterrado halló refugio en Argos, adonde se dirigió a probar fortuna. Era por encima de todo un aventurero y había oído hablar de la belleza de las dos hijas de Adrastos, rey de la afamada Argos.

Egea y Deipila, las dos princesas argivas, eran pretendidas por un gran número de príncipes y jóvenes de ilustre sangre. Adrastos, para no equivocarse en la elección de maridos para sus hijas, había acudido al Oráculo Délfico y la respuesta que recibió lo había dejado perplejo: "Ata a un carro de dos ruedas el león y el jabalí que luchan en tu palacio".

Por las noches, junto a las fogatas donde se reunían los pretendientes a beber y jactarse de sus riquezas y habilidades, observaba el rey Adrastos a aquellos jóvenes tratando de desentrañar el oráculo. Hasta que en una ocasión presenció una terrible pelea entre Polinice y Tideo, un príncipe desterrado de Calidonia por su feroz conducta. El escudo del hijo de Edipo exhibía el león tradicional de los tebanos, y el de Tideo mostraba al fiero jabalí de Calidonia.

En ese instante comprendió Adrastos que esos dos belicosos pretendientes eran los señalados. Sin tardanza hizo conocer su decisión a todos y casó a Egea con Polinice y a Tideo con Deipila. Solemnemente prometió a sus hijas y yernos ayudarles a recuperar sus tronos perdidos para mayor honor del reino de Argos. Primero atacarían a Tebas, la más cercana.

Y este fue el origen de aquella serie de combates terribles conocidos como la Guerra Tebana, condenados a la inutilidad y el fracaso. Demasiadas maldiciones, odios y resentimientos había de por medio.

El poderoso ejército de Argos se puso a las órdenes de los siete grandes caudillos: Tideo, Polinice y los cinco Argivos: el propio Adrastos, su cuñado Amfiarao el vidente. Partenopeo, Hipodemón y Capaneo. Eran todos esforzados guerreros.

Durante los preparativos de la campaña, Amfiarao tuvo una visión profética espantosa. Soñó que las Siete Puertas de Tebas serían inexpugnables para los Argivos y que en cada una de ellas caería uno de los siete caudillos. No había llegado aún el tiempo prescrito para la destrucción de Tebas.

Como Amfiarao se mostraba dudoso y vacilante para partir, su esposa Eurifile, hermana del rey Adrastos, obtuvo de Polinice el famoso collar de Harmonía y con su hechizo irresistible logró convencer a su marido.

Finalmente partió la expedición al mando de los siete campeones. Cruzando la región de Nemea llegaron por fin al Citerón. Desde allí Adrastos envió al feroz Tideo como embajador para exigir de Eteocles la entrega del trono tebano a Polinice. Cincuenta tebanos salieron a retarlo a combate singular y de los cincuenta ninguno regresó.

Entonces los argivos se acercaron hasta las mismas murallas y cada uno de los Siete enfrentó a cada una de las formidables puertas. Largos días duraron los combates y todo parecía inútil. Tebas no cedía y los argivos, a pesar de sufrir grandes pérdidas entre sus hombres, volvían a atacar con enorme ardor.

El ilustre Capaneo logró un día escalar hasta la cima de la más alta muralla y lleno de orgullo, porque tal hazaña nadie antes la había cumplido, osó desafiar al mismo Zeus: "Amenaza las torres con ruinas que ojalá la fortuna no permita, y dice que a pesar del cielo él ha de destruir a Tebas, y que ni la ira del mismo Zeus lo detendrá en su acometida". Insolente, exclama que incendiará la ciudad. Pero nadie puede hablar así sin ofender al señor del Olimpo. Apenas ha terminado de hablar, el rayo de Zeus fulmina allá en la cima al desafiante Capaneo y durante unos instantes todos se detienen sobrecogidos.

Ya los tebanos renuevan sus esperanzas y comienzan a luchar con tal brío que, poco a poco, los argivos van cayendo y entre ellos el terrible Tideo. De los Siete Jefes sólo quedan en el campo Polinice, Amfiarao y el rey Adrastos. Espantado ante el número de muertos, Polinice discurre desafiar a su hermano Eteocles a combate singular para ahorrar más muertes y definir la situación. Durante el amargo y enconado duelo cada hermano ataca al otro con verdadera saña, cumpliéndose así lo predicho por Edipo. Muy pronto los dos caen habiéndose herido ambos mortalmente. Su sangre maldita fluye sobre la tierra tebana, confundiéndose y uniendo a los dos hermanos en su viaje hacia el reino subterráneo.

Viéndose perdido Amfiarao monta en Arión, el caballo con alas, y escapa. Es el único sobreviviente de los argivos porque el carro del rey se hunde misteriosamente en un abismo que se abrió ante su paso y luego se cerró sobre él. Es el rayo de Zeus que así lo traslada al Hades.

Así murieron los dos herederos y nuevamente Creonte debió asumir el mando en Tebas, la de las siete puertas. Pero no había llegado todavía la paz para este linaje infortunado como ninguno.

ANTIGONA

"Entonces él yacerá sobre la tierra de hondas [raíces,
y ya no tomará parte en los banquetes,
ni escuchará la lira ni el dulce lamento de [las flautas."

ANONIMO, *Fragmento 1009 PAGE*

Después de la batalla, Creonte ordenó que los muertos tebanos recibieran la más honrosa sepultura, especialmente Eteocles, defensor de la ciudad. Prohibió expresamente que Polinice, el adversario, y sus aliados argivos fueran sepultados. De tal modo los perros devorarían sus despojos y los desdichados no conocerían el reposo del amplio abrazo de la tierra.

Pero esta orden impía violaba todas las leyes de la antigua Grecia y ofendía a los dioses del cielo y a los del Hades por igual. Los cuerpos corrompidos contaminarían el aire y los dioses del mundo inferior se verían privados de lo que les correspondía.[4] En-

[4] Los vivos tienen obligaciones hacia los muertos y también hacia los dioses subterráneos. Estos exigen que les sean ofrecidos banquetes y libaciones fúnebres en la forma de la sangre de animales, y del vino, derramados sobre la tierra ávida. Con esto por un instante las sombras de los muertos olvidan allá abajo su dolor, y Hades recibe el honor que le es debido.

tonces se alza con una energía y una grandeza incomparables la figura inolvidable de Antígona, la hermana de los caídos.

La hija de Edipo, conocedora del sufrimiento, sabe muy bien lo que es la piedad. No ignora lo que se debe a los vivos y también a los muertos, y sabe que una ciudad que no guarda sus valores fundamentales está condenada a la ruina. Para defender esos valores Antígona se enfrenta con Creonte, aun cuando ello significa la muerte. Y lo arriesga todo. Todavía podría conocer dulzuras de la vida, porque está prometida en matrimonio a Hemón, el hijo de Creonte, pero ¿podía eso ser posible a costa de perder el honor? ¿Acaso dejaría de cumplirse en ella la maldición de Edipo? Ella siente: "Mi alma hace tiempo que murió y sólo a los muertos puede servir".[5]

Frente a Ismene que está aterrorizada, Antígona declara: "Mucho más tiempo debo ser grata a los de abajo que a los que arriba viven; a su lado abajo yaceré eternamente: desprecia, si prefieres, las leyes de los dioses".

Protegida por la piadosa noche, Antígona logra salir del recinto amurallado y encontrar el cuerpo del hermano. Cubre afanosamente con un poco de tierra los restos ensangrentados. Al amanecer los centinelas lo descubren y se culpan unos a otros, pero todos niegan solemnemente haberlo hecho. Entonces, sin tardanza, porque temen a Creonte, van a alertar al regente.

Este, descendiente de los Espartos, semilla de Ares, es presa de una ira incontrolable. Contra to-

---

[5] Las citas correspondientes a *Antígona* están basadas en la traducción del profesor Genaro Godoy.

das las usanzas sagradas ha dictado esa orden insensata y ahora debe actuar para sostener lo insostenible. Manda nuevamente exponer el cadáver bajo pena de muerte para el que desobedezca.

Y una vez más Antígona se arriesga, pero esta vez es cogida por los guardias a quienes Creonte ha hecho expresamente responsables. La muchacha y el regente se enfrentan. El no puede entender que la hermana honre al que desoló la ciudad. "Jamás un enemigo, ni muerto, será amigo", declara desconcertado ante la energía de Antígona. "No a compartir el odio nací, sino el amor", exclama ella y reafirma su decisión. Rechaza a Ismene que a última hora quiere unirse a la suerte de su hermana, y se aleja conducida por los guardias.

Su prometido, el príncipe Hemón, está ante un dilema terrible. Ama a Antígona y también ama a su padre. En vano el hijo intenta hacer razonar al padre para que revoque el injusto dictamen porque ya a través de la ciudad se esparce el rumor de la nobleza de Antígona. Dice a Creonte: "No existe ciudad que sea dominio de un hombre solo", pero el tirano responde: "Acaso la ciudad ¿no es de quien manda en ella?" En su amargura el muchacho exclama: "¡Oh, qué buen soberano serías en un desierto!". Pero Creonte ha ido ya demasiado lejos. Enceguecido ordena: "Traed aquí a esa odiosa mujer para que muera ante sus mismos ojos, al lado de su prometido... La llevaré a un lugar sin huellas de mortales y, viva, he de encerrarla en rocosa caverna; a su lado pondré sólo aquel alimento que evite el sacrilegio y el contagio a Tebas y, allí, invocando al Hades, único dios que ella adora, puede ser que consiga salvarse de la muerte. Tal vez aprenda entonces, pero será ya tarde, que es esfuerzo inútil honrar a los del Hades". Y Hemón se aleja horrorizado.

En su rocoso encierro Antígona lamenta el inmenso cúmulo de sus desdichas... "me arrastran ahora con manos violentas, sin un lecho nupcial, sin cantos de himeneo, sin caricias de esposo, sin que a un hijo criara, sin que tenga ya amigos, desdichada, me voy viva aún a las cóncavas mansiones de los muertos... ¡Oh!, magnates de Tebas, mirad a este último resto de una estirpe real!"

Una vez más Tiresias, el vidente ciego, tiene visiones espantosas. ¡Durante larguísimos años ha sido testigo a pesar suyo de los grandes dolores de la casa de Cadmos! Siempre ha interpretado el designio inescrutable de los dioses. ¡Jamás se ha equivocado! Para dolor suyo aún otra vez debe hablar sin ser escuchado.

"Ten por cierto, Creonte, que las ágiles ruedas del sol no habrán de dar muchas vueltas aún sin que tú mismo veas convertido en cadáver a un hombre de tu sangre a cambio de esos muertos; pues a uno empujaste de la vida a la muerte, encerrando a un vivo en sepultura, sin piedad, y a quien es de los dioses aquí arriba retienes, sin su parte de honores, por tenerlo insepulto. Esto hacer no podéis ni tú ni los celestes dioses, y son violencias las que tú has consentido. Ya te van acechando las Furias de los dioses y del Hades, que llevan la ruina y la venganza para dejarte envuelto en idénticos males... Ahí tienes los dardos que, cual flechero, airado, lanzo a tu corazón, y su herida certera no podrás esquivar."

Creonte queda profundamente perturbado. Por primera vez vacila y el temor lo hace dudar de lo que ha hecho... "¡Ay de mí! Puedo apenas forzar mi corazón. No es posible que luche con la Fatalidad."

Y lo que Tiresias predijo se cumpliría muy pronto. Así narra un mensajero lo que sucedió: "Hablaré sin callar la verdad... Acompañé a Creonte donde yacía el cuerpo destrozado de Polinice, aquel que no encontró piedad... Cuando ya estuvo cerca lo envolvió de lamentos un rumor confuso y, llorando, lanzó este grito desgarrador: ¡desdichado de mí!, ¿soy adivino entonces y recorro el más triste de todos los caminos que nunca recorrí? Me acaricia la voz de mi hijo, acercaos, id corriendo, siervos, llegad hasta la tumba, removed esas piedras... mirad si de Hemón es esa voz que oigo o me engañan los dioses... en el fondo de la honda caverna, suspendida del cuello divisamos a Antígona ahorcada con finísimo lienzo y a Hemón que, abandonado, su cintura abrazaba... Cuando el padre lo vio, con un ronco gemido, hacia él se lanzó diciendo entre sollozos: ¡desdichado! ¿Qué has hecho? ¿Qué cosa te propones? ¿En qué calamidad vas a perderte ahora? Sal de ahí, hijo mío, suplicante te pido. Pero el hijo, los ojos clavando en él feroces, y escupiéndole el rostro, sin contestar, tiró del puño la espada de doble empuñadura y erró al padre porque éste lo esquivó. El infeliz contra sí mismo, airado como estaba, apoyando sobre su pecho la espada, estrechando con sus brazos ya lánguidos el cuerpo de la joven, y dando bocanadas, sus pálidas mejillas con el río impetuoso de su sangre enrojece... En la mansión del Hades cumplió él las tristes bodas"...

"Amor, invicto en el combate,
amor, que caes sobre las riquezas de los hombres,
que haces tu vigilia en las suaves mejillas de
[una niña,

que viajas a través del mar,
y hacia las moradas campestres de los hombres;
ni uno solo de los inmortales puede librarse de ti,
menos aún mortal alguno.
El que te toca es presa de la locura."

La muerte de Hemón lleva también a la muerte a Eurídice, su madre. Tarde ha entrado Creonte en razón: "Sacad fuera de aquí al insensato hombre que soy, pues yo le di la muerte, ¡ay, hijo!, sin quererlo, a ella también. Ya no sé a quién mirar ni a quién volverme, todo cuanto tenía se ha perdido y el hado inexorable me castiga".

LAS MADRES DE LOS CAIDOS

"Jóvenes y viejos lo lloran por igual,
y toda la ciudad está colmada de triste nos-
[talgia,
y una tumba, hijos y una familia lo sobreviven.
Nunca la fama ha olvidado a un hombre
[valiente o a su nombre.
Porque aunque repose bajo la tierra se hace
[inmortal
aquel que, irguiéndose y manteniéndose firme
[y luchando
por su tierra y por sus hijos es muerto por el
[poderoso Ares."

TIRTEO, *Fragmentos 12-27-34.*

Antígona de Sófocles es el dolor de la hermana. *Las Suplicantes* de Eurípides cantan el dolor de las madres de los argivos caídos ante los muros de Tebas.

Después de tantas calamidades, por fin en Tebas reina la paz. El cuerpo de Polinice ha recibido el honor que corresponde a los muertos. Pero sobre la vasta llanura que rodea a la ciudad famosa los buitres comienzan sus lentas espirales y sus chillidos entristecen la campiña. No tienen gran prisa. Son miles los cuerpos de los guerreros argivos que les servirán de alimento. Los Cinco Jefes compañeros de Polinice también yacen allí. Del sexto, Capaneo, sólo quedan los restos calcinados por el toque de Zeus.

No se ha extendido para ellos la generosidad de Creonte. Y de este modo Tebas, sin saberlo, está en el umbral de su ruina. No están lejos los años en que los hijos de los Siete destruyan sus murallas para vengar la impiedad.

Adrastos, el rey de Argos vencido en la gran guerra, acude a Teseo, rey de Atenas, para implorarle su apoyo en el sagrado deber de obtener sepultura para aquellos guerreros. Su séquito lastimoso son las madres de los jefes argivos y sus hijos, aún pequeños. Todos llevan las túnicas y los cabellos cubiertos de tierra y ceniza de los que están en duelo.

Las suplicantes y su rey encuentran a Teseo en las cercanías de Eleusis, donde se alzaba el gran templo de Deméter, la diosa de la Fecundidad de la tierra. Allí Etra, la madre de Teseo, y su corte de matronas atenienses, celebran los sagrados misterios:[6]

"Y ahora, ¡oh Deméter! En tu sagrado templo
se inclina humilde el cortejo Eleusino.
Las oscuras rocas de la caverna resuenan
con el eco de tu alabanza,
y Paros, rodeado por el mar, te obedece.
¡Oh, diosa! mediante quien el vuelo circular
de las estaciones, unas tras otra,
derrama bendiciones y nuevo deleite.

---

[6] Sobre los misterios de Eleusis, véase la nota que aparece en el capítulo sobre Heracles.

¡Y tú, hermosa Perséfone! Premiad
con una vejez honrada y con tranquilos gozos
al bardo que canta vuestros hechos;
pronto elevará su voz y otros versos
celebrarán vuestra alabanza".

Himno homérico a Deméter, vv. 487-495.

Adrastos confía en que Atenas y su rey han recibido la benéfica protección de la tumba de Edipo y conoce la piedad de los atenienses. "Compadécete de mis males y de estas madres de hijos ya difuntos, huérfanos de cabellos canos. Tuvieron valor para venir hasta aquí y andar a pie el largo camino... triste embajada, no para tomar parte en las ceremonias de Deméter, sino para sepultar muertos... sólo Atenas puede ampararme ya que suele compadecerse de las desdichas ajenas"...

Teseo al principio se niega. Considera que Adrastos y los argivos no fueron razonables al atacar a Tebas apoyando a Polinice contra los vaticinios del vidente Amfiarao. Pero la madre de Teseo, Etra, amada en otro tiempo por el mismo Poseidón, hace suyas las peticiones de las dolientes madres de Argos: "¿Renegarás de tu origen y expulsarás de este territorio a ancianos, desoyendo sus justos ruegos? No lo creo así: la fiera busca refugio en los roqueríos, el esclavo, en los altares de los dioses y la ciudad azotada por las tempestades acude suplicante a otra ciudad"...

A su madre Teseo no le puede negar nada. El amor de Etra, que siempre lo había sostenido, hizo posible que Teseo recuperara el trono de Atenas, la herencia perdida del rey Egeo. Y es a Atenas, a sus ciudadanos, a quienes el rey deberá consultar en pública asamblea para decidir cómo la ciudad abordará la petición de los argivos. Finalmente la asamblea determina dirigirse al regente Creonte en la siguiente forma: "Teseo te pide amistosamente los cadáveres que han de sepultarse; habita un país vecino y lo reputa justo… y si Tebas lo concede, regresa, mensajero. De lo contrario, añade que esperen muy pronto mi ejército de nobles jóvenes armados". Tal fue la mesurada petición que Teseo, en nombre de los atenienses, dirige a los tebanos.

Entretanto el tirano Creonte, que se ha enterado del viaje del rey Adrastos y las madres, insolentemente envía a Teseo un heraldo prohibiéndole que acoja en su ciudad a los Suplicantes. El tirano parece haber olvidado que no puede hablar así a un pueblo libre.

La respuesta de Teseo enorgullece a los atenienses: "No soy yo quien declara la guerra, puesto que no fui yo con los argivos a la guerra de Cadmos. Pero sí creo justo sepultar los cuerpos de los que en ella murieron, sin ofender a Tebas ni iniciar mortales combates, sólo para guardar una ley común a toda Grecia… Deja que la tierra cubra a los muertos; que vuelva a cada parte lo que vivió: el espíritu al aire, el cuerpo a nuestra madre común, no es nuestro en propiedad sino durante el tiempo en que respira la vida, y la tierra que lo nutrió debe después recuperarlo… ¿Receláis acaso que los sepultados puedan arruinar a Tebas? ¿Que enterrados engendren hijos de quienes os venga el castigo? Concedednos que sepultemos a los muertos, que sólo la piedad nos guía o pronto os arrepentiréis…".

Como el inflexible Creonte no accede, Teseo se pone al frente de sus huestes, soldados, jinetes y carros de cuatro corceles y todos marchan contra Tebas. Delante de aquellos muros poderosos se detiene el ejército. Los cadáveres insepultos están diseminados por toda la vasta llanura. Una vez más el heraldo de Teseo conmina a los tebanos a cumplir la ley sagrada. Creonte nada responde y terminan por trabarse entre los dos bandos los más furiosos combates. "En la ciudad se oían clamores y gemidos de jóvenes y ancianos, y el terror llenaba los templos. Teseo, que hubiera podido entrar en ella, contuvo a su gente asegurando que no venía a asaltarla, sino sólo a reclamar los cadáveres."

Luego de innumerables encuentros los atenienses victoriosos en la sangrienta lucha logran recuperar los despojos, corrompidos ya, de los argivos y les dan sepultura en los valles del cercano Citerón. ¡Oh, monte renombrado! ¡Cuántos sucesos has visto desde tus nevadas cumbres! Tristemente recogen los vencedores los restos de los Grandes Jefes y los trasladan en solemne cortejo a Eleusis para ofrecerles los honores fúnebres.

Rápidas llegan las noticias al templo de Deméter, donde la reina Etra y las madres suplicantes han permanecido ofreciendo sacrificios. Ya llega la dolorosa procesión. Las madres ansían estrechar entre sus brazos los cuerpos desfigurados, irreconocibles, de los guerreros: quieren bañarlos con sus lágrimas y mecerlos como si nuevamente fueran niños. Sus gemidos parten el alma.

"¡Oh, hijo!, te crié desventurado y te llevé en mis entrañas, y sufrí por ti los dolores del parto, y ahora se lleva Hades el fruto de mis míseros cuidados. ¡Yo, desdichada, no tendré en mi vejez hijo que me sustente!"

Teseo ordena que se preparen dos piras para los ritos funerarios. En una de ellas se honrará a los Grandes Jefes. La segunda está destinada al osado Capaneo, el que fue fulminado por el rayo de Zeus. Su cadáver, tocado por el dios, es sagrado y debe quedar separado de los demás.

Sobre un elevado peñasco que domina la entrada del templo, aparece súbitamente una figura solitaria. Es Evadne, la esposa de Capaneo. "Desolada vengo desde mi palacio buscando las llamas y su sepulcro, para acabar en el Hades mis grandes dolores... Me precipitaré desde aquí para demostrar mi fiel renombre saltando al fuego desde esta roca y confundiendo en la ardiente llama mi cuerpo con el de mi esposo. Mis miembros yacerán junto a los suyos y descenderé al tálano de Perséfone. Fiel te seré bajo la tierra, ya que has muerto, ¡ilustre Capaneo...! ¡Miradme sobre este risco como un ave... pronta a levantar mi triste vuelo!"

Nadie puede impedirlo y los argivos lloran con nueva pena. "El éter ya los posee a ambos reducidos a cenizas por el fuego. Alados alcanzaron la morada de Hades... ¿Qué desventura hay mayor para el hombre que contemplar las cenizas de sus hijos?"

La ceremonia ha terminado y Adrastos debe regresar a Argos con las dolientes. Sobre el templo de Deméter aparece la celestial Atenea para ordenar lo que ha de hacerse. La diosa protectora de Atenas prudentemente prepara un porvenir mejor después de los horrores del presente.

"¡Teseo! Conviene que Adrastos jure por toda la tierra sobre la cual reina, que ningún argivo osará atacar el territorio ateniense... Si viola su promesa, ruega a los dioses que perezca... Yo te indicaré el lugar donde sepultar a las víctimas.[7] Lo

[7] Recientemente, cerca de Eleusis un equipo de arqueólogos dirigidos por el profesor Mylonas, identificó un cementerio. Se descubrió allí una tumba doble rodeada por un

harás en la encrucijada del istmo que será en adelante bosque consagrado a Apolo. ¡A vosotros, Argivos, os anuncio que los hijos de estos infortunados héroes conquistarán a Tebas y vengarán a sus padres!… No sucederá de otro modo. ¡Vosotros, niños, con el nombre de Epígonos,[8] daréis a la posteridad en toda Grecia abundante materia para la poesía. ¡A tales tropas mandaréis y Zeus os será propicio!"

Años después, cuando aquellos huérfanos llegaron a la edad viril, se cumplieron las palabras de Atenea y Tebas cayó destruida hasta los cimientos. Entre sus ruinas murió también Tiresias, el vidente ciego que había vivido durante siete generaciones. Sus oscuras visiones se habían cumplido enteramente. La amarga simiente de Cadmos, de Layo y de Edipo había, por fin, desaparecido de la faz de la tierra.

---

círculo de cinco tumbas simples, lo que hace pensar en los restos de Capaneo y Evadne rodeados por los jefes Argivos…

---

[8] "Epígono", en griego, significa "seguidor", "El que viene después". Con el tiempo ha pasado a significar principalmente un imitador, el que sigue un modelo.

Los Dióscuros, hijos de Zeus

"Amablemente derramad vuestra luz
sobre nosotros, Cástor y Polideuces,
vosotros que vagáis sobre la amplia
tierra y los mares
montando ágiles corceles...
Iluminad una clara senda a través de
las tinieblas nocturnas
para nuestro oscuro barco..."

ALCEO, s. VII a. C.

INTERLUDIO

De mis cumpleaños, ése fue el más entretenido que puedo recordar. La verdad es que, por coincidencia, no era yo el único festejado, pero un cumpleaños –diecisiete años, sobre todo– sin duda es más importante que un santo, aunque algunos piensen lo contrario.

Hacía dos semanas que mamá había llegado a reunirse con nosotros. ¡Imagínense la felicidad! Nos habíamos separado hacía por lo menos cuatro meses. Ella nos encontró más grandes, saludables y tostados por el sol mediterráneo y muy entusiasmados con lo que estábamos viendo y aprendiendo. Papá estaba radiante y la contemplaba embobado; ella lo miraba fascinada por su barba nueva. ¡Se veían tan contentos!

Uno de los muchos primos de Demetrio nos había convidado a pasar el fin de semana a su casa de la costa. Toda la familia celebraría el santo del dueño de casa como se debe. Muy temprano el sábado cruzamos a Salamina, la gran isla situada frente al Pireo hacia el Oeste, en el golfo Sarónico. El angosto estrecho se dominaba perfectamente desde la terraza rústica y amplia de la hermosa casa de Angelos. La había construido hacía más de veinte años, en gran parte con sus propias manos ayudado por su hermano gemelo Arkangelos. Los dos habían sido muy unidos... cuando Arkangelos vivía.

Al día siguiente, después del largo paseo en lancha, en que rodeamos buena parte de la isla, Angelos me contó la leyenda de los Dióscuros, otros gemelos famosos de la antigüedad. Ese paseo en la lancha con motor, vieja pero muy cómoda, fue el regalo que esa familia tan cariñosa me había preparado como sorpresa de cumpleaños.

También me enteré ese día de la historia de los dos hermanos. Demetrio y los primos gemelos tenían el abuelo materno en común. Las madres de ellos eran hermanas, y muy unidas. Los hijos, y luego los nietos, veraneaban a menudo juntos en ese lugar apacible donde formaban ya una pequeña colonia.

El almuerzo del sábado fue algo que siempre recordaré. Nos sentamos alrededor de dos inmensas mesas de madera, ya gastada, bajo el toldo de la terraza. Los más chicos estaban en la "mesa del pellejo", como corresponde, entre ellos mi hermano, con gran indignación de su parte. Aunque creo que la presencia de Corina –la sobrina favorita de Demetrio, hija de Angelos– le encantaba, él no podía reconocerlo. A mí también me gustaba mucho.

Como festejado me habían sentado en una de las cabeceras. En la otra punta dominaba Angelos con su enorme cuerpo y su barba canosa. Recuerdo su vozarrón, sus ágiles manos peludas y su tremenda simpatía. Cogía el cucharón con entusiasmo y repartía raciones de mariscos, pulpitos y pescado que sacaba de la fuente humeante. Todavía puedo ver esos platos, las fuentes de ensaladas y frutas, las jarras de vino... ¡Qué manera de pasarlo bien!

Angelos insistía en que lo más destacado del día era su santo. Se celebraba en realidad el día de los Angeles Custodios, fiesta muy estimada en la liturgia ortodoxa griega, y como dueño de casa el primer brindis fue para él.

–Además –exclamó–, en este día siempre hacíamos algo especial cuando Arkangelos vivía.

De modo que brindamos por los Angeles y los Arcángeles, y también por mi cumpleaños, que parecía cada vez menos importante, por lo que veía.

Muchos años atrás, cuando a la mamá de Angelos le faltaba poco para dar a luz, supo que iba a tener mellizos. Y empezó la batalla por los nombres. El abuelo había decidido que de todas maneras iban a ser hombres y que se llamarían Cástor y Polideuces, como los famosos Dióscuros, hijos de Zeus. En su familia esto había ocurrido en varias oportunidades.

Espantada, la madre de las criaturas decidió por su cuenta y riesgo que si eran hombres se llamarían Angelos y Arkangelos. ¡No faltaba más! ¡Nombres mitológicos en lugar de un par de decentes nombres cristianos!

Y sucedió lo que ella dispuso, como era de suponer. Los dos hermanos fueron siempre tremendamente unidos –el mismo Angelos me lo contó en la lancha–, hasta que a Arkangelos se le había ocurrido enamorarse de una muchacha chipriota. Allá había partido y luego había muerto en una de las revueltas de la guerra civil, hacía años ya. ¡Había que oír a Angelos hablando de Chipre! La verdad es que detrás de su ímpetu se escondía una gran pena.

–¡Si ni siquiera alcanzó a dejar hijos para consolarnos! –exclamó más de una vez mirando a sus hijos y sobrinos.

El domingo fuimos todos a la ceremonia bizantina en una de las muchas capillas de la isla. Ni la belleza de esa liturgia logró concentrarme, tan excitado estaba con la perspectiva del paseo. Finalmente, luego de un tardío desayuno, Angelos y yo partimos al embarcadero.

El día era perfecto y así se mantuvo durante varias horas. Tomamos primero rumbo al Sur, luego hacia el Oeste y por último rumbo al Norte. Llegamos hasta a avistar Megara, en pleno istmo de Corinto, ubicada ya en el continente. Angelos conocía estas costas como el patio de su casa y la conversación, salpicada de información y anécdotas, hizo que las horas volaran. Además habíamos llevado un estupendo almuerzo, según Angelos tan importante como una buena carta náutica.

Ya habíamos iniciado el regreso cuando súbitamente se dejó caer un cambio de vientos que trajo oscuridad, nubes negras, lluvia y, sobre todo, grandes olas. Esto suele ser frecuente en el Mediterráneo. Yo me creía buen marinero, pero jamás me había tocado nada semejante. Me acordaba de san Pablo y peor me sentía. Mirando a Angelos cogido del timón, manejando su lancha con total seguridad, traté de aguantar el malestar, pero al poco rato me venció el mareo. Fueron horas terribles, que se me hicieron eternas. Sólo deseaba que terminara esa pesadilla. Angelos sabiamente me dejó tranquilo mientras se concentraba en capear el temporal.

De pronto, después de un siglo, tan sorpresivamente como antes, el viento volvió a cambiar, el resplandor de las estrellas se dejó ver en un rincón del horizonte lejano, y las olas, hasta entonces enormes, se fueron aquietando como si una mano invisible hubiera pasado acariciando sus lomos hinchados. Lentamente las blancas crestas de espuma fueron desapareciendo.

–¡Acaban de pasar los Dióscuros! –exclamó el enorme vozarrón de Angelos–. Ahora métete a la cabina a descansar y arrópate, porque nos quedan por lo menos dos horas para llegar al embarcadero.

Y aunque parezca increíble logré dormir. Estaba sumamente cansado, pero ya estábamos seguros. Desde entonces los Santos Angeles Custodios, los Dióscuros y los paseos en lancha, son una sola cosa para mí.

LOS GEMELOS CELESTIALES

Los Dióscuros cabalgaban, desde hacía largos siglos, sobre las olas de los mares griegos calmando las tempestades.

Tíndaro, rey de Laconia en Esparta, fue expulsado de su trono, cosa corriente en aquellos tiempos. Pero halló refugio en el palacio del rey de Etolia. Allí se enamoró de Leda, una princesa de belleza indescriptible; de ella se cuenta que su madre había sido nada menos que la estrellada Noche. Su rostro era claro como el día y la suavidad de sus mejillas y cabellos hacía cantar a los poetas y suspirar a los pretendientes.

Así fue como el mismo Zeus se enamoró de Leda y dispuesto a todo para obtener su amor, se transformó en un cisne de extraordinaria belleza para llegar hasta ella.

Cuando Leda comprendió que Zeus la había elegido para ser madre de sus hijos, llegado el momento del parto se retiró a una escarpada y solitaria isla frente a Esparta en el golfo de Mesenia. Entre las rocas azotadas por los vientos, como un ave ella misma, puso un huevo resplandeciente del cual saldría el más hermoso par de criaturas. ¡Habían nacido los Dióscuros! Su nombre en griego significa "hijo de Zeus". Se llamaron Cástor y Polideuces,[1] los inseparables gemelos celestiales.

Cuando crecieron llegaron a ser idénticos y semejantes a su madre en belleza. Los dos usaban siempre una pequeña gorra blanca que recordaba la cáscara del huevo sagrado que los había anidado. Pero lo más notable era el par de alas doradas que tenían en los tobillos.

Fue el dios Hermes el que los trasladó, siendo todavía niños, desde la isla de su nacimiento hasta el continente y los depositó en la región de Mega-

---

[1] También conocidos por sus nombres latinos, Cástor y Pólux.

ra, en Esparta. Desde entonces los habitantes de estas comarcas los consideran sus campeones.

Jamás se separaron. Tenían una naturaleza impetuosa, como hijos de Zeus, y eran inclinados a la belleza y el amor, como su madre Leda. Su vida fue una serie de aventuras, azarosa, llena de enredos amorosos, raptos y hazañas personales. Participaron además en diversas batallas, ayudando siempre a sus amigos espartanos. Y como otros héroes de su época, formaron parte de la famosa expedición de los Argonautas. Cuentan que nadie aventajaba a Cástor en la doma y entrenamiento de potros. Polideuces, por su parte, era un luchador consumado. Y ambos no tenían rivales como jinetes. Cruzaban rápidos como el viento sobre sus corceles; sólo se veía el fulgor de las alas doradas sobre la línea del horizonte. Y se acercaban siempre en los momentos difíciles y más oportunos.

Cástor y Polideuces tuvieron dos hermanas, también gemelas, posiblemente las dos mujeres más famosas de su tiempo: Helena, la de Troya, de belleza incomparable, y Clitemnestra, no menos famosa y destinada a Agamenón, el conductor de hombres.[2]

Una de las tareas más arduas de los Dióscuros fue la de vigilar y cuidar a Helena, asediada y perseguida por pretendientes aún más numerosos que los de su madre. Está muy claro que, por lo menos en una ocasión, la tarea fue imposible. Dos troyanos notables, Paris y Eneas, lo hicieron

---

[2] Agamenón, el caudillo de las tropas griegas en la Guerra de Troya, es uno de los personajes centrales de las historias de Argos.

caer en una trampa para alejarlos de la admirada hermana. Estaba escrito que el rapto de Helena debía suceder y así pudo producirse la Guerra de Troya.

La unión y el afecto de los dos hermanos son conmovedores porque sólo uno de ellos era inmortal, Polideuces. Cástor, en cambio, estaba sujeto a la muerte y ésta lo alcanzó muy joven.

Cástor cayó un día en una celada preparada por sus enemigos y fue herido por una lanza. Pero Zeus lo vengó fulminando a los traidores. Cuando el muchacho yacía moribundo bajo una higuera, llegó volando Polideuces, que desde lejos había visto todo, sin poder evitarlo. Traspasado de dolor rogó al padre Zeus que lo hiciera morir también junto al hermano.

"Tú eres mi hijo –respondió Zeus desde lo alto– y llevas mi semilla, por eso eres inmortal. A tu hermano, en cambio, por su madre le viene el tener un límite a sus días. Ante eso nada puedo hacer. Pero veo tu dolor y dejo a tu elección vivir siempre en el Olimpo en la morada de los Inmortales, o habitar un tiempo bajo la tierra con tu amado hermano y luego ascender también con él, hacia el palacio celestial compartiendo su suerte eternamente."

Dura prueba para el amor. Se trataba ni más ni menos que de elegir entre gozar él solo de la luz eterna, o saborear las dulzuras del Olimpo mezcladas para siempre con las tinieblas de Hades. Polideuces no dudó en compartir la oscura suerte de su hermano.

Entonces Zeus los puso en el firmamento en medio de las estrellas que desde entonces coronan sus luminosos gorros. Allí presiden la constelación de los Gemelos (Géminis). La mitad del año habitan las regiones celestiales para descender luego a las mansiones subterráneas.

Así como cuando vivían, los hermanos ayudaban a los combatientes en sus alados corceles, desde que murieron, los navegantes afligidos los invocan en medio de la tempestad. Raudos, aparecen entonces sobre las olas con sus ágiles alas y se alegran cuando les ofrecen sacrificios y recuerdan sus proezas.

"¡Oh, musas de impetuosos ojos! Cantad a los
[gemelos de Zeus
a quienes Leda, la de los hermosos tobillos,
[unida por amor
con el hijo del poderoso Cronos, que oscurece
[el cielo,
sobre el Taigetos, monte majestuoso y solitario,
dio a luz gozosa: al tierno Polideuces, sin tacha,
y a Cástor, el domador de potros, herederos
[de la fama.
Ellos son los Poderes que salvan a los mortales
[nacidos de la tierra
y a sus barcos, cuyo vuelo sopla raudo sobre
[el mar
cuando las borrascosas tempestades rugen
[sobre el mar salvaje
y los navegantes temblando invocan a los
[gemelos de Zeus,
con oraciones y votos, apiñados temerosos sobre
[la alta proa,
y sacrifican corderos blancos como la nieve
–mientras el viento y las hinchadas olas rompen
[desde atrás
y desde el fondo las ondas tumultuosas soportan
[al navío vacilante–,

ellos súbitamente aparecen sobre alas doradas
[recortando velozmente el cielo,
acallan las ráfagas en silenciosa quietud
y esparcen las olas sobre el blanco lecho de
[Océano, bello presagio del viaje;
de sus trabajos y temores descansan los
[navegantes,
alegrándose a su vista, y surcan el tranquilo
mar en seguro deleite."

(*Himno homérico a Cástor y Polideuces*,
tomado de la traducción de Shelley.)

Preludios de Troya

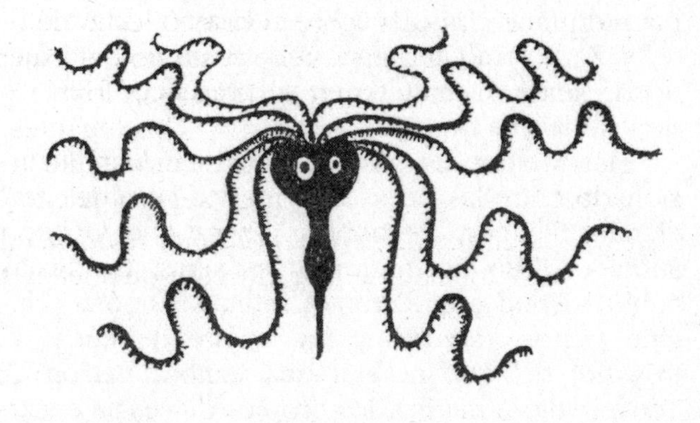

PELEO Y TETIS

"Nuestro poderoso destino viene de los dioses."

BAQUILIDES, s. VI a. C.

La misteriosa voluntad de los dioses

Quien conozca las historias de los dioses, recordará seguramente cómo Zeus y Poseidón fueron rivales en el amor de Tetis, la bellísima hija de Nereo que vive en las profundidades del mar. En aquella ocasión, Temis habló. La sabia madre de las Horas, la que no puede equivocarse, pintó ante los dos dioses enamorados un panorama peligroso: ya antes Urano y Gea habían sido desplazados del poder por Cronos y Rea, y estos sucesos se habían repetido otra vez y más recientemente aún, pues Cronos había sido desplazado por el propio Zeus. Si ambos persistían en su intento de desposar a Tetis volvería a suceder lo mismo; el hijo de Tetis, cuando naciera –según una antiquísima profecía– sería más grande que su padre. Poseidón se alejó, entonces, hacia sus dominios para terminar consolándose en el amor de Amfitrite, y Zeus tomó por esposa a la única diosa que no se siente disminuida en su presencia: Hera, la de los blancos brazos.

Hasta entonces sólo los dioses habían incursionado entre las bellas hijas de los hombres, haciéndose padres de nobles. Ahora que la tierra sufría el peso de innumerables seres, las diosas también condescendieron. Afrodita se unió al príncipe pastor Anquises y fue madre de Eneas el troyano, del que nacería una famosa nación. A Tetis, la diosa marina, los propios dioses se encargaron de buscarle compañero.

En tiempos anteriores, Zeus había estado enamorado de la diosa-isla Egina, hija del dios-río Asopo. Una cálida tarde Asopo sorprendió al dios abrazando a su hija en un bosquecillo. Enfurecido, lo persiguió. Zeus, humillantemente corrido, se convirtió entonces en un peñasco y pacientemente esperó que el furioso dios-río pasara de largo. Seguro ya entre los bastiones del Olimpo, comenzó a tirar piedras a su perseguidor, el cual quedó tan herido que aún hoy el Asopo corre lento. Zeus llevó luego secretamente a la bella Egina hasta Oenone, donde le hizo el amor convertido en majestuosa águila.

Como suele suceder, Hera terminó por saber de estos amores y, colmada de celos, decidió el exterminio de toda creatura viviente de la isla Egina. Bajó a la tierra una espesa nube caliente, millares de serpientes pusieron sus huevos junto a cada arroyo de la isla, sopló el viento del Sur trayendo pestilencia, dejó de llover, los frutos se agostaron. Los hombres y las bestias perecían de sed ante los ojos angustiados del rey Eaco, hijo de Zeus y de Egina. Este rey Eaco era el más piadoso de los hijos de los hombres y abrazándose a la encina de Dodona, sagrada a Zeus, lloró amargamente: "¡Padre Zeus! –clamó– si te dignaras poblar nuevamente esta tierra... ¡Tú puedes hacerlo y te suplico que seamos otra vez tantos cuantas hormigas suben por el tronco de tu árbol sagrado!".

Consolado con la esperanza, se durmió y tuvo un sueño: Zeus lo había escuchado, y esos hombres nacidos de otras tantas hormigas son los Mirmidones,[1] que aún hoy conservan el carácter laborioso y tenaz de sus tocayas.

Peleo, el hijo de Eaco, emigró con sus Mirmidones hacia la Tesalia y allí llegó a ser rey de Ftía, donde vivió en la cueva del centauro Quirón.

La conquista de la Nereida

"La fragante primavera trae nuevamente
[dulces flores,
y en la divina tierra, a los pies de los hombres,
brotan las violetas."

PINDARO

El delgado aire matinal se hizo claro con la inesperada visita de Iris, la mensajera de los dioses. Fresca y liviana como espuma del mar, entró sonriente a la cueva de Quirón. "Peleo es –dijo– el hombre piadoso elegido por los dioses para desposar a Tetis, la diosa marina de plateados pies."

---

[1] Mirmidones, derivado del griego "Myrmos", hormiga.

Tan rápida como había entrado desapareció Iris dejando en la caverna una estela de fragante luz.

Peleo, al enterarse de su alto destino, quedó pensativo. Al rato, él y Quirón entraron a la caverna y juntos meditaron. El sabio centauro finalmente habló: "Tetis, no te olvides, es una diosa. Su orgullo no le permitirá aceptar fácilmente que un mortal, aun cuando fuere magnífico, la convierta en su esposa. Además, las creaturas del mar suelen escapar con cierta habilidad. Por eso generalmente se las atrapa con una red o se las pesca con anzuelo, métodos que un novio, naturalmente, no puede utilizar. Cambiará de forma y no será fácil ni agradable, pero tú, ni sueltes ni desmayes en tu empeño. Para encontrarla deberás esperar el plenilunio. Entonces vendrá la diosa al pequeño islote de las Jibias, frente a Tesalia. Al mediodía entrará en una pequeña gruta para dormir una refrescante siesta. Ese es el momento".

Pasaron varios días y siguiendo el consejo del sabio centauro, Peleo se instaló en el pequeño islote. Con el corazón agitado esperó la noche y se escondió cerca de la gruta, entre las ramas de un arbusto. Se trataba de una suerte de mirto, repleto de negras bayas. Entre las bayas se ocultaban los oscuros ojos de Peleo.

"Dime, ¿qué has visto? Una noche llena de
[encanto,
una noche sembrada de magia.
La tierra, el cielo y el mar no conocen ni un
[soplo de brisa...
Sólo el perfecto círculo de la luna se deshace
[en el agua,
una bella doncella emerge del mar..."

(Dionisos Solomos, 1798-1857)

El último de los soñolientos pájaros se acomodaba en su nicho de rocas, las olas ya negras, con blancos bordes trepaban a nuevas marcas, cuando entre escasas nubes horizontales en el intenso azul oscuro del cielo despejado, empezó a levantarse una luna redonda como naranja. Peleo miraba. Lentamente la luna fue palideciendo y su luz comenzó a navegar en ancho camino de mar.

Entre el suave ondular de las olas, Peleo vio aparecer una figura hermosísima. Sentada sobre un delfín, clara y silenciosa venía la Nereida. Al acercarse a la playa se distinguían los ojos verdes como joyas, la piel traslúcida y el pelo sombrío y violento a las espaldas.

Bajó ella de su delfín, el cual dando un salto de costado sumergió nuevamente su torso de plata en las oscuras aguas. La Nereida se encaminó por la playa, ligera y serena, perdiéndose entre las rocas.

Muy pronto sintió Peleo los cantares de un coro que nunca vio. Voces altísimas ondulaban en la noche buscándose y apartándose, vibrando únicas y haciéndose rumor, haciendo y deshaciendo como se hacen y deshacen las verdes montañas del mar. Nunca supo en qué instante Hipnos, el amable dios del sueño, le cerró los párpados.

Un ensordecedor ruido de pájaros lo despertó. Blancos como velas se balanceaban en el aire o pasaban chillando hasta casi rozar su cara con las alas. El mar ya reía avanzando y retrocediendo, alegre y azul a la franca luz del sol. Sentada en un pequeño islote, a poca distancia de la playa, Tetis miraba a la lejanía. Peleo sintió hambre. Ahora añoraba aun el más humilde pan con queso de los pastores, pero, ¿a quién se le habría ocurrido llevar comida cuando sale a cazar una diosa? Suspirando se tendió cara al sol sobre la arena, dispuesto a esperar.

A mediodía el sol blanco y alto iluminaba con tal fuerza, que el cielo desaparecía en su claridad. Las verdes entrañas de las olas brillaban por un instante, antes de caer y estirarse tersas y azules sobre la orilla. Entonces los ojos de Peleo, ocultos entre el mirto a la entrada de la cueva, vieron caminar a Tetis, quien, despreocupada, venía a dormir su siesta en la fresca gruta.

El novio elegido por los dioses esperó todavía un buen rato. Finalmente entró. Al principio, en la densa oscuridad, no vio sino una figura graciosa que respiraba en cadencia como el mar. La voz de Quirón le resonó por un instante entre los huecos de la roca y su imaginación hasta sintió casi el galope del centauro. Rápido, Peleo sujetó a Tetis fuertemente por los hombros. Sus manos ardieron y rojas llamas lo envolvieron, grueso sudor le bañó el rostro. Pero no cedió. Había pasado firme por la primera transformación de la Nereida, la del fuego. Luego perdió conciencia de su propia fuerza y supo lo que era vivir como en un abismo. Un fiero león le rugió amenazante y, finalmente, sus brazos se encontraron sujetando a una serpiente que oponía su forma hecha enteramente de fuerza a la tenacidad de su espíritu. Luego un chorro de caliente sepia le bañó la cara y el cuerpo, y no sólo a Peleo sino a todo un promontorio del islote de Tesalia que aún hoy, por este hecho, se conoce como Cabo Sepia.

Cuando terminaron las metamorfosis: fuego, agua, león, serpiente, pulpo, se encontraron por fin Peleo y Tetis como hombre y diosa. La lucha había sido tan silenciosa como terrible, pero ambos estaban ahora frescos como recién nacidos del mar. Peleo ayudó a Tetis a levantarse y juntos salieron de la gruta. El sol ya se instalaba en su dorada taza para ir a soltar sus caballos en el jardín de las Hespérides.

Esa misma tarde viajaron hacia Tesalia. Cuando se alejaban de la isla vieron perderse en el horizonte el roquerío recientemente teñido de sepia, único vestigio de su abrazo.

Las bodas de Peleo y Tetis

"Llamó a los bienaventurados dioses,
quienes acudieron a sus bodas.
De las acuáticas mansiones de Nereo
trajo a la delicada diosa marina,
llevándola a la cueva de Quirón, el Centauro."

PINDARO.

La tierra estaba en primavera y los árboles se mecían tranquilos. La cueva de Quirón, adornada de mirto, esperaba a los novios y a sus invitados. Fue la propia Hera quien sostuvo en esas bodas la luminosa antorcha nupcial, y Zeus mismo quien hizo entrega de Tetis a Peleo.

En el campo se levantaba una fragante choza entretejida de aromáticas maderas y hierbas frescamente cortadas donde debían dormir los recién casados. A la mañana siguiente, los dioses venidos del Olimpo se preparaban sonrientes para ofrecer sus regalos a la joven pareja. Adelante venía Quirón, seguido por Iris, quien guiaba la solemne procesión. Hestia, la diosa del hogar: Deméter, fértil diosa de los frutos, y Karilo, la mujer de Quirón, venían primero. Luego seguían Zeus y el brillante cortejo de las

Musas, y Hera bajo el doble título de madrina de Tetis y diosa del matrimonio. Poseidón venía con Amfitrite, Nereida ella también como la novia, y luego los hijos de Leto, Apolo y Artemisa seguidos por Afrodita y Ares, Nereo y Doris, los padres de la novia, Hermes y su madre Maia, acompañados por las Moiras, Océano y Thetys, los dioses abuelos, venían seguidos de las Gracias y, por último, Dionisos. En esta ocasión los dioses traían regalos que más tarde llenarían con su fama algunos de los más hermosos cantos de los hombres.

Regalo común de todos ellos era la armadura de oro para Peleo, fabricada por Hefestos, el dios artista de la fragua. Poseidón traía para el novio los caballos Xantos y Balios,[2] hijos de Céfiro, el viento de Occidente, y de la Harpía. Quirón le regaló una firme lanza de fresno cortado en el monte Pelión, cuya punta había sido aguzada por la propia Atenea.

Tal vez esta fue la última ocasión en que los doce dioses del Olimpo, los Inmortales, comieron con los hombres. Las Musas cantaron y cincuenta Nereidas bailaron sobre la arena de la playa la danza del espiral. Los centauros, vestidos con trenzas de hierbas, profetizaban buenos augurios mientras bebían del vino traído por Dionisos.

Eris, la Discordia, hermana de Ares, no había sido invitada. Observó a la concurrencia sin ser advertida, desde lejos. Cuando vio que Hera, Atenea y Afrodita estaban reunidas conversando ani-

[2] Xantos y Balios fueron los famosos caballos que llevó Aquiles a Troya.

madamente, Eris hizo rodar suavemente hasta los pies de las tres diosas una manzana de reluciente oro. Peleo la levantó cortésmente, pero al observar con más atención la inscripción que traía, volvió a dejarla en el mismo lugar tratando de disimular su confusión. La inscripción rezaba lo siguiente: "A la mejor". No era propio de un mortal decidir cuál era la mejor entre tres tan poderosas diosas.

El hijo de Tetis

Tetis tuvo de Peleo seis hijos. Muy pronto, después de cada nacimiento los pasaba por encima de un mágico fuego para darles la inmortalidad, y los enviaba a vivir al Olimpo. Peleo se escondió cuando la madre diosa se disponía a repetir la misma operación con el séptimo nacido, y así pudo quitar a Tetis el último niño cuando ya le había quemado la mortalidad de casi todo el cuerpo. El único punto que aún quedaba era el talón de donde la madre había suspendido al niño por encima de la hoguera.

Enfurecida por la intromisión de Peleo, Tetis se sumergió en el mar. Puso a su hijo el nombre de "Aquiles", porque no había sido puesto aún al pecho de su madre. Sin embargo, aunque no lo alimentó, algo tuvo que ver la diosa con la crianza de este hijo, pues Aquiles creció como un joven árbol esbelto, "...orgullo de la fértil huerta" (Homero, *La Ilíada* XVIII). Su educación, como la de otros héroes, estuvo al cuidado del sabio centauro Quirón, el experimentado ayo de su padre.

EL REINO DE TROYA

La ciudad de Príamo

En el lado oriental del Helesponto se levanta el monte Ida. Troya, cuyas murallas fueron construidas para el rey Laomedón por Apolo y Poseidón, ya había sido destruida.

–Troyas ha habido muchas –dijo Demetrio–. Esa de las famosas murallas fue destruida por Heracles, quien emprendió aquella aventura acompañado por Telamón, el hermano de Peleo, a quien dejamos al otro del mar, en Tesalia. Uno de los pequeños príncipes troyanos fue rescatado en esa ocasión por su hermana mayor que pagó por él su velo de oro. Hesíone, que así se llamaba la hermana, debió seguir a Telamón hacia Grecia y fue la madre de Teucro, medio hermano del campeón Ayax. El pequeño príncipe rescatado se llamaba Príamo, y más tarde sería el rey de esta historia.

El Escamandro baja llevando sus aguas a las llanuras de Troya. Por las abiertas faldas de los montes los añosos árboles sombrean las hierbas salpicadas de flores y corderos. Bandadas de gansos salvajes cruzan el cielo asiático. En el interior de las murallas se levanta el palacio de Príamo, el rey.

Los mejores artesanos de Asia Menor han participado en su construcción. La enorme puerta da a un amplio patio flanquedo por dos claustros de sólida piedra pulida. A un lado están las cincuenta habitaciones de los cincuenta hijos de Príamo con sus mujeres; al frente, las cincuenta habitaciones de las hijas cierran el rectángulo. Luego siguen las habitaciones de Hécuba, la reina, próximas al fuego del hogar que arde en la sala interior y las dependencias. Se baja a un piso inferior para entrar a la despensa de finos paños. Allí, en habitaciones forradas de aromáticas maderas, Hécuba guarda los tejidos más hermosos que salir puedan de ágiles manos de Sidonia.

Paris

Después del nacimiento de Héctor, el mayor de los príncipes de Troya, Hécuba quedó embarazada nuevamente, muy pronto. Una noche, mientras dormía, soñó que una antorcha salía de su cuerpo y que el fuego crepitaba devorando a la ciudad entera. Las llamas trepaban por el monte Ida abatiendo gigantescos árboles encendidos. La reina despertó gritando. Príamo, al conocer aquel sueño, consultó a un profeta.

Entonces cayó sobre el palacio, como una noche, el dolor. La profecía pesaba sobre el rey y la reina que se paseaba pálida, con grandes ojeras violetas. "El niño de sangre real que nacerá hoy deberá morir, de lo contrario la ciudad entera sufrirá", había dicho el profeta.

Horas después nacía el nuevo hijo del rey. Príamo lo entregó al pastor Agelao, jefe de sus ganaderos, para que lo matara. El niño era hermosísimo y el pastor, haciéndole una camita entre las hojas y los helechos de las laderas del monte, no tuvo corazón para darle muerte y allí lo abandonó.

Varios días más tarde volvió a lugar y fue testigo de un portento. Una osa alimentaba al chico, que crecía contento y saludable. "Dejarlo aquí –pensó el pastor– sería desconocer la voluntad de los dioses." Lo metió, pues, a su zurrón y lo llevó a criar a su choza con su propio hijo, llamándolo Paris.

El juicio de Paris

Paris creció en el hogar de Agelao el pastor. Su padre adoptivo le enseñó a cuidar ganado y le dio a conocer los secretos de la vida silvestre en las serranías del Ida. Se cuenta que su belleza era tal que incluso enamoró a una ninfa de los bosques, Oenone.

Un día estaba Paris pastoreando en las cumbres más altas del monte Gargaro cuando vio venir un carro fantástico. Hermes salía de las nubes conduciendo a tres diosas. Sin embargo, el grupo visitante no llegó de inmediato. Antes de presentarse ante Paris, "llegaron las tres a las umbrosas selvas, lavaron sus cuerpos en las aguas de las fuentes", según cuenta Eurípides, y sólo entonces buscaron al hijo de Príamo. De más está decir que a Paris se le erizó el pelo de terror y admiración.

Hermes, que conocía bien a la embajada que traía, le informó sonriente: "Zeus –dijo– ha ordenado que entregues a la mejor de estas diosas la manzana de oro". Se trataba de la misma manzana que Eris, la Discordia, había echado a rodar durante las bodas de Peleo y Tetis. De pie con el dorado fruto en una mano, Paris intentó oponer una débil resistencia, pero fue inútil. Hermes invocó la obligación de obedecer a Zeus.

El joven, suspirando entonces, pidió ingenuamente que las diosas perdedoras no se irritaran contra él, un pobre pastor de ganado. Las tres amablemente accedieron. Impresionado con su majestad, Paris miró primero a Hera. Naturalmente orgullosa, ella condescendió, sin embargo, a hablar: "Si me eliges, serás señor del Asia con todas sus riquezas", dijo. Confundido ante el panorama, miró Paris rápidamente hacia Atenea. Los ojos claros e inteligentes de la diosa lo inhibieron aún más y, desconcertado, apenas oyó la promesa de ser invencible en la guerra, además de poseer perfecta belleza. Deslumbrado iba a replicar, cuando la voz suave y cordial de Afrodita le susurró: "¡Qué estás haciendo aquí, cuidando estúpidas vacas siendo el hombre más hermoso de toda Frigia! Deberías conocer a Helena… Casi, casi posee mi belleza. Su piel es clara y suave, pues, como sabrás nació del huevo de un cisne… Estoy segura de que si la conocieras… ¿Habrás oído hablar de ella, no? Por ahora está casada con Menelao, rey de Esparta, pero eso es fácil de arreglar…".

Paris, sin embargo, como buen pastor era tozudo. "¡Qué me va a mirar a mí!…", empezó a decir. Sólo que al levantar la cabeza vio a la dorada Afrodita tan próxima a él y tan cercana, que sin pensar le entregó la dichosa manzana.

Hera y Atenea hicieron entonces instantánea alianza y partieron dignas y silenciosas a planear la ruina de Troya. Afrodita, por su parte, prometió éxito en la empresa y sonriendo dejó a París soñar tranquilo.

Paris en Troya

Por esos días se cumplían años desde la presunta muerte de Paris, el bello príncipe que el rey había hecho desaparecer. Hécuba se paseaba con la mente medio perdida, los ojos entornados y el corazón quebrantado. Las damas de la corte respetaban su silencio. ¿Qué verían los ojos velados de la madre? Debe haber revivido en su interior la imagen preciosa de su niño llevado en brazos de un pastor para ser sacrificado. Aquí la memoria le fallaba. Quebradas imaginaciones se confundían en su mente como se confunden los senderos en un bosque oscuro, cuando en el fondo el espíritu no quiere elegir ningún camino.

Príamo, no menos triste, no había conocido alegría desde ese día terrible en que tuvo que elegir la muerte del hijo para que el pueblo viviera. Hécuba nunca le reprochó nada, pero su dolor la envolvía como una nube que él no podía penetrar.

Los príncipes de Troya se preparan ahora para celebrar los juegos funerarios en recuerdo del hermano muerto. Príamo hace llamar a Agelao, el pastor fiel al que había ordenado la muerte de Paris, y le encarga traer un hermosísimo toro de sus rebaños para entregarlo como premio de la competencia.

Agelao vuelve a su casa entre los bosques y valles. Al conocer el encargo del rey se despierta en Paris un fuerte deseo. El, que ha sido feliz como hijo de pastor, está ahora perturbado con la imagen radiante de Helena. La estela dejada por la visita de Afrodita es semejante a un perfume que se le pega al recuerdo sutil y persistente. "Debo ir –ruega a Agelao–. Yo necesito ir a Troya. Tú no entiendes, pero ya no podría pasar mis días sin conocer algo más..." El pastor, alarmado, trata de disuadirlo, pero advierte que existe un momento en la vida de los jóvenes en que el pasado parece cerrarse y sólo cuenta la perspectiva del porvenir.

Entonces ambos parten a Troya. El pastor va callado y lleno de sobresalto. Obedeciendo a una vaga sensación de presagio, antes de partir ha rebuscado entre sus cosas y ha metido en el zurrón un objeto brillante, cuidadosamente envuelto en una piel de conejo.

Paris, desde que hizo su entrada al lugar de los juegos, se destaca. "Claramente no es un príncipe, parece un pastor", observan los hijos de Príamo, pero, "Claramente no es un pastor, parece un príncipe", vuelven a observar. Su belleza, en verdad, es espectacular, su porte de elegancia natural muestra esa gracia que sólo tiene el animal silvestre, sano, ágil y armonioso. Gana fácilmente las seis vueltas de la competencia de carros y, según la costumbre, deberá luchar ahora frente al trono del rey. Nuevamente sale vencedor y es coronado. Ahora sus rivales, los príncipes de Troya, están francamente heridos en su orgullo y alegando una minucia lo retan a una tercera lucha. Por tercera vez el desconocido vence y deberá acercarse al trono para ser coronado por el rey.

Cuando Príamo le ajusta la última corona, Paris siente a su alrededor un ambiente de hostilidad creciente. Entonces se dirige rápido hasta el altar de Zeus y al amparo del dios pide protección. Agelao, que lo ama como un padre, ha seguido de cerca toda la escena. Comprende que su hijo adoptivo no va a poder quedarse para siempre en el altar como suplicante, y se decide. Corre hacia donde está Príamo y postrándose a sus pies, exclama: "¡Este es tu hijo! ¡El es tu hijo perdido!". La reina, muda, presencia estos hechos. Sacando del zurrón el cascabel de oro del pequeño príncipe abandonado, Agelao confirma de golpe todos los presagios del alma de Hécuba. Loca de alegría la reina recibe a Paris, quien, asombrado, siente todas las nostalgias y ausencias de su vida disolverse en un instante.

Pero entonces vuelve a intervenir el antiguo profeta: "¡Ya lo dije antes! ¡El príncipe deberá morir! Deberá morir o será la ruina, la ruina de Troya. ¡Debe morir!". Príamo esta vez contesta: "¡Que perezca toda Troya antes que mi hijo! ¡Mi magnífico hijo!".

El pueblo, voluble y olvidadizo, aclama entusiasmado a este nuevo príncipe misterioso que ha bajado a deslumbrarlos desde las selvas del Ida.

Paris y Afrodita

Muy pronto empezaron los hermanos de Paris a presionar para que éste tomara esposa. Paris, cuyo nombre como hijo de Príamo era Alejandro, soñaba secretamente con Helena. Se hizo devoto de Afrodita y hacia ella se dirigían sus ruegos. Entre las selvas del Ida la ninfa Oenone se hacía cada día más frágil de tristeza.

Si recordamos bien la historia, Hesíone, la hermana de Príamo, había sido llevaba a Grecia por Telamón para rescatar al rey. Ahora que Príamo dominaba en paz sobre Lidia y la Frigia, era natural que se sintiera firme como para intentar rescatar a la hermana que lo había salvado. Se habló sobre el asunto en el consejo del reino, y Paris se ofreció para la expedición. Pero no fue necesario este pretexto para acercarse a la anhelada mujer ofrecida por Afrodita.

Menelao, rey de Esparta y esposo de Helena, vino a Troya de visita y el príncipe Paris (Alejandro) le anunció que él, muy pronto los visitaría en la hermosa tierra Lacedemonia. Se ocupó entonces de construir un navío, hizo traer maderas de la selva y personalmente esculpió el mascarón de proa: una bella imagen de Afrodita llevando al pequeño Eros. Lo acompañaría su primo Eneas, hijo de Anquises, hermano de Príamo.

Esa noche salió al patio del palacio la princesa Casandra, hija de Príamo. Descalza y con el pelo suelto corrió a pararse bajo el laurel sagrado y con gritos terroríficos anunció: ¡que Troya ardía, que veía muerte y horror, muerte y destrucción que traería el hijo de Príamo!

A esa misma hora, en la playa, Paris miraba el mar y dilatando las aletas de su nariz aspiraba el aire. Afrodita le traía la brisa que siempre trae la Afrodita que aman los marineros.

Príamo no hizo caso de Casandra. Aquella hija, perseguida en otro tiempo por Apolo, que se había enamorado de ella, había pedido al dios el don de la profecía. Apolo se lo había concedido, pero ella lo burló de sus favores. Por eso desde entonces profetizaba, pero en vano, nadie nunca le creería. La verdad sería para ella una llama interior devoradora, una pesada piedra incandescente y sus gritos proféticos harían sordos a cuantos la escucharan. Ahora, desesperada, aullaba sujeta al laurel mientras Hécuba dulcemente trataba de llevarla a su habitación para acostarla y Príamo se encerraba sombrío, sin querer oír.

A la mañana siguiente, risueña y alegre se levantó la brisa de Afrodita. Muy pronto se sintió el calor del verano. Entre las claras hojas de los árboles se escondía Oenone, quien susurrante y llorosa trataba de hacer desistir a Paris. Al no lograrlo le hizo una sola advertencia: "De herirte alguna vez, tendrás que venir al Ida. Sólo yo te podré salvar la vida. Sólo yo te sabré curar…".

HELENA

Tíndaro, el padre de Helena

"Dicen que hace tiempo,
Leda encontró un huevo escondido,
del color de los jacintos."

SAFO

En Lacedemonia, al extremo sur del Peloponeso, vivía Tíndaro, rey de Esparta. Era uno de los que debían su salud al más famoso de los médicos, Asclepio, el hijo de Apolo. Tíndaro había casado con la mujer más bella de su tiempo, Leda "la de la pequeña cintura". Zeus la persiguió ofreciéndole su amor y, finalmente se unió con ella bajo la forma de un cisne. Así fue como Leda encontró el huevo color jacinto de donde nacieron Cástor y Polideuces, llamados los Dióscuros, Helena y Clitemnestra.

Tíndaro, como todo rey, debía ofrecer sacrificios solemnes a los dioses. Una vez cometió un terrible error. Olvidó a la diosa Afrodita a la hora del ofrecimiento. La bien dotada reina del amor, observando el carácter de la pequeña Clitemnestra y la maravillosa beldad de la pequeña Helena, se propuso castigar el olvido diciendo: "No habrá un único hombre en sus vidas...".

Los pretendientes de Helena

Cuando Helena llegó a la edad joven, los príncipes de Grecia se apresuraron a pedir su mano. Por el reino de Micenas vinieron Agamenón, ya casado con Clitemnestra, pero en representación de Menelao, su hermano menor; Diomedes, hijo de Tideo, que había sido uno de los siete contra Tebas; Ayax, hijo de Telamón, el hermano de Peleo y, por tanto, primo de Aquiles, un verdadero gigante. Vino también Ayax, hijo de Oileo, pequeño y liviano, gran corredor e íntimo amigo de Ayax el gigante. Igualmente se presentaron Macaón y Podalirios, ambos cirujanos e hijos de Asclepio; Idomeneo de Creta, nieto del rey Minos, que luego llegaría a Troya con ochenta barcos. Odiseo, rey de Itaca, concurrió asimismo, pero sus planes eran secretos y diferían de los fines de los demás. También vinieron Filoctetes, el que había recibido el arco de Heracles moribundo; Patroclo, casi un niño aún, y Menesteo.

Estos hombres dan una idea de lo que fue para el rey de Esparta tal cantidad de huéspedes, todos nobles y, algunos reyes, rivalizando entre sí. Cada uno pretendía hacer valer sus tierras ricas en ganados, en palomas, en caballos, en ovejas o viñas. Representaban los bellos campos e islas de toda Grecia.

Viendo que Tíndaro no sabía ya cómo evitar las continuas pendencias, Odiseo le propuso una solución, a cambio de que lo ayudara a obtener la mano de la mujer que en verdad amaba: la sobrina de Tíndaro, Penélope, hija de Icario, hermano del rey.

El plan consistía en dejar que Helena eligiera a su gusto y que todos los pretendientes se comprometieran, bajo juramento, a aceptar la decisión y a defender contra cualquier enemigo al afortunado. Tíndaro accedió. Sacrificó un caballo e hizo que todos los pretendientes juraran.

Al día siguiente, Helena, resplandeciente de belleza, bajó las escaleras llevando una corona en sus manos. Parecía realmente Afrodita cuando, sencilla y solemne con un gesto de niña, caminó erguida y se detuvo delante del rubio Menelao, quien bajando la cabeza recibió la corona y quedó elegido. No había más que decir.

Los demás, tragando su decepción, partieron, quedando así atada para siempre la confederación que llevaría a más de doce mil barcos a Troya.

Paris y Helena

"Como el viento de la montaña sacude a los [robles,
así el amor sacude a mi corazón."

SAFO

Al acercarse el barco troyano a la costa griega, los olores del mar se mezclaban con los olores del campo. Muy pronto Paris llegaría a Esparta y conocería, por fin, a Helena. Se la quería imaginar y trataba de recordar la visita de las diosas cuando era un simple pastor, allá en el Ida. Por más que intentaba, no recordaba nada. Su imaginación simplemente se negaba a seguirlo.

Desembarcó con Eneas y Teseo, que lo acompañaban. Llegaron al palacio real cuando el sol se ponía. Menelao, contento de verlos, los esperaba con todos los ritos de la hospitalidad. Luego de largo baño caliente, fueron convidados a pasar a la sala del banquete. Estaban aún de pie cuando apareció Helena. Su aire reservado y sencillo sorprendió a Paris. Al final de la comida ella se retiró.

Estuvieron nueve días juntos Menelao, Helena, Paris, Teseo y Eneas. Cada día que pasaba se iba anudando un acuerdo invisible. Helena alargaba su brazo en la mesa y Paris adivinaba lo que ella quería. Levantaba los ojos y se encontraba reflejada en las pupilas oscuras de Paris. Iba uno a caminar por los altos pinares y allí estaba el otro. Cada uno sentía que el amor era en verdad aquello que "teje los mitos y nos trae el dolor" (Safo).

Al cabo del noveno día Menelao anunció despreocupadamente que debía viajar de inmediato a Creta para atender al funeral de su abuelo materno, Catreo.[3]

La misma noche de su partida soltaría también amarras el barco de Paris llevando a Helena y a dos nobles damas de compañía. En Esparta quedaba la pequeña Hermíone, su hija.

En la oscuridad, envuelta en un finísimo chal bordado con flores de acanto que había sido de Leda, su madre, Helena subió al barco. Afirmada en la borda, miraba alejarse la negra tierra de

---

[3] Catreo había sido el padre de Aerope, la que había engañado a su esposo Atreo con su cuñado Tiestes para entregarle el vellón de oro.

Esparta. Lanzando un suspiro con cierto dejo de tristeza, susurró: "¡Rosa de los vientos, tú sabías, pero nos arrebataste, ignorantes que éramos...!".

Entre la espuma que bañaba la proa, Afrodita sonreía llevando ya dormido a su pequeño Eros.

El juramento se hace efectivo

Paris y Helena no llegaron a Troya de inmediato. Se quedaron en Cranae, donde aún permanece el santuario de Afrodita. Mientras tanto Hera despachaba prontamente a Iris llevando la noticia a Menelao, que aún estaba en Creta.

Rápidamente viajó hasta Micenas, donde acordó con su hermano Agamenón que exigirían la restitución de Helena y una importante suma en compensación por la ofensa. En Troya Príamo en realidad nada sabía del asunto y exigió, a su vez, el rescate de su hermana Hesíone.

Entonces el rumor se extendió por toda Grecia. ¿Qué marido podría vivir ahora tranquilo? El troyano había ofendido, en verdad, a todos y cada uno de los príncipes. No quedaba sino recordar el juramento que todos habían hecho como pretendientes y armar el ejército de confederados.

Desde Micenas los dos hermanos se dirigieron a la región donde reinaba Néstor, en Pylos, el de suaves palabras, el hombre experimentado y agudo que había sido en su tiempo el más atrevido y esforzado de los caballeros. "Esta empresa –dijo Néstor– exige los servicios de un hombre de inteligencia despejada. Es necesario llevar al rey de Itaca."

Odiseo, hijo de Laertes, había casado con Penélope según el deseo de su corazón, y ya tenían un hijo. Cuando vio llegar la embajada de Néstor, Agamenón y Menelao acompañados por gran séquito, recordó un antiguo oráculo según el cual, si él viajaba a Troya pasaría largo, largo tiempo antes de regresar a su hogar. Miró a Penélope que, inocente de todo, estaba tranquila y sonriente con el pequeño Telémaco en sus brazos. Además a él no le ataba juramento alguno. No pertenecía a los confederados.

Como siempre, pensó rapidísimamente y actuó con las viejas artes de la astucia. Se caló un gorro frigio, armó una inusitada yunta con un caballo y un buey, y haciéndose el demente recorría culebreando y arando el campo, como ajeno a todo.

Palamedes, uno de los confederados que también iba en la embajada de Agamenón, sospechó la verdad. Tomó sorpresivamente al pequeño Telémaco y lo instaló en el surco de tierra por donde debía pasar el arado. Así, Odiseo fue descubierto y debió darse por vencido. Tristemente se despidió de Penélope y su hijo, de su padre y de su gloriosa Itaca, y partió.

Mientras la fiel Penélope se ocupaba en anudar fuertemente el pasado, como era su costumbre, la aguda cabeza de Odiseo ya estaba forjando el futuro.

Aquiles era ahora, como dice Homero, "un joven árbol". Su crianza efectuada con la ayuda de leonas y osas, había corrido por cuenta de Quirón, el centauro sabio. Podía correr como un galgo, montar, cazar, además de ser un buen músico.

Odiseo pensó en él. La cuasi inmortalidad de Aquiles y su proverbial valentía tendrían que estar presentes en la Guerra de Troya. Pero no contaban con Tetis.

La diosa sabía que su hijo no era enteramente divino. Por eso lo escondió en la isla de Skyros, en el palacio del rey Licomedes. Así fue como el joven Aquiles, disfrazado de princesa, se quedó algún tiempo entre las hijas del rey, en sus aposentos privados.

Odiseo realmente no sabía cómo resultaría el asunto. Pero sospechando dónde estaba Aquiles, se disfrazó de mercader y llegó a la corte de Licomedes. Llevaba finas túnicas, joyas y perfumes para mostrar a las muchachas. Pudo así entrar al "parthenon" –lugar del palacio donde viven las doncellas–. Observó sus movimientos. Todas eran esbeltas y graciosas, pero había una, alta y con el pelo de un rubio rojizo, que sólo fingía interés por esas bellas cosas. Sin embargo, Odiseo había escondido entre las telas una larga lanza y un bruñido escudo.

Entre las bromas y gritos de placer de las princesas que se paseaban sujetando las telas a sus cuerpos y probándose las joyas, sonó súbitamente una trompeta guerrera. Odiseo sonrió cuando vio cuán rápida había sido la princesa colorina en tomar lanza y escudo. Así fue descubierto Aquiles y también tuvo que cumplir la voluntad de los dioses, que habían decretado su partida a Troya.

Ya se iban juntando los héroes de Troya. Desde Creta partió la flota de Idomeneo, el nieto del rey Minos, "hermoso como un dios", al igual que su abuelo. Como descendiente de Helios llevaba un gallo al centro del magnífico escudo, un duro sol de bronce, y su casco ostentaba un par de afilados colmillos de jabalí.

Aquiles con sus Mirmidones, y Agamenón, comandante en jefe de los confederados, con sus duros infantes aqueos, completaban el grupo más notable. Agamenón, verdadero Zeus en la tierra, destacaba como destaca entre el rebaño de anónimos corderos el gran carnero. Otros lo podían aventajar en estatura, pero jamás en esplendidez ni señorío, pues bien merecía ser llamado rey.

Ayax, poderoso y alto, se elevaba como una torre, "muro de los aqueos", lo llamó Homero. Los príncipes de Grecia eran muchos. Se los verá luego actuar en tierra troyana, a todos y a cada uno, cada hombre único, ocupado en la empresa común. Nunca anónimos, nunca confundidos y nunca solos.

REUNION EN AULIS

Desde una nube, suspendida inmóvil en el intenso azul del cielo, los serenos ojos de Hera contemplaban la abrigada bahía de Aulis. A la caída del sol la tierra pareció encenderse en una hoguera. Los hombres, pequeños e impotentes desde esa altura, se agitaban esperanzados aguardando la hora de navegar. Pero el agua parecía un charco de aceite y las negras proas no se movían ni un ápice. Contra el cielo rojo las velas seguían recogidas y cuando llegaba la noche las siluetas aún más negras continuaban inmóviles.

Así pasarían los días y los meses: una larga siesta de pesadilla. Un día se vio llegar hasta Aulis a un grupo de carros que levantaban tierra en una rojiza nube que luego volvía a caer leve y silenciosa sobre el mismo lugar. Al acercarse se vieron los vivos colores que suelen usar las muchachas, se oyeron gritos y risas del coro alegre que se congregó alrededor de uno de los carros.

Al día siguiente, tumulto, voces lejanas y confusas. De pronto el lengüeteo del mar que se agita, crespas olas que se levantan, ruido, gran griterío y carreras de los hombres que van y vienen, afanándose como hormigas, corriendo hacia las negras naves que ya se mecen en danza acompasada. Se van hinchando las velas con el viento propicio para la navegación, y en una hora Aulis queda vacía. Un carro solitario galopa hacia Micenas seguido por otros tres. El viento se lleva el fino polvo hasta el mar, sin llegar a caer en tierra. Hera vuelve lentamente hacia el Olimpo.

–No se entiende –dijo Demetrio– lo que vieron los ojos de Hera mientras no se conozca la historia de los Atridas. Ya llegará.

DESEMBARCO EN TROYA

De Troya se contaban muchas cosas. Sus murallas tenían un solo punto vulnerable, pues el resto había sido construido por manos divinas. El primer invasor que osara pisar la arena de sus playas estaba sentenciado a muerte.

Acercándose a las rompientes de sus costas, Aquiles y sus Mirmidones vieron a una alta figura blanca: un guerrero troyano vestido de elegante armadura, inmóvil sobre una roca. Lo único que se movía eran las blancas crines de su casco que ondeaba con la brisa del mar. Aquiles no fue el primero en poner pie en tierra troyana, sino Protesileo, un joven guerrero que alcanzó muerte y gloria en un momento.

El jefe de los Mirmidones levantó entonces su brazo y apuntando hacia el troyano gritó: "¡Puedes consolarte de tu muerte diciendo en el Hades que el que te ha enviado ha sido Aquiles de Tesalia!". Pero la famosa lanza del monte Pelión vibró como una cuerda al chocar contra el pecho del extraño personaje y cayó pesadamente al suelo. "Te conozco –dijo calmadamente el guerrero–. Tú eres el hijo de Tetis, hija de Nereo. Pero la armadura que cubre mi pecho no es más que un uso de elegancia, como cuando Ares mismo viste el bronce. Pues yo soy Cygnus, hijo del propio Señor de los Mares".

Aquiles saltó entonces desde la proa en un vuelo tan formidable que, según los antiguos, hizo brotar una fuente donde apoyó los pies. Tomó una enorme roca, la levantó con la fuerza que da la furia desatada y atacó al hijo de Poseidón. Este, lanzando un grito extraño semejante al canto del cisne cuando muere, quedó tendido. A pleno día el agua del mar se puso sombría y las olas violeta se agitaron en ronco murmullo enrarecido. Los guerreros griegos vieron a un gran cisne blanco perderse volando en el espacio.

Los troyanos, por su parte, se habían refugiado tras las murallas. Seguramente no estaban aún en pie de ataque todas las fuerzas aqueas. Los Mirmidones se instalaron por unos días, molestos por la falta de acción, pero aún no decididos al asalto.

Cerca del altar de Apolo, junto a las puertas Ceas de la ciudad de Troya, había una fuente consagrada al dios. Allí acudían las muchachas a buscar agua, fragante por el tomillo que crecía entre las rocas. El santuario mismo recibía el nombre de Apolo Tymbrico, por esta fresquísima fuente perfumada. En medio de las hostilidades de los hombres, éste era un lugar de paz.

Un día varias muchachas fueron con sus cántaros sobre la cabeza a buscar agua. Entre ellas iba la menor y más bonita de las hijas de Príamo, Polixena. Cabalgando a su lado iba Troilo, su hermano menor. El muchacho estaba recién entrando en la adolescencia, en esa edad en que no existe dicha igual que la de galopar sin montura por una playa sin término. Ahora iba tranquilo acompañando a su hermana y sus amigas. Los jóvenes troyanos eran todos diestros jinetes y entre los más hábiles sobresalía Troilo.

De pronto salió Aquiles amenazador al paso del apacible grupo. Las niñas escaparon gritando aterrorizadas y Troilo, confiado en su caballo, comenzó a galopar cerca de la espuma del mar. El viento le humedecía los ojos y en el fondo del alma no sentía temor alguno. Casi agradecía esta ocasión de sentir el caballo de largas crines que se anudaba y desataba entre sus piernas en el colmo de su fuerza, mientras los cascos salpicaban agua y arena, rápidos y agudos.

Pero Aquiles no había ganado en vano la fama de ser veloz como el viento. Salió a pie en persecución del muchacho y alcanzándolo corrió pegado al flanco del caballo. Lo desmontó y lo arrastró por el pelo hasta el santuario de Apolo. Allí cometió un acto horrendo que luego el dios, a su debido tiempo, recordaría. Sacrificó a Troilo degollándolo sobre el altar. Cuando llegó Héctor, el mayor de los príncipes troyanos, avisado por las muchachas, para defenderlo, sólo encontró la cabeza ensangrentada de su hermano.

Los jóvenes troyanos eran consagrados a Apolo, pero jamás con sacrificios humanos. En su lugar se ofrecía por ellos un carnero. Pero existía un oráculo según el cual, si Troilo alcanzaba a llegar a la edad de veinte años, Troya no caería.

Aquiles, conociendo el oráculo, quiso manejar los acontecimientos asesinando a Troilo, pero las murallas de Troya siguieron en pie y los Mirmidones se dedicaron entonces al pillaje y al saqueo en las islas del Asia Menor, cuyos reyes eran aliados o vasallos de Príamo.

Cayeron así Esmirna, la vieja ciudad de Tántalo, Lesbos, Colofón, Colonis y muchas otras, incluyendo a Esmintia, desde donde fue raptada la hermosa Criseida, hija de Crises, sacerdote de Apolo Esminteo. En el reparto del botín entre los caudillos aqueos ella fue entregada a Agamenón. Briseida, hija del profeta Calcas, fue entregada a Aquiles.

En tierras troyanas

La guerra llevaba ya tiempo, pero aún no alcanzaba sino a las pequeñas islas y parte de la tierra firme de Asia, sin llegar todavía a las llanuras del Escamandro.

En Troya, Príamo esperaba paseándose por las anchas murallas y trataba de calcular los días que habían transcurrido desde que Héctor, su primogénito, había partido a casa de Etion, rey de Tebas en Cilicia, al sur del Asia Menor.[4]

Héctor, el hijo en quien el rey se podía apoyar, era ya todo un príncipe y los ojos de su padre se entrecerraban sonrientes cuando consideraba sus grandes cualidades. El palacio del rey de Tebas estaba construido a la sombra de los montes Placios, oscuros de bosques y cantarinos de arroyos y

---

[4] No debe confundirse con Tebas la de Beocia, fundada por Cadmos.

pájaros. Más afuera, se extendían las verdes colinas de pastizales donde se criaban blancas ovejas de crespas lanas y carneros de cachos retorcidos, cuyos ojos parecían semillas de color castaño. En esto pensaba Príamo cuando de pronto fue sacado de su ensoñación por alegres rumores.

"¡Vienen atravesando el mar salado en sus barcos! ¡Desde Tebas la sagrada, la de los siempre fluyentes arroyos de Placia, Héctor y sus compañeros traen a la niña de brillantes ojos, la delicada Andrómaca! Traen muchas joyas de oro torcido, bordadas túnicas purpúreas, perfumadas, copas de plata y marfil tallado. El rey Príamo se levantó. Se extendió la noticia de la llegada por toda la ciudad y los jóvenes de Troya uncieron las mulas a los carros que pronto se llenaron de muchachas de finos tobillos. Pero las hijas de Príamo iban aparte, escoltadas por los príncipes que cabalgaban brillantes potros. ¡Todos ellos en la flor de la vida! Y se mezclaron las suaves flautas con los címbalos, mientras las doncellas cantaban con claras voces una canción purísima cuyo encanto subía al cielo" (Pseudo Safo).

–Así –dijo Demetrio– cuentan los poetas el regreso del máximo héroe troyano trayendo a Andrómaca luego de sus bodas. Ella pronto empezaría a conocer el dolor. Cuando aún no nacía el primer hijo le llegaron noticias de su tierra. Esa tierra debe haber sido hermosa. Los hermanos de Andrómaca eran príncipes pastores y nunca los autores dejaron de mencionar las aguas claras y los profundos bosques de Cilicia, al norte de la isla de Chipre, al otro lado del mar.

Como un león, o como un incendio, había caído por aquellas tierras Aquiles con sus Mirmidones. Luego de asesinar a siete de los hermanos de Andrómaca, entró a la ciudad y mató al rey. Pero Etion había peleado fuertemente como un gran señor y Aquiles, al menos, lo había respetado en su muerte. Quemó el cadáver con todas sus armas, elevó sobre las cenizas un túmulo y se alejó en las negras naves. Más tarde, las ninfas de los bosques plantaron olmos en la tumba del rey y así hicieron duelo las propias hijas de Zeus.

–Dejemos ahora a Andrómaca con su pequeño hijo Escamandro[5] en sus brazos, junto a Héctor, todo lo que tiene ahora y que le llena de gozo el alma. En el príncipe de Troya ha encontrado patria, hogar y familia.

---

[5] Llamado también Astyanax por algunos autores.

La boca del Hades

Nosotros ya habíamos leído *La Ilíada,* y se nos encogía el corazón por Andrómaca. Demetrio lo advirtió y nos hizo reflexionar en el gran acontecimiento del mundo heroico que hizo cantar a Homero.

–Los antiguos griegos –comentó– veían un vasto panorama de sucesos y personas que se iban juntando y anudando, tanto en Troya como en Grecia, con hilos invisibles difíciles de entender a los ojos humanos. Otra cosa a los ojos de los dioses. Desde hechos ya lejanos como el matrimonio de Peleo y Tetis, hasta otros acontecimientos en el umbral mismo de la guerra, se van reuniendo las figuras.

Imaginemos a Paris recibido con Helena en Troya. Debemos suponer que fueron acogidos fríamente por algunos; otros, conquistados por la belleza deslumbrante de la mujer, la aceptarían gustosos. Sabemos que Príamo era incapaz de otra actitud que la de un padre cariñoso. Casandra, horrorizada. Hécuba...

Homero revela la mirada de los dioses cuando la guerra lleva ya diez largos años desde que comenzaron a abrirse lentamente las tremendas puertas del Hades.

> "Miles... arrojados en multitudes a la casa del
> [Hades,
> fuertes almas de héroes... y la voluntad de
> [Zeus se cumplió."
>
> Homero, *La Ilíada*.

–No voy a contarles *La Ilíada* –prosiguió nuestro amigo–, pues una obra de arte no tiene posibilidad de ser contada. En ella se entiende del corazón humano, lealtades, pequeñeces, motivos más o menos nobles. A veces uno asiste a escenas inmortales como aquella de la diosa Atenea persuadiendo al "necio que había en el corazón de Pándaros", o a la de la sorda furia del Escamandro por haber sido contaminado con la sangre de los caídos.

El poema es eso y mucho más. A pesar del ruido tremendo de la batalla, se advierte el fresco silencio del campo cercano a Troya. Se aprende mucho en *La Ilíada*. Allí se puede ver a los hombres, a la naturaleza y a los dioses en estrecha relación.

Al final de la obra se relata la muerte del héroe máximo de los troyanos, el valeroso Héctor. Príamo ha obtenido de Aquiles el rescate del cuerpo de su hijo a cambio de los tesoros que trae consigo al campamento aqueo. Pero el reino de Hades continúa abierto de par en par.

Una tradición distinta a la de Homero relata que los troyanos debían pagar el peso del cuerpo del héroe en oro, para rescatarlo. Pusieron, pues, la inmensa balanza: de un lado estaba el cuerpo de Héctor, del otro, se apilaban los tesoros de Príamo. Los troyanos miraban desde las murallas, los griegos desde la llanura.

Aquiles, fiel a lo prometido, se comportaba solemne y caballeroso, pero faltaba aún un pelo para que se equilibrara la enorme balanza de bronce. En lo alto, un blanco rostro almendrado de negros cabellos asomó sobre los orgullosos muros de Troya. Grandes lágrimas lentas caían de los magníficos ojos. Era Polixena que se asomaba a despedir por última vez a su hermano mayor.

Al advertir que el oro está aún más liviano que los despojos de su hermano, ella saca en silencio sus hermosos brazos y los deja colgar por encima de los muros, haciendo resbalar los brazaletes que los adornaban. En el silencio inmenso van cayendo y tintineando al chocar con la roca. Aquiles le clava una mirada de admiración, la misma mirada que se convertiría más tarde en un verdadero halcón para la muchacha.

Los troyanos, luego de aprovechar la tregua juntando leña del monte Ida para la pira funeraria, empiezan sus lamentaciones. Al ruido de las enormes llamas crepitantes se unió el de todo el pueblo en un alarido ululante, como una ola que ascendía al cielo. Una bandada de pájaros que sobrevolaba la escena se aturdió con el clamor de tal manera, que cientos de ellos cayeron sobre la pira. Después, extinguido con vino el último fuego, se juntaron los huesos del héroe para darles sepultura.

> "Tales fueron las honras fúnebres de Héctor,
> domador de potros."

Así termina el canto de Homero.

Troya: la resaca

LA MUERTE DE AQUILES

–¿Se acuerdan ustedes –preguntó nuestro amigo– de una cerámica en que se ve a Aquiles maltratando severamente a una muchacha guerrera a quien tiene sujeta por los cabellos para darle muerte? Esa era la reina de las Amazonas, Pentesilea. Gracias a ella la muerte de Héctor no significó la caída inmediata de Troya.

Pentesilea se había refugiado en la ciudad de Príamo después de haber dado muerte a su hermana Hipólita, en un accidente de caza. Había sido purificada por el rey y durante la guerra de Troya se convirtió en una aliada formidable del reino. Varias veces había rechazado a los Mirmidones con Aquiles a la cabeza hasta dejarlos fuera del campo, y a los ojos de los hombres parecía invencible. Quisieron los dioses, sin embargo, que finalmente Aquiles la pudiera capturar y le diera muerte sin piedad. La gran guerrera ya no existía, y los troyanos habían perdido a su héroe máximo. Aquiles ahora no tenía rival...

Entonces Apolo y Poseidón, en el Olimpo, se miraron. Cygnus, hijo del Señor del Mar, había caído por mano de Aquiles. Troilo, joven consagrado a Apolo, había sido vilmente asesinado por Aquiles...

Envuelto en densa nube, Apolo sacó a Paris del fragor de la batalla. Alzó su brazo y lanzó una sola flecha precisa como su mirada y la dirigió a Aquiles. Certera, se clavó en el talón derecho y el héroe aqueo cayó para no levantarse más.

> "Yace ahora sobre la oscura tierra,
> se han acabado los muchos trabajos
> que soportó por los Atridas"
>
> Safo.

Todo el día se peleó sobre el cuerpo del hijo de Tetis para que no fuera despojado de su magnífica armadura. Ayax mató a Glauco y logró mandar la armadura al campamento griego, y luego, cuidado por Odiseo en la retaguardia, se llevó el cuerpo de Aquiles bajo una espesa lluvia de flechas.

Zeus decidió poner fin al terrible duelo. Bajo el fragor de la tormenta y al resplandor de sus rayos, los hombres se vieron obligados a detenerse.

Por la noche y durante los diecisiete días que siguieron, se oyó un clamor que mantuvo a griegos y troyanos con el pelo erizado de espanto. "Son las Nereidas –dijo el sabio Néstor– que han venido a acompañar a Tetis, la madre." Las voces de las Musas se unieron a las voces de las cincuenta Nereidas para cantar el lamento del héroe, y tan sobrecogedor fue su canto que las rocas cercanas llegaron a quebrarse.

Poseidón prometió eterno culto al héroe en una isla del mar Negro.

Aquiles había muerto, y uno a uno se habían cumplido los oráculos, pero Troya no caía. ¿Quién sabía cuántas cosas más habrían de cumplirse?

Supieron que por lo menos debían suceder aún tres hechos: debía llegar al campo de batalla el arco de Heracles, cuyo dueño, Filoctetes, había sido abandonado por sus compañeros en la isla de Lemnos a causa de una herida incurable; el hijo de Aquiles, Neoptólemo, debía llegar también a Troya y, por último, los aqueos debían apoderarse del Paladium celosamente oculto por los troyanos.

EL HIJO DE AQUILES Y EL ARCO DE HERACLES

Fue bastante sencillo traer a Neoptólemo, quien pronto se unió a las huestes aqueas y tomó el mando de los Mirmidones usando la gloriosa armadura de su padre.

Filoctetes, en cambio, con su doble herida purulenta, se hacía más difícil de convencer. La úlcera del pie era horrible de soportar, y el resentimiento con aquellos que lo habían abandonado herido era tan incurable como su llaga. Por la noche, en medio de su mal sueño cansado de enfermo adolorido, vio aparecer en la isla la sombra de Heracles. El héroe le anunciaba que debía ir a Troya y que esto sería también el fin de sus padecimientos. Filoctetes siguió, pues, a Odiseo, que había venido a buscarlo, y por la noche, al llegar a Troya, durmió en el santuario de Apolo. Macaón, hijo de Asclepio, esperó a que se durmiera y, raspándole la carne infectada, le lavó con vino la herida, y le aplicó prodigiosas hierbas. A la mañana siguiente Filoctetes despertaba sano y ágil, pronto ya a usar su arco.

LA MUERTE DE PARIS

Ese mismo día Filoctetes retó a Paris a un duelo singular. Tomaron distancia de manera que apenas se veían uno a otro. Filoctetes tensó el famoso arco hacia la oreja, como lo hacían los guerreros escitas y lo había hecho Heracles. La primera flecha salió volando distraída. La segunda dio en la mano de Paris, la tercera dio en un ojo y la cuarta en un tobillo, hiriéndolo de manera mortal. Menelao partió rápido como un galgo para enfrentar al odiado rival, pero ya Paris lograba arrastrarse y esconderse entre los frigios.[1] Toda la noche caminaron los compañeros de Paris con éste malherido, hasta internarse por el espeso bosque de las laderas del Ida, dejando tras ellos una huella de sangre en la hojarasca del sendero. Casi al llegar a la altura, donde la noche se hacía densa bajo las robustas hayas, el príncipe pidió que lo dejaran en tierra. Allí solo esperó la muerte.

El fresco goteo de las hojas y los rumores de las aguas que corrían por el monte, el susurro de algún animal que se movía o el súbito aleteo del mochuelo que, capturando a algún ratón de campo, se alejaba con su chillona presa hacia lo alto de algún cedro, fueron los ruidos escuchados ansiosamente por el afiebrado cerebro del herido.

---

[1] Frigia era una vasta región hacia el interior de Troya, que ocupaba la zona central de la meseta de Anatolia, parte del reino de Príamo.

"El alma, con escasa conciencia,
aleteaba en sus ardientes labios, anhelantes de [vida..."

Quintus de Esmirna, s. IV a. C.

Entre todos los ruidos de la noche procuraba Paris distinguir la brisa liviana y fragante que dejaba a su paso la ninfa Oenone, su primer amor y única salvación. Ella lo encontró en la mañana con los ojos ya cerrados. Finalmente el hijo de Príamo había terminado en la oscura tierra del Ida fragante de húmedas hojas.

"Los pastores le hicieron la amplia y alta pira
y le dieron el último servicio del amor y del dolor
al que fuera otrora su compañero y su rey."

Quintus de Esmirna, s. IV a. C.

EL PALADIUM

En tiempos de Ilión,[2] padre de Laomedón, uno de los primeros reyes de Troya, había caído una estatua desde el cielo sobre la tierra troyana. Se trataba de un Paladium, imagen de Palas, la compañera de juegos de Atenea.[3] Por voluntad de Zeus los troyanos la tenían en gran estima y hacían réplicas de la enorme estatua para llevarla en ocasiones solemnes por toda la ciudad. Estas imágenes, más pequeñas por cierto, se guardaban con gran secreto, y la dificultad que el oráculo planteaba a

---

[2] Troya es llamada también Ilión por Homero, seguramente en recuerdo del legendario rey.

[3] Véase el capítulo sobre Atenea en *Los mitos de los dioses griegos*.

los griegos estaba principalmente en descubrir dónde se ocultaban. Para lograrlo el rey de Itaca discurrió un ardid.

Odiseo se hizo azotar como esclavo maltratado, se vistió de viejos andrajos asquerosos que dejaban ver sus costillas magulladas y sucias, y se descolgó una noche por las murallas hacia el interior de la ciudad. Vagó por las calles a tientas tratando de averiguar el paradero del santuario, algún lugar por donde entrar, y se fue internando por las enormes dependencias del palacio de Príamo. Al cabo de horas de vana búsqueda, llegó a una labrada puerta de cedro, la empujó sin que hiciera ruido alguno y se encontró en una habitación principesca. Quisieron los dioses que, de pie junto a la ventana, se encontrara Helena.

Ella miró al mendigo que había entrado en aquella hora última de la noche y reconoció los ojos del hijo de Laertes. "Ven –le dijo suavemente–, no traicionaría a un griego." Odiseo la miró rápida y penetrantemente. Pero Helena, un poco encendida, le dijo: "No. No lo haría... Volvería a mi hogar". Pálida y con tristeza infinita en la mirada repitió: "Estoy enferma. Herida de nostalgia". Luego le relató parcamente cómo a la muerte de Paris había sido entregada en matrimonio a otro hijo de Príamo, Deifobo. Le indicó además la manera exacta de robar una pequeña réplica de la famosa imagen de Atenea, posible de transportar.

Odiseo regresó con Diomedes otra noche en busca del Paladium cumpliendo así el tercer oráculo sobre la caída de Troya.

LA CAIDA DE TROYA

"Temo a los Dánaos y a los regalos que traen"
VIRGILIO, *LA ENEIDA.*

Ambos bandos habían perdido a sus héroes máximos, ambos estaban cansados y muchos oráculos se habían ya cumplido, pero Troya no caía.

Se decía que tiempo atrás Aquiles y Odiseo habían discutido sobre si convenía usar la astucia o la fuerza para lograr doblegar a la heroica ciudad.

–Odiseo –dijimos nosotros– sería partidario de la astucia.

Demetrio nos miró vivamente.

–Algo curioso sucede con la figura de Odiseo –replicó–. En Homero es un hombre esforzado, inteligente, equilibrado, poco dado a la ostentación de crueldad o de fuerza. Su única furia, en *La Ilíada,* se dirige a Tersites, personaje resentido e insidioso, al cual Odiseo no le aplica ningún ardid, sino directamente los puños. En cambio, algunos trágicos griegos, particularmente Eurípides e incluso Sófocles, convierten a Odiseo en una especie de zorro humano, cruel y sin más principios que el éxito político. Son tan distintos y aún contradictorios ambos Odiseos, que cuando se habla de él conviene tener en cuenta que todo lo que tienen en común es el nombre.

–¿Será –preguntó mi hermano– que el de Homero es hijo de Laertes, y el de los trágicos es el hijo de Sísifo?

Demetrio ante esta salida se rió contento:

–Bien puede ser –le contestó–. Veo que estás comenzando a pensar acertadamente. Bien puede ser. Dejémoslos por ahora a los dos. En una sola ocasión no se sabe cuál es cuál, y ésta es la historia que nos interesa ahora: la del caballo de Troya.

EL CABALLO DE TROYA

Troya debía caer. Los caballos magníficos de Reso, aliado de Príamo, aquellos caballos blancos no habían alcanzado a comer de la dulce hierba ni a beber del agua de la llanura del río Xanto, pues el campamento del rey de Tracia estaba instalado aún en las afueras de Troya, cuando cayó sobre él un grupo de espías aqueos. Un oráculo más se había cumplido, pero Troya no caía.

Entonces Atenea inspiró a los griegos para que fabricasen un enorme caballo de madera y entraran con astucia a la fuerte ciudad de Príamo.

Epeio de Focia en el Parnasio, que había traído treinta barcos desde las islas Cícladas, se ofreció a construirlo bajo la supervisión de la diosa. Epeio era habilísimo con sus manos, pero a la vez era un cobarde incurable. Su padre una vez había jurado en falso tomando el nombre de Atenea, y la diosa lo había castigado avergonzándolo en su hijo. Ante el peligro Epeio se ponía verde, los dientes le castañeteaban y las rodillas se le ponían lacias.

Se hizo traer con prisa gran cantidad de madera desde los montes troyanos y pronto quedó terminado el enorme caballo en cuyo vientre cabían hasta cincuenta guerreros con armadura completa. Al costado, se leía una solemne dedicación a la diosa Atenea "por el feliz regreso de las naves de los griegos".

Odiseo organizó la acción. Al caer la tarde se esconderían dentro del caballo los guerreros escogidos. Entrarían subiendo una escalera de cuerdas por la secreta puerta ubicada en el vientre del animal, al cual Epeio había dotado de ingenioso mecanismo. Se sabe que entre los elegidos se encontraban Menelao, Odiseo, Diomedes, Stenelos, Acamas, Toas, Neoptólemo, y el propio artífice Epeio, a quien poco menos que obligaron a subir por si algún mecanismo fallaba. Subió temblando de miedo, de tal manera, que dicen que Odiseo debió sujetarle la lanza para que desde afuera no se sintiera el golpeteo contra el escudo.

El resto de los griegos, el grueso del ejército, comandados por Agamenón, levantarían el campamento, se embarcarían ostensiblemente y, a la hora propia para la navegación, las negras proas comenzarían a alejarse fuera de las rompientes llevando sus linternas encendidas a la vista de todos. Aguardarían en Tenedos y las islas Calidnias. Sólo quedaría en tierra Sinón, primo de Odiseo, quien se las arreglaría para dar a la noche siguiente la señal convenida. Entonces los barcos ocultamente volverían a Troya.

La mañana del día señalado amaneció silenciosa. Era una de esas mañanas calientes, de nubes bajas, de calor húmedo y luz difusa. El mar ronroneaba casi en silencio. Los espías troyanos, vestidos de color de la arena, se fueron aproximando al campamento aqueo moviéndose como serpientes. De pronto se sintieron desconcertados. Al acercarse más, los pájaros levantaron el vuelo como si ellos fueran lo único que perturbara su paz. ¡La playa estaba desierta! Solitario en medio de la arena había un imperturbable y enorme caballo de madera.

Los espías creyeron soñar. Corrieron hacia la ciudad y llegando al palacio de Príamo pidieron hablar con el rey. "Los griegos –dijeron anhelantes– los griegos han levantado campamento." La alegre incredulidad se pintó en todos los rostros. Príamo y sus hijos corrieron a mirar personalmente. Se pasearon alrededor y por debajo del extraño caballo que apoyaba sus pesadas patas en una plataforma.

"¡Es una ofrenda! –descubrió uno–. ¡Es ofrenda a Atenea!" Así comenzó la discusión. Unos querían abrirlo a hachazos y probar que era inofensivo, otros eran partidarios de apilar leña y quemarlo ahí mismo. El terror reverencial de destruir una ofrenda consagrada a Atenea los detuvo. Príamo de ningún modo consentiría en airar a la diosa y, más aún, ordenó que lo transportaran al interior de la ciudad para ser debidamente ofrecido en su santuario.

La tarea de entrarlo duró casi medio día. Era tan inmenso que hubo que ensanchar las famosas puertas para introducirlo, y, luego, era tan pesado que la población joven casi entera cooperó para arrastrarlo entre bromas alegres y cantos rítmicos, facilitando el esfuerzo común.

No bien el caballo hubo cruzado las puertas, cuando desde la ciudadela rocosa del palacio salió a la terraza la princesa Casandra. Desencajada, con las manos en las sienes y los cabellos en desorden, gritó en un tono ondulante de infinita tristeza, que ahora sí Troya se perdía. Con los párpados cerrados repetía incansable: "¡El vientre del caballo está lleno de guerreros! ¡El vientre del caballo está lleno de guerreros!". Casandra fue llevada a sus habitaciones por Hécuba, y seguida por la mirada irritada y triste de Príamo. Ni siquiera fue advertida por los demás.

A la escena llegó Laocoonte, el profeta troyano, que siendo sacerdote iba a sacrificar un toro en honor de Poseidón. Encolerizado por el espectáculo gritó: "¡Necios! ¡Cómo no sabéis desconfiar de los griegos y de sus presentes!".[4] Uniendo la acción a las palabras tiró su lanza al vientre del caballo. Al chocar con fuerza y quedar un segundo vibrando, se escuchó claramente un entrechocar de lanzas en su interior. Los que estaban más cerca pidieron leña a gritos, dispuestos a quemar el caballo.

En ese mismo instante se acercaban unos pastores trayendo a un joven desconocido maniatado como prisionero. Al advertir que se trataba de uno de los Dánaos, le rodearon los muchachos de Troya y comenzaron a burlarse de él. Poco faltó para que pasasen de las burlas a la agresión brutal que suele dar el pueblo al enemigo desarmado. Entonces se impuso la real voz de Príamo.

El prisionero captó el cambio de ambiente y, paseando una mirada indefensa y desesperada por los rostros hostiles, clamó con dramático acento: "¿Qué tierra hay... qué mar... que quiera recibirme?" El rey, misericordioso y noble como siempre, lo hizo desatar y le pidió que relatara su historia.

---

[4] Desde aquí en adelante las citas son de *La Eneida* de Virgilio, en versión castellana de D. Egidio Poblete, a menos que se indique otra fuente.

Había escapado por un pelo de ser sacrificado, aclaró el griego. Sus compañeros, hastiados de la interminable guerra, querían partir, pero la calma de los vientos los había anclado. Calcas, el profeta, consultó en el santuario de Apolo y el oráculo del dios había dicho: "¡Con sangre, e inmolando a una virgen aplacasteis, ¡oh Dánaos! a los vientos aquella vez primera en que vinisteis hasta las playas de Ilión. ¡Con sangre buscaréis el regreso y nuevamente debéis un alma griega en sacrificio!".

"Odiseo entonces –prosiguió el prisionero– había obligado a Calcas a nombrar quién debía ser sacrificado y así fui señalado yo. Me encadenaron, pues, felices de no ser uno de ellos el elegido. Pero los dioses me ayudaron, pues se levantó viento propicio y, aprovechando la confusión, me escapé. ¡Sólo para caer entre vosotros!, terminó tristemente, arrodillándose delante de Príamo. "¡Quienquiera que tú seas, olvida ya a los pérfidos argivos!", clamó el rey.

El falso suplicante no era otro que Sinón, uno de los más pérfidos argivos, ciertamente. "Pero dime –prosiguió el bondadoso rey–, ¿qué significa este caballo y por qué tan grande?" Sinón lo miró de reojo, como distraído, y contestó con saña: "También idea de Calcas... para propiciar a la diosa Atenea, ya enojada seguramente por el robo del Paladium". "Pero ¿por qué tan grande?", le insistieron. "Por consejo de Calcas se hizo tan grande, para que no pudiera caber por estas puertas y convertirse en ofrenda protectora de Ilión, la ciudad enemiga", contestó sagazmente el argivo. Aún estaba hablando el primo de Odiseo cuando aconteció otro extraño suceso.

Estaba Laocoonte frente al altar de Poseidón sacrificando el toro, pues aunque era profeta de Apolo le había tocado en suerte hacerlo. Poco antes, desde Ténedos se habían arrojado al mar dos serpientes enormes que llegaron hasta las costas. Salieron de las aguas y avanzaron sin vacilar hacia donde se encontraban los hijos de Laocoonte, dos gemelos.

> "Primero cogen a los dos gemelos
> y tiernos hijos del augur, los ciñen
> entre sus roscas con mortal abrazo,
> y mordiéndolos, ávidos y fieros,
> sus miembros despedazan y devoran;
> Laocoonte de carrera acude,
> armado de una lanza a socorrerlos,
> y a él también las sierpes horrorosas
> lo cogen, y lo envuelven y lo ligan
> con sus negras inmensas espirales;
> en doble vuelta anudan sus anillos
> por la mitad del cuerpo; en doble vuelta
> en torno al cuello el escamoso lomo
> enróllase feroz; y por encima
> de la frente del mísero se yerguen
> las sangrientas cervices de los monstruos.
> En balde el infeliz, con débil mano,
> abrir procura los terribles nudos:
> la roja sangre y el atroz veneno
> manchan e inundan las sagradas vendas,
> y al fin, tronchado, el mísero prorrumpe
> en clamores que llegan hasta el cielo,
> semejantes al tétrico bramido
> que el toro, herido de insegura mano,
> lanza al huir del ara, sacudiendo
> la segur en su cráneo enclavada."

Virgilio, *La Eneida,* II.*

---

* Traducción de D. Egidio Poblete.

Después de esta escena terrible, las serpientes se alejaron y se escondieron detrás del santuario de Atenea. Las gentes, pálidas y mudas de horror, "temblorosas ya, confiesan que Laocoonte mereció el castigo, que fue delito atroz haber dañado el sagrado madero con la pica".

Todos terminaron por convencerse y, reaccionando nerviosos, se dieron a la tarea de instalar al monstruo de madera con los debidos honores. ¡Ay, Troya, Troya!

"De templo en templo", corrían hombres, mujeres y niños, "alegres y piadosos", adornando puertas y arcos con guirnaldas y flores. La caída del sol los encontró girando en felices danzas. Cansados de emociones y del vino del festejo, cae sobre ellos el Sueño, hermano de la Muerte, hijos de la sagrada Noche.

En ordenada fila, las naves griegas zarpan silenciosas desde Ténedos. Sinón ha encendido la antorcha avisadora y luego vuelve al interior de la ciudad y se acerca sigilosamente al caballo. En total silencio abre la puerta oculta en el vientre y uno a uno van bajando los más hábiles entre los hábiles griegos. Como cucarachas se desparraman por la ciudad. Los guardias mueren asesinados sin un grito y el ruido del mar acalla el quejido de las enormes puertas abiertas ahora de par en par a la noche enemiga.

Eneas, hijo de Anquises y de la diosa Afrodita, está como todos los troyanos "en la hora grata en que principia la paz serena del primer reposo de los tristes mortales, y en que el sueño, precioso don de los benignos dioses, se difunde en los cuerpos y en las almas". De pronto se le aparece el fantasma de Héctor, "aterido de honda tristeza y de mortal congoja, bañado el rostro en abundoso llanto, con el mismo miserable aspecto de aquel día fatal en que le vimos arrastrado entre el polvo del combate, al ímpetu veloz de los corceles, de negra sangre recubierto el rostro, talabrados los pies entumecidos de bárbara cadena".

Héctor despierta a Eneas para que huya de Ilión, a la cual le ha llegado su última hora. El hijo de Afrodita debía tomar consigo los dioses tutelares, "los objetos del sagrado culto serán tus compañeros de fortuna, y has de buscar con ellos las murallas de una nueva ciudad, y te predigo que has de alzarla, magnífica y potente, después de recorrer muy luengos mares".

Mientras Troya duerme, Helena, despierta, contemplaba el círculo de la luna, blanca luz inocente que se levantaba única en la noche. A su habitación entraba la claridad marcando la presencia trágica de aquella favorecida de Afrodita.

De pronto, la ciudad se levantó en clamores y se encendió en fuegos. Odiseo había prometido a Helena que, al caer Troya serían respetados cuantos no se opusieran, pero el ejército desbocado en la riquísima ciudad del Asia, era como el caudal de un río que se desborda con los deshielos de primavera. En medio de la confusión anónima algunos héroes no olvidaban quiénes eran.

Odiseo de repente vio a Glauco, el troyano, perseguido por un par de griegos e intervino para salvarlo, rescatando asimismo a Helicón, su hermano, que estaba herido. Ambos eran hijos del honorable Antenor, del consejo del reino, quien se había opuesto al rapto de Helena por Paris. Menelao, que iba con Odiseo, colgó encima de la puerta de Antenor su piel de leopardo como señal de que aquella casa debía ser respetada. Ambos llegaron finalmente a la casa de Deifobo, el marido de Helena.

La lucha ahí fue encarnizada. Por una parte se trataba de uno de los puntos mejor defendidos de Troya. Por otra, todo el odio acumulado por Menelao durante años se batía en rabiosa competencia. Una vez muerto Deifobo, entró el rey de Esparta con el fino puñal en la mano adonde estaba Helena. La habitación estaba a oscuras. Junto a la ventana, bañada de luna, Helena esperaba. Menelao dejó caer el puñal.

"¿Fue la noche la que cerró los ojos? Las brasas permanecen..." (George Seferis, 1900-1971).

Apresuradamente Menelao hizo escoltar a Helena hasta las naves aqueas y volvió a internarse entre los alaridos y los incendios de la ciudad caída.

Fue Neoptólemo (Pirro), el hijo de Aquiles, quien derribó la antigua puerta de Príamo. Tomando un hacha destruyó el dintel y arrancó las jambas abriendo enorme brecha. "Y aparece el palacio majestuoso, los espaciosos atrios, la morada de Príamo y de cien augustos reyes, antepasados suyos venerables, y detrás de la puerta se divisa una fila de inmóviles guerreros que guardan la mansión, firmes, ceñudos." Desde el techo Eneas asiste al drama.

"En medio del palacio real y al aire libre se alzaba un gran altar, a cuya vera un laurel antiquísimo inclinaba su piadoso ramaje y con su sombra cubría el ara y los Penates regios:[5] allí la triste Hécuba y sus hijas, semejantes a tímidas palomas amedrentadas por atroz borrasca estaban reunidas, ateridas de pavor infinito, estrechamente apre-

---

[5] Penates: viejas divinidades latinas guardianas del hogar y del Estado, formado éste por la unión de los hogares. Por extensión pasaron a designar el "hogar" como lugar del fuego y también las celdillas de las abejas en los panales.

tadas las unas a las otras, orando en vano alrededor del ara y oprimiendo en sus brazos temblorosos la efigie de los dioses tutelares."

Así estaban cuando Hécuba vio pasar a Príamo, su esposo, ceñido de juveniles armas, preparado para entrar en la refriega. En su mano, ya inútil por los años, cuelga la espada, mientras sus frágiles piernas vacilantes pesan más sobre el corazón adolorido de su mujer que sobre la gastada piedra del antiguo suelo. "¿Y a dónde vas armado de ese modo?", pregunta la reina. Lo atrajo hacia sí y poniendo la cabeza de su viejo esposo en su seno, lo guardó junto al fuego del hogar diciendo: "Estas aras nos darán protección a todos o moriremos juntos".[6]

Pirro, a diferencia de su padre Aquiles, no tuvo compasión, ni señorío. Mató delante de Príamo a uno de sus hijos y el pobre anciano lanzó una inútil lanza al pecho invasor, donde rebotó al instante. Resbalando en la sangre de su hijo cayó el rey, que fue asesinado sin piedad por el hijo de Aquiles. Hécuba, colmada de dolores, empezaba la tragedia de las mujeres troyanas.

En medio de la masacre, Casandra buscó el asilo del templo de Atenea y, agarrándose fuertemente a la estatua de Palas que había sustituido a aquélla robada por Odiseo, esperó. Ayax, el Pequeño, la arrancó del santuario por la fuerza y se ganó la antipatía del ejército aqueo, mientras los dioses observaban todo atentamente, para no olvidar. Casandra fue entregada a Agamenón.

---

[6] Véase capítulo sobre Hestia en *Los mitos de los dioses griegos*.

LAS MUJERES DE TROYA

"Fui reina y me casé en real palacio, y en él di a luz nobilísimos hijos, los más esclarecidos de los frigios. Ninguna otra mujer troyana, ni griega, ni bárbara podrá vanagloriarse nunca de haberlos procreado iguales. Y sucumbieron al empuje de la lanza griega, y yo los vi muertos y corté estos cabellos que miráis para depositarlos en sus tumbas. Lloré también a su padre Príamo, no porque otros me contaran su muerte, sino presenciándola con estos ojos..."[7]

Las mujeres de Troya fueron llevadas como botín a las tiendas de los vencedores. La reina y las nobles damas terminarían sus días como esclavas, hilando lana ajena en algún cobertizo, vestidas con toscas túnicas, la vista perdida en el huso que giraría sin ver sino el vacío...

Niños, muchachos y hombres yacían asesinados o gimiendo en mortales heridas, consu-

---

[7] Eurípides, *Las Troyanas, Hécuba.*

miendo su esperanza como se consumían los restos de las nobles vigas del palacio de Príamo. Entre las sombras Agamenón alcanzó a ver la figura de Eneas, quien, llevando a los dioses tutelares, cargaba en hombros a su padre Anquises. La figura de piedad filial tocó el corazón del rey de los argivos y ordenó que se lo respetase por temor a los dioses.

Como suele suceder, la mañana, ajena a la desgracia, amaneció clara, fresca y hermosa. Los gemidos acallados, el rocío caído sobre la hierba; agotada de llorar, Andrómaca yacía como un lirio pálido que hubieran arrojado en el camino. A su lado, inocente aún de penas, el pequeño Escamandro dormía acurrucado.

"Pero en este día, la Aurora con sus blancos brazos, la luz que tanto aman los mortales, ha visto la confusión en nuestra tierra, la destrucción de nuestras torres."

"Se oyen alaridos a las orillas del mar, como el grito del pájaro sobre sus polluelos. ¡Alaridos por esposos y niños, por las ancianas madres!... ¡Amor! ¡Amor que llegaste a las casas de los Dárdanos perturbando el corazón de los seres celestiales!"

Hécuba no duerme más. Lamentándose, con los ojos ardientes y secos, encuentra nuevamente su conciencia. "¡Alza del suelo tu cabeza! ¡Oh, desventurada, levanta tu cuello! Ya no existe Troya. Aquí está Hécuba postrada... llorando muchas lágrimas por muchos males... ¡Tantas deberían ser mis quejas, tantos mis lamentos, que no sé por donde empezar!"

Se lamentan la reina y sus hijas, las jóvenes de Troya que se abaten como campo de trigo ante la siega. "¡Llévanme, vieja esclava, de mi palacio y me han cortado los cabellos! ¡Míseras compañeras!

¡Míseras vírgenes! ¡Míseras esposas! ¡Ay de mí, sin patria, sin esposo, sin hijos!"

Y no se puede soportar la añoranza de tiempos mejores: "¡Cómo recuerdo cuando bailaba al son de las flautas al dulce tono frigio! ¡Oh, hijas, ya se mueven los remos de las naves argivas! ¡Ay de mí que me arrancan de mi patria! ¿A qué país iré yo, anciana infeliz, abeja ociosa, mísera imagen de la muerte?"

Ni siquiera existe el consuelo del fin. Para ellas no todo ha terminado. La copa del sufrimiento rebosa, pero sigue dilatándose dentro del pecho. Hécula teme por sus hijas. Sólo sus muertos le dan ahora paz. Mira a Casandra que parece ajena al dolor, extraña y serena.

"¡Niña mía! Aquí estoy desde el amanecer, mi corazón en un desmayo continuo de terror..." Muy pronto conoce el decreto del vencedor: ¡Casandra sería llevada a compartir el lecho de Agamenón, habiendo sido consagrada doncella de Apolo! Al saber su destino, la muchacha exclama: "¡Madre, corona mi altiva cabeza, alégrate de mis bodas!...".

"Agamenón, el noble rey de los aqueos, descubrirá cuán fatal puede serle su esposa... Pero... todo eso puede esperar. No cantaré ahora del hacha que caerá sobre mi cabeza y la de otros... ni del torneo matricida que se desatará celebrando mis bodas... ni de la desolación de la casa de Atreo... Bajaré donde los muertos como héroe conquistador habiendo destruido el linaje de Atreo por cuya casa hemos quedado desolados."

Hécuba pregunta entonces por la joven Polixena, la menor de sus hijas, aquella misma que Aquiles había admirado sobre las altas murallas de Troya en su lozana belleza, con tanta intensidad. "¿De quién será esclava ahora?" Le responden que está destinada a servir en el túmulo de Aquiles. Queda aturdida con la respuesta, sin comprender. Andrómaca, su nuera, desencajada y ojerosa, ha entendido. Con su pequeño apretado contra el pecho y la boca blanca de sufrimiento, le aclara suavemente, intentando consolarla: "Polixena ha sido sacrificada sobre la tumba de Aquiles. No sufre más, y yo la envidio", dice Andrómaca. Pero el dolor de la madre nuevamente se levanta gigantesco como una llamarada y se vuelve a contestar: "¡No es lo mismo la muerte que la vida! La muerte es la nada. ¡Vivir es algo!".

Alguien intenta relatarle al menos cuán heroica fue la muerte de la muchacha:

"Se reunió el ejército entero de los aqueos para ver morir a tu hija. La llevó el hijo de Aquiles de la mano y la puso sobre el túmulo... Se prepararon los jóvenes, la flor de Grecia, para sujetar a la víctima. De una copa de oro labrado rebosante de vino hasta los bordes, el hijo de Aquiles derramó la libación en honor a su padre, y ordenó guardar silencio... ¡Hijo de Peleo, padre mío! Recibe estas libaciones agradables a tu alma, bebida que a los muertos atrae. Ven a beber de la oscura sangre de una doncella purísima que te ofrecemos tus huestes y yo. Sénos propicio, suelta nuestras proas y deja nuestras naves ir libres. ¡Danos un viaje seguro al hogar desde Troya, para todos un feliz regreso!...".

Luego sacó su espada y tomándola de la empuñadura de oro, ordenó traer a la doncella. Pero ella, sabiendo ya que había llegado su hora dijo: "¡Hombres de Argos que habéis saqueado a mi pueblo! ¡He aquí que moriré libremente! Con valentía ofreceré mi cuello, pero ruego que me dejéis en libertad. Matadme, pero siendo libre. ¡Entre los muertos seré reina, pues me avergüenzo de ser llamada esclava!".

La gente gritó y el rey Agamenón ordenó desatarla y dejarla libre. Ella, oyendo a los jefes, bajó su manto quedando como una estatua, desnuda hasta la nívea cintura... Cuando exhaló su espíritu, los griegos se fueron marchando en silencio. Algunos ponían sobre el cuerpo hojas de los árboles, otros apilaban gruesos pinos para la hoguera funeraria. Quien nada ofrecía era de inmediato reprendido: "¿Qué haces allí, parado, villano? ¿No tienes un manto, no tienes nada para las honras fúnebres de esta doncella? ¿No buscarás alguna ofrenda para quien ha muerto de tan noble manera?".

Ya nada puede conmover a Hécuba. Una parte de su alma dolorida se ha quedado inerte. "Presa de tantos males estoy muda, me someto a mi desgracia..."

Todavía queda Escamandro, el nieto, que es brutalmente arrancado de los brazos de Andrómaca y asesinado despeñándolo desde lo alto de las torres de Troya. La desolada viuda de Héctor, loca de dolor, es llevada a las naves de los aqueos. Es Hécuba quien deberá dar luego sepultura al pequeño rey.

Se lo traen sobre el escudo de Héctor, su padre, para recibir las brevísimas honras fúnebres de manos de su abuela, que lo acoge gimiendo; "¡Oh, escudo que protegiste los fuertes brazos de mi hijo Héctor! ¡Has perdido al héroe que te protegió!".

Al contemplar el cuerpo del niño casi destrozado, una última llama de pasión se le enciende dentro del pecho y empieza a vislumbrar la pequeñez del fuerte. "¡Sois unos cobardes, después de todo. Por temor a un niño, por temor a un niño habéis cometido un nuevo crimen!" Las pobres cautivas troyanas rebuscan entre sus vestidos algún adorno de la patria para engalanar el cadáver. "¡Ay de mí, ay de mí! Tocasteis mi corazón. ¡Oh, tú que hubieses sido soberano de mi ciudad!" La abuela escudriña los rasgos del niño, lo mece y lo acaricia resistiéndose a entregarlo a la tierra. "Cuidaré como pueda tus heridas... el resto lo hará tu padre, allá entre los muertos."

Ha dejado de existir la familia de Hécuba, la reina de Troya y esposa de Príamo. Sólo le queda ver cómo los griegos arrasan la ciudad, abaten los olivos sagrados y el laurel del gran patio, echando a volar a las palomas que ya no tienen dónde posarse. Caen las sagradas murallas, la patria se derrumba...

"¡Tiembla tierra!" Hécuba se levanta: "¡Trémulos miembros arrastrad mis pies! ¡Vamos a vivir en la esclavitud!... Dignáronse los dioses hacerme desgraciada y aborrecer a Troya más que a otras ciudades. De nada sirvieron nuestros sacrificios... Sin embargo, debo confesar que si no nos precipitaran desde las alturas hacia los abismos, yacería nuestro nombre en la oscuridad, sin que nadie se acordara de nosotros en sus cantos, y no seríamos para la posteridad manantial perenne de poesía."

Así terminó la ciudad de Troya y la casa de Príamo, señor de ricas tierras en el Asia. El Escamandro con sus eternas ondas empezó su tarea purificadora, el valle se volvió a llenar de flores, mientras el monte Ida recuperaba sus gigantescas selvas recién mermadas para alimentar las pilas funerarias...

Los héroes de Argos

"¿Por qué siempre en las alas del miedo
ronda una visión funesta
ante mi corazón estremecido?"

ESQUILO, *Agamenón*.

LA CASA REAL DE ATREO

Era bastante tarde y la conversación en la larga sobremesa bajo el parrón en casa del profesor había estado muy interesante, aunque los más jóvenes pudimos participar muy poco. El tema, o, mejor dicho, los muchos temas daban para largo. Aquella tarde algunos de nosotros habíamos asistido a una función del Teatro Nacional Griego con *La Orestíada* de Esquilo.[1]

---

[1] Para el antecedente directo de *La Orestíada* de Esquilo, es decir, el sacrificio de Ifigenia, nos hemos basado en la obra de Eurípides, *Ifigenia en Aulis*. Hemos continuado con la trilogía de Esquilo y hemos omitido la *Electra*, el *Orestes* y la *Ifigenia en Táuride* de Eurípides, porque es imposible incorporar en una sola versión las muy diferentes caracterizaciones de los personajes que hacen estos dos autores. La

Varias horas de intensas emociones para los que entendían bien el griego clásico –que no era nuestro caso– y de enorme curiosidad para las decenas de turistas y curiosos como nosotros. Con ayuda de Demetrio nos habíamos preparado con anticipación para la larga función leyendo las tres obras, y además conocíamos ya las historias y otras tragedias relacionadas con los notables personajes de la Casa de Atreo, los héroes de Esquilo.

¡Sólo decir Casa de Atreo y comienza a devanarse –o enredarse– en todas direcciones una madeja de traiciones y grandezas sin cuento, y casi sin término! Pero no, por lo menos *La Orestíada* termina con notas liberadoras y esa es la impresión final que siempre me ha quedado de la historia llena de claroscuros de los ilustres Atridas.

Nuevamente en este largo relato, como en el de Jasón, aparece un carnero cuyo vellón de oro señala al legítimo heredero y asegura la prosperidad de un reino. ¡Qué misterioso es todo esto! Hay ciertos hechos que aparecen también en las vidas de otros héroes, por ejemplo el rapto violento de alguna mujer ilustre, la omisión de sacrificios debidos a los dioses, la celebración de banquetes sacrílegos, la permanente presencia e interacción de hombres y dioses, grandes amores, odios y venganzas. Y quizás lo más impresionante de todo, conflictos familiares de una dimensión y complejidad difícilmente superadas.

---

unidad que ofrece la trilogía de Esquilo es de tal magnitud que obliga a seguirla. Naturalmente, nos parece indispensable conocer también las otras tres obras mencionadas de Eurípides para comprender algo más de cuán hondamente estas leyendas de los orígenes conmovían a los autores y espectadores de las tragedias.

Pero así como el trasfondo de las historias tebanas me ha parecido siempre demasiado denso, la sensación que me producen estas historias de los héroes argivos es de gran brillantez. Pueden haber influido, sin duda, las imponentes ruinas de Micenas, la tumba de Agamenón, la memoria legendaria de sus tesoros. Y desde luego, Homero. La figura de Agamenón, "el conductor de hombres", el carnero jefe del rebaño, cantada por el ilustre ciego, es inolvidable ciertamente, y es este rey la figura dominante de la trilogía y de la historia entera.

UNA RAZA SOBERBIA

> "*Puede que Argos sea tierra abundante en caballos,*
> *pero sus habitantes son lobos.*"
>
> DIPHILOS, s. III a. C.

La casa real de Micenas, situada en la región de Argos, tenía muchos motivos para considerarse afortunada. El monarca de Micenas no sólo recibía el homenaje de sus propios súbditos, sino que un conjunto de numerosos reyes le rendía tributo, y el poder, las riquezas del reino eran reconocidos en toda la Hélade, y su fama se extendía hasta la lejana Asia. Se contaba que Zeus había concedido especialmente el don de la riqueza a la Casa de Atreo.

No siempre habían sido los descendientes de Pélops monarcas de Micenas. Los primeros reyes fueron los Perseidas, del linaje del joven héroe Perseo, fundador de la ciudad, cuyo último gobernante fue Euristeo –el rival eterno de Heracles–, a quien finalmente mató Hyllos, el hijo del héroe, para vengar los sufrimientos de los Heráclidas. ¡Qué sangre rebelde la de los hijos de Pélops! Su orgullo se manifestó por vez primera en su fundador Tántalo, el rey de Lydia, hijo de Zeus y de la titanesa Pluto y, a su vez, padre de Pélops. Amigo íntimo de Zeus, casado con Dione, una de las Pléyades, Tántalo convidaba frecuentemente a su mesa a los Olímpicos, pero no vaciló en tender al Padre Todopoderoso una trampa impía, dándole a comer de la carne asada de su propio hijo Pélops, para probar la omnisciencia de los dioses. Tan grande como la ofensa sería el castigo: Tántalo fue condenado a descender a lo más profundo del Tártaro y permanecer allí colgado para siempre sintiendo una sed, un hambre y, sobre todo, un miedo inextinguibles. Así terminó el ambicioso que quiso probar a los dioses y poseerlo todo.

Por voluntad de los Inmortales, la siempre compasiva Rea hizo con el destrozado Pélops lo que antaño había hecho con Dionisos. Le inspiró nueva vida y en su cuerpo renacido puso como marca indiscutible la estrella blanca en el hombro que inadvertidamente había alcanzado a probar Deméter durante el banquete sacrílego. Desde entonces todos los descendientes del renacido, los Pelópidas, han ostentado con orgullo esa distinción divina.

Más adelante Zeus confirmó la decisión de Rea entregándole a su nieto Pélops su propio cetro, cuando llegó a reinar en Elis. Era este cetro de admirable hermosura, modelado en oro por las manos inigualables de Hefestos, el artífice celestial. Su posesión se conservó en Micenas durante largos siglos como una de las máximas pruebas del favor del cielo. Tan importante fue su entrega que Zeus lo envió a Pélops por intermedio de Hermes, el dios mensajero.

Uno de los hechos más destacados de la vida de Pélops fue su matrimonio con Hipodamia, la notable nieta de Ares e hija de Oenomaos, rey de Pisa y Elis, donde ambos reinaron después de la boda. Pero esa hazaña –porque realmente lo fue– merece ser contada por sí sola. Lo que nos importa ahora es la posteridad de esta pareja singular.

¿Recuerdan a Layo, el padre del rey Edipo de Tebas? ¿Recuerdan también la maldición que recayó sobre él? Pues bien, fue la maldición de Pélops por haber seducido a Crisipo, el menor y más bello de sus hijos. De la búsqueda y persecución de Layo y Crisipo se encargaron Atreo y Tiestes, los otros dos hijos de Pélops, quienes no tuvieron piedad con el hermano deshonrado y al encontrarlo lo mataron. Igualmente cayó sobre ellos la maldición del padre. Cuentan algunos que Hipodamia también participó en el hecho y que por esto tuvo que acompañar a los hijos en la huida de Elis, que habría de llevarlos hasta el bastión de Midea, no demasiado lejos de Micenas. El viejo Stenelos, padre de Euristeo, el rey de Micenas, les concedió gustoso la hospitalidad de aquella plaza fuerte para contar con su ayuda militar.

LA LUCHA POR EL PODER REAL: ATREO Y TIESTES

Mientras estos hechos tenían lugar en Elis, reino de Pélops, en Micenas se extinguía la dinastía de los Perseidas. Stenelos había muerto y su hijo el rey Euristeo había sido asesinado por Hyllos, el hijo de Heracles.

A lo largo de los años transcurridos el dios Hermes tenía siempre presente la vieja deuda pendiente con Pélops. No debe olvidarse que éste en otro tiempo había matado a Mirtilos, hijo de Hermes, después de recibir su ayuda para ganar a Hipodamia en la famosa competencia de carros. Pero ¡ay! Mirtilos había osado alzar sus ojos hacia la bella y lo pagó con la vida. Desde entonces Hermes había buscado el modo de vengarlo sin violencia, pero, con astucia. Al contemplar un día los florecientes rebaños de Pélops discurrió una estratagema sutil, digna de él, cuyos efectos se mostrarían largos años después. Puso entre los animales un carnero de rara belleza, cuyo vellón era de oro puro, el más fino que brillaba bajo el sol. Tan apreciado fue por Pélops que prohibió sacrificarlo y ordenó guardarlo como signo de su realeza. Aquel carnero conducía a todos los demás, así como Pélops sobresalía entre todos los reyes de Grecia.

Después de una impresionante carrera, de victorias militares que lo hicieron aún más rico y poderoso, Pélops murió y fue venerado casi como un dios en toda la tierra del Peloponeso, que a él debe su nombre. Sus vastos tesoros fueron la herencia de Atreo y Tiestes, entre los cuales se contaban los rebaños innumerables del más fino ganado.

De su enorme herencia Atreo atesoraba el vellón de oro por encima de todo. Incluso había ofendido a Artemisa para no separarse de él. En una ocasión recibió un favor insigne de parte de la diosa y juró ofrecerle en sacrificio el mejor de sus animales. Pero su ánimo se entristeció cuando le trajeron el carnero de oro. No resistió la tentación de trasquilarle toda la lana y la guardó en el cofre real. A la diosa sólo le ofreció la carne en holocausto creyendo que podría engañarla. También en él había mucho de la soberbia de su antepasado Tántalo. Pero los dioses no olvidan.

En Micenas, al quedar sin rey, los ancianos recibieron un oráculo instándolos a elegir a un Pelópida como fundador de una nueva dinastía, digna de Micenas. Así fue como Atreo y Tiestes fueron convocados a la noble ciudad para competir por aquel trono poderoso entre todos.

Atreo, consumido de ambición y de impaciencia, sólo anhela reinar, y hace valer sus derechos de primogenitura. Y como prueba irrefutable propone a los ancianos hacer traer a presencia de todo el pueblo reunido el vellón de oro que forma parte de su herencia.

En la sala del trono de Micenas, ahora, tantos años después, se manifiesta el ardid de Hermes avivado por la cólera de Artemisa. Ante la sorpresa de Atreo y la mirada de triunfo de Tiestes, los servidores de éste sacan de un magnífico cofre el vellón de oro y lo extienden sobre el trono. Toda la asamblea aclama entonces a Tiestes ante la desesperación de Atreo. ¿Qué había sucedido?

La esposa de Atreo, Aerope, nieta del rey Minos de Creta, seducida por su cuñado Tiestes, había abierto el cofre real y le había entregado el Vellón. ¿La amaba Tiestes? ¿O sólo la conquistó por interés de aquel trofeo? Todo es posible. Aerope era muy bella, su nombre significaba "blanca como el rocío". Nunca sabremos qué pasó con la desdichada, porque Atreo ordenó castigarla precipitándola desde una roca al mar donde su blancura se confundió por un momento con la agitada espuma de las olas.

Y así comenzó la amarga rencilla entre los dos hermanos y sus descendientes, la que habría de durar durante tres generaciones.[2]

EL PECADO DE ATREO

Vencido Atreo, fue exiliado y debió abandonar Micenas con sus hijos todavía pequeños, Agamenón y Menelao. Pero Zeus estaba de su parte y su cetro no habría de quedar sino en las manos del primogénito.

Tiempo después Atreo ataca a la ciudad, la toma por la fuerza y ocurre el milagro de Zeus, que lo confirma como rey ante los habitantes: el carro del Sol se devuelve en medio de su carrera torna su curso hacia la Aurora y todos los astros lo imitan, y el Ocaso tiene lugar en el Oriente por primera y única vez, en la historia del mundo conocido.

Atreo por fin puede tomar posesión indiscutida del trono de Micenas. Públicamente finge perdonar la antigua traición de su hermano y Aerope, mientras trama una horrenda venganza en su violento corazón.

Una vez más un banquete impío manchará la historia del linaje de Tántalo, pero esta vez Rea no hará renacer a las víctimas. En la enorme sala de banquetes del palacio-fortaleza los

---

[2] La primera generación –en la tragedia– corresponde a Atreo y Tiestes. La segunda, a los hijos de ambos: Agamenón y Menelao por un lado, y Egisto por el otro. La tercera generación es la de los hijos de Agamenón: Ifigenia, Electra y Orestes. Para mayor claridad véase cuadro genealógico de los Atridas.

dos hermanos, en aparente concordia, están sentados a la mesa real. Tiestes come y bebe libremente sin sospechar cosa alguna. No advierte que Atreo sólo bebe, pero no prueba bocado, para no contaminarse con aquel alimento que mancha para siempre. Ya es tarde en la noche cuando Atreo revela a su hermano que lo que ha comido son sus propios hijos. Sólo el menor, Egisto, no pudo ser encontrado para el festín maldito de los dioses. Alertado por algunos servidores, Egisto, todavía niño, se refugia en otra corte argiva, donde permanecerá muchos años esperando su momento.

Horrorizado Tiestes al conocer lo que ha comido, vomita lleno de desesperación y arranca del palacio con el corazón destrozado profiriendo una maldición inexorable sobre Atreo y sus descendientes. Esta vez los dioses sí habrían de escucharlo. Desde aquel día funesto la Casa de Atreo comenzará a vivir la historia gloriosa y tenebrosa que hará famosos a los Atridas.

LOS ATRIDAS

"¡Oh, Argos! ¡Oh, Micenas...!"

Atreo quedó libre para gobernar Micenas y según la voluntad de Zeus siguió enriqueciéndose. Hay diferentes versiones acerca de su muerte, pero no cabe duda de que pereció en forma violenta. Según algunos habría sido asesinado por su joven sobrino Egisto, el único hijo de Tiestes que sobrevivió a aquella noche fatal. Todavía es posible contemplar las ruinas de la tumba de Atreo en el camino que conduce de Micenas a Argos.

Durante estos largos y penosos sucesos, Agamenón y Menelao, los hijos de Atreo y la infiel Aerope, fueron mantenidos alejados de Micenas por su nodriza, quien finalmente halló para ellos tranquilidad en el reino de Tíndaro, en Esparta. Allí los dos príncipes fueron educados conforme a su altísimo rango, como hijos del rey más poderoso del Peloponeso. Pero a pesar del paso de los años la maldición de Tiestes habría de manifestarse en los herederos de la sangre.

Cuando Agamenón y Menelao llegaron a la edad viril se produjo lo inevitable. No hay que olvidar que las dos hijas de Tíndaro y Leda no eran princesas corrientes. Helena era, en realidad, hija de Zeus, la mujer más bella de la historia, y Clitemnestra, la mayor, aunque era hija de Tíndaro, mortal, era apenas menos bella y con carácter extraordinariamente fuerte. Casó muy joven con el rey de Pisa, pero ya Agamenón la había elegido secretamente en su corazón como su esposa y reina cuando él tomara posesión definitiva de Micenas.

No aceptó Agamenón, pues, el matrimonio de Clitemnestra. Ya se destacaba este hombre por la furiosa claridad de sus decisiones, no vacilaba ante nada. Era verdaderamente un "conductor de hombres", como certeramente lo califica Homero.

Hizo alianza con príncipes extranjeros, marchó sobre Pisa y matando al rey y al pequeño príncipe, hijo de la mujer amada, simplemente robó por la fuerza a Clitemnestra. Conociendo el carácter de los Dióscuros, los hermanos de las dos bellas, Agamenón se acogió como suplicante en el templo de Hera, en la misma Esparta. Allí Tíndaro terminó por perdonarlo y concederle que conservara a Clitemnestra como esposa. ¿Lo amaba ella?

¿Olvidó realmente alguna vez la muerte de aquel niño, su primer hijo? Con el correr del tiempo ella dio a Agamenón tres hijas: Ifigenia, Electra y Crisotemis, y un hijo, Orestes, quien largos años después habría de romper la cadena terrible de los crímenes Atridas.

Entretanto, Menelao lograba obtener la mano de Helena, la más bella, compitiendo con doce pretendientes venidos de los más importantes lugares de la Hélade. Este episodio es uno de los más pintorescos preliminares de la Guerra de Troya.

Estando así las cosas Tíndaro apoyó a sus dos yernos para marchar sobre Micenas con el objeto de afianzar definitivamente el derecho, de Agamenón como primogénito de Atreo, atestiguado por el cetro de Zeus y la posesión del vellón de oro del tesoro real.

El reinado de Agamenón en Micenas duró aproximadamente veinte años, pero diez de ellos los pasó en Troya como comandante en jefe de los ejércitos combinados de todos los caudillos griegos. Durante los primeros años de gobierno afianzó su fama y, sobre todo, formó aquella familia de pasiones tan fuertes como las suyas.

Entonces, súbitamente, tuvo lugar el rapto de su cuñada Helena, por un extranjero asiático, hijo del rey Príamo de Troya. El orgullo de los griegos y la decisión de los dioses llevaron inevitablemente a la guerra. No fue una guerra cualquiera. Fueron diez años de lucha en tierras lejanas, la más larga, sangrienta y gloriosa de todo el período heroico.

EL SACRIFICIO DE IFIGENIA

> *"Y cuando puso su cuello bajo el yugo*
> *de la necesidad, y los vientos*
> *de sus pensamientos se levantaron*
> *y soplaron impíos, mancillados,*
> *sacrílegos, en ese momento se encaminó*
> *su mente a la temeraria insolencia."*
>
> ESQUILO, *Agamenón.*

El sol cae a plomo sobre la playa calcinada de Aulis, en el fondo del golfo de Eubea. Aulis "abrigada de olas", en tierras dedicadas a Artemisa. Ni una brisa, ni la más ligera ráfaga de viento despeina la mar quieta y brillante como un cristal donde las cargadas naves de los griegos[3] parecen dormir una pesada siesta poblada de pesadillas. Los velámenes inútiles se resecan sobre cubierta, junto a los largos remos que nada pueden contra el mar calmo e inconmovible como el aceite.

---

[3] Usaremos indistintamente los términos: griegos, argivos, aqueos.

Pero los hombres realmente no duermen. Ya han pasado demasiados días en aquella calma exasperante sólo interrumpida por la frustración creciente de los vientos contrarios. La tensión de la espera inútil ya se deja sentir en todos los ánimos.

Zeus no ha querido escuchar sus ruegos y la ofendida Artemisa está haciendo beber a aquellos hombres toda la longitud de su despecho. ¿Logrará algún día partir finalmente hacia Troya aquella belicosa armada, la mayor que nunca se había visto?

Para aliviar la larga espera y lograr que los hombres gastaran en algo aquella tremenda energía acumulada que sólo se aliviaba en continuas pendencias y saqueos a las aldeas vecinas, Agamenón, el comandante en jefe de la flota, había organizado una partida de caza. Como toros mantenidos demasiado tiempo en el corral, los argivos habían partido en estampida cargando contra cualquier presa que encontraran por delante. El grupo del Gran Jefe había logrado acosar a una hermosa cierva blanca, el animal más amado de Artemisa. Pero eso no los detuvo. Por el contrario, Agamenón se reservó el tiro de gracia y llegó a poner en duda la capacidad de la diosa para salvar al animal de su certera flecha.

Aquella noche, en la gran tienda, los principales jefes se habían reunido con Agamenón y Menelao en un magnífico banquete para festejar la buena caza y brindar por el, éxito futuro. Aquella noche todo parecía nuevamente posible. Tampoco olvidaron pedir una vez más a los dioses que les enviaran vientos propicios para marchar hacia la lejana y codiciada Troya.

El orgullo y la dignidad de Grecia reclamaban aquella empresa y hacían imperativo que la familia real de Príamo pagara con sangre y la destrucción de Ilión,[4] la afrenta sin nombre cometida por Paris contra Menelao, rey de Esparta, y especialmente contra la hospitalidad generosa y libre de los griegos. Poco les importaba a los hombres, en verdad, con excepción del marido ofendido,que la bella Helena hubiese cedido ante Paris y que viviese en el palacio del troyano como su legítima esposa. Pero aquellos bárbaros debían entender que alzarse contra Grecia impunemente era imposible. Además, la fama de las riquezas de Troya era comentada por todos y hasta el más humilde de la tropa esperaba enriquecerse con el botín que les había sido prometido por los caudillos. ¡Y por encima de todo estaba la esperanza de la gloria!

Pasan los días, las semanas, los meses y el tiempo en Aulis sigue igual. La inquietud de los comandantes es tan grande como la intranquilidad de la tropa. ¿Y si después de todo, esto sólo fuese un signo de que la gran empresa no contaba con el favor de los dioses? ¿No sería la calma de los vientos un mal presagio, y lo mejor quizás regresar cada uno a su región de origen? ¿Qué hacían ellos en aquella playa desolada, vecina a Calcis en la Eubea, tan lejos del hogar?

Calcas, el sacerdote adivino que acompaña al ejército, ha sido llamado solemnemente para ofrecer una vez más un sacrificio y leer en las vísceras de los animales los augurios definitivos. Su declaración ha sido tajante: Si los griegos desean vientos propicios para la navegación, Agamenón debe

---

[4] Ilión es otro nombre con el que se designa a Troya. De aquí el nombre de Ilíada.

sacrificar en honor de Artemisa a su hija mayor, la virgen Ifigenia.

Sólo Calcas, Agamenón, Menelao y Odiseo, el más sagaz de los griegos, conocen por ahora el augurio terrible. Pero Odiseo, temiendo las vacilaciones de Agamenón, se encarga de que la noticia comience a difundirse sutilmente entre las tropas. La inquietud crece. ¿Qué dice el rey? Aquel conductor de hombres se había jugado entero para obtener el mando supremo. Había concentrado todo su esfuerzo y energías en convencer a los caudillos griegos y reunir esta flota formidable para marchar contra Ilión. ¿Pagará el precio inconcebible de su propia hija para lograr la anhelada partida?

Largamente se debate su espíritu. Luchan en él el padre y el guerrero, el amor y la ambición, la ternura y la violencia. “Feliz eres, anciano –dice al mensajero–, feliz es cualquier mortal que pasa su vida sin fama y sin gloria, y mucho menos felices los que disfrutan de honores.”

Primero decide hacer venir a su hija y consumar el sacrificio. Para lograrlo finge la celebración inmediata de las bodas de Ifigenia con el noble Aquiles, hijo de Peleo y de la diosa Tetis, campeón sin par del ejército argivo. Finalmente, después de una amarga discusión con Menelao, en el último impulso decide salvar a su hija. Pero entonces Menelao, aquel príncipe ambiguo, tuerce el curso y con artimañas anula la decisión del hermano. Detiene al segundo mensajero y pronto anuncian que el séquito de Clitemnestra y su hija Ifigenia se acerca al campamento. “Como el camino ha sido largo, lavan sus delicados pies en una clara fuente, como yeguas sueltas en verde prado, para saborear agradable pasto.” Allí aguardan a Agamenón que las sale a recibir.

Viene la madre gozosa de casar tan noblemente a su hija. Trae preparado todo lo necesario para la gran ocasión: las guirnaldas, los presentes nupciales, la túnica que lucirá la muchacha. Será una gloria para la Casa de Agamenón y todo el ejército hallará ocasión de regocijo.

> "Saca del carro los presentes nupciales que traigo para la virgen, y llévalos con diligencia al palacio... Vosotras, jóvenes de Calcis, recibidla en vuestros brazos y ayudadla a descender... otros sujeten los caballos y tomad a Orestes, hijo de Agamenón, que todavía no habla. ¿Duermes, hijo, arrullado por el movimiento del carro? Despierta, afortunado, asistirás a las nupcias de tu hermana, que siendo tú noble, va a contraer ilustre parentesco con el nieto de Nereo, igual a los dioses. ¡Ifigenia, hija mía, ven cerca de tu madre y prueba a estos extranjeros mi dicha, y saluda ya a tu amado padre! ¡Oh, rey Agamenón, para mí el más venerable de los hombres, ya hemos llegado obedeciendo sin tardanza tus mandatos!

Padre e hija se estrechan con amor. "¡Oh, padre! ¡Con cuánta alegría te veo tras ausencia tan larga!" "Y yo a ti; tú sientes lo que yo." En el corazón de Agamenón se revuelve la zozobra y las palabras de Ifigenia hablan de su amor. "Lejos navegas, padre, abandonándome... ¡Ojalá fuese lícito a ambos que yo te acompañara!" Así responde ominosamente el rey: "Y tú has de navegar ahora adonde te acordarás de tu padre..., ya que por largo tiempo te separarás de mí... ¡Oh, pecho y mejillas, oh rubios cabellos! ¡Cuánto dolor nos ha causado Helena y la ciudad de los frigios! Pero callemos. Lágrimas incesantes corren de mis ojos cuando te estrecho. Vete al palacio".

Clitemnestra, siempre suspicaz, comprende rápidamente que algo extraño sucede. El dolor de Agamenón es desproporcionado para una boda tan ilustre. No advierte, además, ningún preparativo nupcial y el rey no desea que ella acompañe a la hija al ara, donde habrá de realizarse la ceremonia. Entonces ella se rebela. Ante la orden de Agamenón de obedecerlo en todo, Clitemnestra exclama: "¡No, por la diosa, reina de los argivos! Atiende a tus negocios y deja a mi cargo los domésticos y, entre ellos, el de casar a mis hijas". Furiosa se retira a prepararlo todo. Entonces quiere el destino que se encuentre con Aquiles. Ambos no se conocen y además él ignora todavía lo que se trama en su nombre.

"¿Quién es esta mujer que veo, de belleza tan admirable?" Confiadamente Clitemnestra habla de las inminentes nupcias y ambos descubren que todo aquello es falso. El mensajero, antiguo esclavo del servicio de la reina, termina por revelarles la verdad: "El padre que engendró a tu hija ha decretado matarla con su propia mano... lo instigan los oráculos para que los dioses favorezcan la navegación del ejército... El padre inmolará a la hija en el ara de Artemisa".

Clitemnestra cae de rodillas ante Aquiles y le suplica su ayuda: "Socórreme en mi infortunio, ¡oh, hijo de una diosa!, y a la que llamaron tu esposa, vanamente es verdad, socórrela. Coronada de flores la traje para casarla contigo y ahora la llevo a morir; será para ti una afrenta que no la auxilies... Si te atreves a extender tu mano protectora, nos hemos salvado. Si no, moriremos".

Difícil es la posición de Aquiles. Como guerrero desea ardientemente llegar a Troya, pero su nombre y prestigio han sido tocados por la prisa de Agamenón y por esta reina que se humilla ante sus pies. Y su corazón no ha quedado inconmovible ante la juventud y belleza de Ifigenia. "Rudo golpe sufre la grandeza de mi ánimo... Me someteré a los Atridas si gobiernan con justicia, pero si no, no los obedeceré... Sin embargo, no sería yo inocente si bajo el pretexto de casarla conmigo muere una virgen... Sería el peor de los griegos, nada valdría... Agamenón debía haberme anunciado que mi nombre serviría para tender el lazo que preparaba a tu hija... Ahora nada valgo ante estos capitanes... Pronto probará mi espada –que mancharé con sangre antes de llegar a Troya– el que arrebatare a tu hija."

Aquiles propone convencer a Agamenón antes de recurrir a la fuerza, ya que eso produciría irreparable división entre los griegos. La madre finalmente, acompañada por Ifigenia y el pequeño Orestes, se encuentra nuevamente con Agamenón. "Contesta noblemente a mis preguntas, ¡oh esposo! ¿Quieres matar a tu hija y mía?"

"¡Oh Moira poderosa! ¡Oh fortuna, oh destino mío!", exclama Agamenón. Terribles son entonces las palabras de Clitemnestra: "Además de tres hijas te di este hijo y tú piensas arrebatarme bárbaramente una de ellas. Si alguno te pregunta por qué la matas, dime, ¿qué responderás?... ¿Para que Menelao recobre a Helena? Rescatamos lo más odioso a costa de lo que más amamos. Si vas a la guerra y me dejas abandonada en mi palacio largo tiempo, ¿cuáles serán mis pensamientos, viendo los solitarios aposentos que mi hija ocupaba... y cuando me halle sola llorando?... Pero supongamos que sacrificas a tu hija, ¿qué preces recitarás en los altares? ¿Qué bien orarás dándole muerte? Seguramente será funesto tu regreso si así sales del palacio... ¿Cómo abrazarás a tus hijos al tornar a Argos? ¿Cuál de ellos podrá mirarte sin horror? ¿Reflexionaste en todo esto o sólo anhelas llevar el cetro y mandar?... Seguramente será funesto tu retorno...".

Ifigenia se ha acercado silenciosamente. Su figura grácil y joven como la de la cierva de Artemisa, los rubios cabellos trenzados como los cuernos de oro amados por la diosa, dan a su presencia una inmensa belleza e indefensión. "Si yo tuviese la elocuencia de Orfeo, ¡oh padre! y las piedras me siguiesen cuando canto, y mis palabras ablandaran los corazones, a ello apelaría. Ahora sólo puedo mostrar mis lágrimas, que son mi única esencia. Puesto que sólo esto es lo que puedo, estrecho tu cuerpo como rama de suplicante, con este que dio a luz mi madre, no para que me sacrifiques prematuramente, ni me obligues a visitar las entrañas de la tierra. Yo la primera te llamé padre y tú a mí, hija; la primera, sentada en tus rodillas, te infundí dulce deleite y lo sentí a mi vez. Así hablabas tú en aquel tiempo: "¿Te veré feliz algún día, ¡oh hija! al lado de tu esposo, llena de vida y de vigor, como mereces?"... Mira, padre, a mi hermano, cómo te suplica callado... Sí, por tus rodillas te rogamos dos a quienes amas; éste que aún no habla y yo, mísera doncella... Ver la luz es lo más grato a los mortales. Los muertos nada son y delira el que anhela perecer. Más vale penosa vida que gloriosa muerte."

Pero Agamenón ya no puede volver atrás. "No me arrastra Menelao, ¡oh hija! ni me conformé con su opinión, sino Grecia me obliga, en cuyo provecho ya, lo quiera yo o no, he de inmolarte porque somos más débiles. Conviene que sea libre en cuanto de ti y de mí depende, ¡oh hija!, y que los bárbaros ¡no roben a los griegos sus esposas!" No puede soportar más la vista de la muchacha y se aleja abrumado.

En vano se lamenta Clitemnestra e Ifigenia canta su desdicha. El noble Aquiles se acerca a la muchacha y le habla por primera y única vez en la vida. Le asegura que nadie podrá acercarse a ella sin que él la defienda y la pelea será dura porque ya todo el ejército espera el sacrificio.

Ifigenia ha ido comprendiendo lentamente lo que de ella reclama el destino. No se exige lo mismo de la hija de un hombre común que de la primogénita de un príncipe.

"¡Oye, madre... resuelta está mi muerte y quiero que sea gloriosa, despojándome de toda innoble flaqueza! Vamos, madre, atiéndeme, aprueba mis razones. Grecia entera tiene puestos sus ojos en mí y en mi mano está que naveguen las naves y sea destruida la ciudad de los frigios, y que en adelante los bárbaros no osen robar mujer alguna de nuestra afortunada patria... Todo lo remediará mi muerte y mi gloria será inmaculada por haber liberado a Grecia... No conviene que Aquiles pelee con todos los griegos por una mujer, ni que por ella muera. Un solo hombre es más digno de ver la luz que infinitas mujeres. Y si Artemisa pide mi vida, ¿me opondré, simple mortal, a los deseos de una diosa? No puede ser. Doy, pues, mi vida en aras de Grecia... He aquí los momentos que me recordarán largo tiempo, ellos serán mis hijos, ellos mis bodas, ésa toda mi gloria. ¡Madre, los griegos han de dominar a los bárbaros, no los bárbaros a los griegos, que esclavos son unos, libres los otros!"

Aquiles se siente profundamente conmovido por la valentía y nobleza de aquella muchacha que pudo realmente haber sido su esposa. "¡Oh, creatura nobilísima!... Generosos son tus sentimientos... pero quizás te arrepientas de tu propósito... Me pondré junto al ara y tendré allí soldados míos, no para asegurar sino para impedir tu muerte, ya que al ver el cuchillo que amenaza tu cuello quizás cambien tus propósitos... Te acompañaré al templo de la diosa y allí te esperaré."

Quedan solas la madre y la hija. Nada puede calmar la profunda pasión de Clitemnestra. La niña ruega a la madre que nadie lleve luto por ella y que eduque a Orestes para que sea un gran príncipe. Trata, por último, de liberar de culpa a su amado padre. "Contra su voluntad me sacrifica para salvar a Grecia", dice serenamente. "¡Pero con engaño, replica Clitemnestra, como corresponde al linaje de Atreo!" En verdad comienza a manifestarse la maldición de Tiestes.

"Llevadme al sacrificio, a mí que soy la vencedora de Troya... Traed las coronas que han de ceñir mis sienes... ved mi cabellera pronta a recibirlas y el agua lustral dispuesta. Danzad vosotras, doncellas de Calcis, alrededor del templo y del altar, alabad a Artemisa, reina y bienaventurada que, a costa de mi sangre y de mi vida, por ser necesario, cumpliré voluntaria el oráculo... ¡Oh, tierra mía donde nací! ¡Oh Argos!, ¡oh Micenas! en donde me he criado." Así se despide Ifigenia encaminándose derecha hacia el lugar donde todo el ejército la espera alrededor del altar del sacrificio.

"Cuando el rey Agamenón vio a la doncella que se encaminaba hacia la muerte, gimió y echó hacia atrás su cabeza y lloró ocultando los ojos con el manto... Padre, aquí me tienes... Mi único deseo es que seáis afortunados y que alcancéis insigne victoria y regreséis después a vuestra patria."

Todos callaban admirados... Finalmente se adelantó Aquiles y cogiendo el agua lustral dijo: "¡Oh, Artemisa, hija de Zeus! que gozas sacrificando fieras y mueves de noche tu luz brillante, acepta propicia esta víctima que te ofrecemos el ejército de los griegos y el rey Agamenón, sangre inmaculada de la bella cerviz de una virgen. Concédenos favorable navegación y que conquistemos con nuestras armas la ciudad de Troya". Y los Atridas y todo el ejército quedaron suspensos mirando a la tierra. El sacerdote empuñó el cuchillo, recitó sus plegarias y... ocurrió un milagro repentino: todos oyeron claramente el ruido del golpe al herir, pero nadie vio en dónde se había ocultado la virgen... En lugar de Ifigenia yacía en tierra una cierva palpitante, muy grande y de maravillosa hermosura, inundando con su sangre el ara de la diosa... Calcas, el sacerdote, pronunció entonces estas palabras: "¡Oh, capitanes del ejército griego! ¿Veis esta víctima, esta cierva de los montes, que la diosa ha traído al ara? Y la acepta en lugar de la doncella para que tan noble sangre no mancille su altar... Cobren ánimos los marinos y váyanse a las naves; hoy atravesaremos el Egeo dejando las sinuosas ensenadas de Aulis".

"Que desaparezca tu dolor, Clitemnestra, y se aplaque tu indignación contra tu esposo; inesperados hechos ocurren a los mortales por mandato de los dioses, y así salvan a los que aman. Hoy he visto a tu hija viva y muerta." Con semejantes palabras un mensajero enviado por Agamenón llega al lugar donde espera Clitemnestra impedida de asistir al sacrificio. Pero no es ella quien despide alegre a los esperanzados guerreros con las palabras del coro de doncellas: "Que gozoso, ¡oh Atrida! llegues a la Frigia y que tornes contento, trayendo desde Troya bellísimos despojos".

Según Eurípides –nos había comentado Demetrio– fue una cierva la que murió en Aulis. Pero para la madre no fue así. Ella no volvió a verla nunca y además... su hija era muy joven. ¿Cómo decirlo?... Tenía la edad en que se suelen sentir esas cosas que describe un poeta nuestro por boca de una muchacha:

> "Estaba recién empezando ¡oh, tristeza!
> un dulce contacto con la brisa y con la fuente,
> y con las verdes ramas de los árboles.
> Las flores, la hierba, la multitud de estrellas
> [del cielo
> contaban a mi corazón algo que no llegaba a
> [mi mente.
> El amanecer aparecía a mis ojos con nueva
> [belleza
> y la luna despertaba dentro de mí mil
> [sensaciones secretas...
> ¿Quién?, pregunté, ¿quién sabe?
> ¿quién me puede decir lo que siento?...
> Antes que la voz me hubiera entregado
> una respuesta clara y sencilla,
> la muerte cayó sobre mí como un halcón".

Lamento de la doncella muerta, Gerasimos Markoras 1826-1911

EL REGRESO DE AGAMENON

Es aquel instante de la noche en que la oscuridad parece más densa que nunca porque en cualquier momento va a amanecer. Micenas duerme intranquilos sueños y el vigía apostado en la más alta torre del palacio lamenta su suerte: diez largos años ha venido mirando hacia el oriente, escudriñando el horizonte, ansiando ver la fogata venturosa que en la cima de algún monte anuncie –por fin– la caída de Troya. Y aquello acaba de suceder:

"Fuego de la noche que anuncias el día a mi [espíritu,
trayendo a Argos luz, danzas y cantos.
¡Salve, enhorabuena a la fortuna, salve!".

No puede saber que aquella ansiada señal ha sido igualmente esperada por la reina Clitemnestra, pero no para recibirla como él con el corazón dilatado por el entusiasmo y el amor. En verdad el pecho de Clitemnestra se agita al ver finalmente la llama anunciadora de la victoria. ¡Por fin ha llegado el tiempo de la venganza! Ya ha burlado una vez la penetración de Agamenón desconfiado, al arrojar a un islote abandonado a un poeta que el rey había dejado como espía de la fidelidad de la esposa. No en vano ella y su amante Egisto, el hijo sobreviviente de Tiestes, han ideado esta nueva brillante estratagema: desde las ruinas del palacio de Príamo en Troya, el fuego de la buena nueva se iría encendiendo de colina en colina hasta llegar a Micenas para advertir a la reina la llegada inminente de Agamenón. Ocho son los montes cuyas cimas serán honradas para siempre por haber iluminado uno a uno aquella noche bendita de la caída de Troya.

Clitemnestra se dispone a recibir a Agamenón como a un gran rey victorioso que regresa al hogar después de la más larga y dura campaña de la historia. Los augurios y las palabras fatales y enloquecidas de Casandra, la profetisa hija de Príamo, se han cumplido: Troya, la de los fuertes muros, ha caído por la valentía y astucia de los argivos.

Se han cumplido también las señales de las águilas que volaron sobre la playa de Aulis aquel día de la partida, diez años atrás:

"¡Avanzad hacia Troya!, parecían gritar las águilas
y los reyes del mar obedecieron las palabras
[de la reina de las aves,
cuando, a su derecha, cruzaban ascendiendo el
[cielo,
una era negra, la otra lucía blancas líneas en la
[cola.
Avanzad y caerá la ciudad de Príamo,
aunque largo será el paso del tiempo..."
Pero las visionarias águilas presagiaban también
[el infortunio:
"llegará al fin el bien, pero mezclado con el mal.
Queda en el hogar como serpiente que acecha,
esperando el momento con ira que nada puede
[conciliar,
un vigilante artero, anhelante de calmar con
[sangre
un resentimiento por una hija asesinada.
Tal fue el fuerte vaticinio... y Calcas leyó
[claramente
el presagio de las augustas aves de Zeus".

Es muy grande el peso que Clitemnestra lleva en su ánimo: el dolor inaplacable de la pérdida de Ifigenia y la pasión culpable por Egisto, lleno él también de resentimiento por el crimen de Atreo. Esos dos seres cargados de odio se han unido durante diez años para dar finalmente la bienvenida al triunfante Agamenón. Esperando precisamente este momento, Clitemnestra hace ya mucho tiempo que envió fuera al heredero Orestes, para ser criado en casa de su abuelo Tíndaro, en Esparta.

Todo el reino está expectante. ¿Quiénes serán los bendecidos por los dioses que volverán a estrechar a los seres queridos? ¿Cuántos héroes que partieron antaño desde Aulis son ahora señores de Troya para siempre, cada uno sepultado en aquel lejano suelo? La espera, tan larga, se hace ahora casi intolerable ante la inminencia del regreso. Ya se divisan las naves de Agamenón. Por fin, llega el heraldo y confirma el triunfo ante los ancianos de la ciudad. Recuerda los horrores de la guerra, pero todo eso ha terminado:

> "¿A qué llorar males pretéritos? Su dolor ya ha [pasado;
> Y ha pasado también para siempre, para aquellos [que cayeron,
> todo cuidado por levantarse y vivir nuevamente.
> ¿A qué contar el saldo de la muerte y dar gracias [a la vida
> lamentándonos por el destino adverso?
> ¡Adiós, un largo adiós, a todos nuestros [infortunios!...
> Los Argivos lograron conquistar a Troya,
> y en los templos de los dioses de Grecia
> colgarán estos despojos, resplandeciente prueba [para el Tiempo".

Clitemnestra ha preparado todo para el regreso tan largamente imaginado del esposo:

> "Que llegue, y al hacerlo ojalá encuentre
> una esposa no distinta de la que dejó, fiel
> y leal como perro guardián para su hogar,
> enemiga de sus enemigos, fiable en todos sus [deberes,

capaz de guardar intacta, por diez largos años,
la hacienda en la cual dejara él su sello
[señorial".

¿Qué sentimientos ocultaba esa máscara pálida, majestuosa, de amargo gesto que escondía –o mostraba– el rostro de Clitemnestra? Recuerdo que durante la representación esta escena me impresionó enormemente.

Poco a poco el pueblo rodea al heraldo y se va enterando de las noticias del azaroso regreso. El barco que transportaba a Menelao y Helena, tan caramente rescatada, se ha perdido. La flota griega, ya tan golpeada por los años de combate, fue nuevamente castigada por los dioses. Una furiosa tormenta azotó a las naves, hundiendo a unas, desviando a otras de su curso. ..."Y cuando a la larga el sol se alzó brillante, vimos la amplia extensión del Egeo sembrada con las flores de la muerte, los cadáveres de los griegos y los astillados cascos de las naves."

Pero quiso el Destino que la nave de Agamenón llegara hasta las playas de la patria. Los habitantes se han reunido ante la imponente entrada del palacio real para presenciar la llegada de los héroes. La figura altiva de Agamenón, ahora más seguro aún de sí mismo y enriquecido con la experiencia de Troya, se destaca nítidamente desde lejos sobre el magnífico carruaje. Va seguido por una emocionada procesión. Un poco más atrás, otro carruaje conduce a Casandra, esa conmovedora mujer a quien la fatalidad dotó con el don de profecía y con la maldición de jamás ser escuchada. Casandra, hija del rey Príamo de Troya, botín de guerra de los victoriosos griegos, había tocado en suerte a

Agamenón durante largos años, allá en las riberas del Escamandro. Allí dio al Argivo un hijo y, como trofeo de guerra, o como amada –¿quién lo sabe?–, lo acompaña ahora en el triunfal regreso, penoso destierro para ella cuyos lazos con Ilión han quedado destruidos enteramente y para siempre. El pueblo vitorea a su rey:

"¡Salve a ti, jefe de la raza de Atreo,
que regresas orgulloso de la subyugada Troya!
¿Cómo saludar tu rostro avasallador?".

Agamenón se reúne con la multitud ansiosa de escuchar el detallado relato de la caída de la heroica ciudad. El vencedor no oculta su satisfacción al presentar a su pueblo los horrores que debieron sufrir los vencidos.

"He de entrar, y os saludaré, los primeros y [más justos,
ahora a mi palacio y a los templos del hogar
a vosotros ¡oh dioses, que me enviasteis lejos y
me hicisteis retornar!
¡y que la Victoria permanezca largamente en [pos de mí!"

Sobre las gradas del palacio aparece Clitemnestra, magnífica, verdadera descendiente de dioses, inmóvil en las vestiduras de púrpura, rodeada por sus doncellas. Ella, de quien se dijo: "En su pecho de mujer late un corazón de hombre". ¿Qué sintieron en aquel instante supremo aquellos dos seres extraordinarios? ¿Qué se agitó en su pecho de mujer?

"¿Era acaso Ifigenia, degollada en las riberas [del Euripo,
lejos de su patria, lo que ella lloraba
cuando concibió este resentimiento atroz?

¿O bien, subyugada por el amor
se extravió en esas noches adúlteras?"

Píndaro, *Oda Pítica,* XI

Admiración, sorpresa, odio, proyectos y anhelos, antiguos recuerdos de pasión y amor, todo eso y mucho más debajo de las dos máscaras reales en aquel especioso silencio, interminable durante la representación. Así habló la reina:

"Ancianos de Argos, pilares de nuestro reino,
el pudor no me impedirá que veáis el amor
que tengo a mi señor...
quiero revelar la vida que llevé,
contra mi voluntad, a través de largos y lentos
[de años
mientras mi señor cercaba a Ilión...
en enlutada soledad... oyendo cómo el rumor
[de innumerables bocas
presagiaba infortunios: ¡Perdido, perdido, ya
[todo está perdido!...
Hace ya largo tiempo que llorando
sequé la fuente viva de las lágrimas,
ni una sola gota dejé sin derramar.
Opacos están los ojos que permanecían vigilando
[hasta el alba,
llorando, los leños apilados para tu retorno,
sin encender, noche tras noche...
Todo eso soporté y ahora, liberada del dolor,
saludo a mi señor como guardián de su rebaño,
como soporte salvador del barco sacudido por
[el temporal,
como firme columna que sostiene el alto techo,
como hijo único de un padre abandonado,
como tierra avistada, perdida ya toda esperanza,
[por la tripulación desolada.

como bella luz del sol cuando la ira de la
[tempestad ya ha pasado,
como fresco manantial para el sediento
[peregrino.
Tan dulce es escapar al apremio de la pena...
¡Mujeres! ¿Por qué tardáis?... Rápidas, sin demora,
cubrid de púrpura su camino, que la justicia lo
[conduce
por fin a un hogar que apenas esperaba él volver
[a ver.
En cuanto a lo que todavía queda,
el celo no vencido por el sueño dará brío a mi
[mano]
para obrar rectamente lo que los dioses ordenan".

De tal modo Clitemnestra, oscura, enigmática, declara su estado de ánimo.

"¡Hija de Leda! –responde Agamenón– guardiana de mi casa, tu saludo bien conviene a mi larga ausencia, porque tarde y con dificultad ha llegado a su fin... No extiendas esta púrpura que convertiría en arrogancia cada paso, tal pompa conviene a los dioses, mas no a mí... Recuerda el adagio: 'A nadie llames bienaventurado hasta que la muerte apacible no haya coronado una vida de cuidados'. Pero Clitemnestra insiste con seductoras palabras y termina por persuadir al héroe victorioso.

"Bien, si así lo deseas, que me descalcen rápidamente estas sandalias, sólo así pisaré esta rica púrpura rogando que los dioses no me miren con celo desde lo alto... Ahora que con esto mi voluntad se ha inclinado ante la tuya, llegaré sobre púrpura hasta mi hogar."

"¡Oh, rey!, dentro de tu palacio te aguarda un tesoro inagotable; pero yo, alegremente habría prometido a los dioses el precio de mil túnicas –si el oráculo lo hubiese exigido– como rescate para preservar tu vida." Contento como un héroe que vuelve a lo suyo entra Agamenón al palacio, donde todo está dispuesto para el banquete de bienvenida.

Clitemnestra sólo demora afuera lo necesario para anunciar a Casandra su nueva vida como esclava. Pero la princesa troyana parece no entender, lejos están sus pensamientos, perdida la mirada y tan pálido el rostro desencajado que todos se mueven a piedad. Súbitamente se encoge y lanza a Clitemnestra una mirada honda e intensa. "Está loca –dice alejándose la reina– y con la mente fuera de sí desde que vio consumirse su ciudad en llamas y aquí llega, cautiva, sin aceptar morder el freno." Todos presencian la intensidad de la lucha interior que agita a Casandra y un estremecimiento los recorre.

> "¡Apolo, Apolo! ¡Tierra, Madre Tierra, y tú, Apolo!
> ¡Dios lleno de recursos, pero sólo de muerte
> [para mí!
> Nuevamente, ¡oh tú, llamado el Destructor,
> me has destruido, tú, mi antiguo amor!...
> ¿Adónde me has conducido, a qué maligna
> [morada?
> ¡Casa maldita de Dios! ¡Sed testigos míos, vosotros,
> visiones espantosas... manos ensangrentadas
> de aquellos que matan a los suyos,
> cuerdas suicidas... suelos por los que corre la
> [sangre!...
> ¡Muerte ignominiosa para aquellos que debieran
> [ser amados!
> ...¡Traicionera bienvenida! ¡Oh, dioses! ¡Una
> [nueva visión!
> ¡Una red, un lazo infernal echado por su mano...
> una esposa legítima que mata a su señor ayudada
> [por otras manos!"

El frenesí profético que se ha apoderado de la desdichada Casandra va aumentando en intensidad. Con los ojos desorbitados va cantando en un lamento cada vez más ronco y sobrecogedor los horribles sucesos que comienzan a cumplir la maldición de Tiestes sobre el linaje de Atreo. Todos contemplan con el corazón estrujado cómo Apolo va apoderándose de esa figura frágil, transformándola en una especie de Erinia vociferante.

"¡Alejadlo, apartadlo –mantenedlo lejos–
al conductor del rebaño, orgullo de la pradera,
lejos de su compañera! ¡En ira traicionera,
cubriéndole los oscuros cuernos, con hacha
[secreta
ella rasga el flanco indefenso!
¡Mirad! En el baño lleno de agua
cae él pesadamente –el grito moribundo–.
¡Mirad! –en el agua–, ¡mirad, cae traicioneramente!"

Casandra se desespera:
"¡Oh, día aciago! ...¡ah, señor, ah, conductor!
¡tú me has traído hasta aquí!
¿era acaso para morir contigo cuyo fin está tan
[cerca?...
¡Infeliz Paris, desdichado! ¡Tu gozo nupcial
fue muerte y fuego para tu raza y para Troya!
¡Ay, desdichadas corrientes del Escamandro!
Junto a tus riberas, ¡oh bellísimo río!,
crecí rodeada de amorosos cuidados
desde la niñez hasta la juventud.
Ahora, no a tu orilla, sino junto a las
riberas del Cocito y del Aqueronte haré sonar
mi grito colmado del último presagio...
En tierra yacen las torres de Ilión
y yo –¡ah, corazón ardiente!– muy pronto yaceré
[allí también.

¡Oh, vosotros, ancianos argivos, sed mis testigos!...
Siento la huella sangrienta derramada largos
[años ha...
Las Furias del hogar... sentadas dentro,
cantan la maldición primordial,
cada una escupiendo odio por aquel antiguo
[crimen,
el lecho del hermano, el amor incestuoso
que trajo el odio al seductor...
Una vez me llamaron "Profetisa de Mentiras,
hechicera extraviada, ruina y peste de todos".
Sed mis testigos ahora: "Ella conoce punto por
[punto
la maldición de la casa, la infamia famosa".
...Y finalmente el dios me ha traído aquí
a los dolores de la muerte, y lo que su amor ha
[hecho
su odio ha deshecho ahora...
Pero los dioses atenderán a esta que muere,
por su voluntad hay uno que desquitará mi
sentencia.
El, para vengar la sangre derramada de su padre,
golpeará y matará con mano matricida.
¡Sí! El vendrá –aunque hoy lejos esté,
peregrino desterrado en tierra extraña–
a coronar el nefando edificio de sus parientes,
llamado a retornar para vengar la muerte de su
[padre.
¡Así lo han jurado los altos dioses, y así se
[cumplirá!".

Todos tiemblan por la verdad profunda que encierran estos destemplados lamentos de la extranjera. La desdichada los mira por última vez antes de ir a enfrentar la muerte que proféticamente la espera dentro de esos muros. Muy pronto habrán de cumplirse sus ominosas palabras.

Ya brama adentro el traicionado Agamenón. Como un toro enfurecido lanza dos resonantes gritos. Se abren las inmensas puertas y Clitemnestra sale a anunciar a todos lo que se ha cumplido. Gruesas gotas de sangre han enrojecido su frente y las vestiduras de púrpura apenas logran atenuar las grandes manchas de la sangre del rey. Altiva, relata a todos cómo, con grandes muestras de simulado gozo condujo al triunfador primero a la sala de baños, para descansar y purificar su trabajado cuerpo antes de pasar a la sala del banquete. Sin recelar nada, aquel hombre imponente se despoja de sus vestiduras reales y, ayudado por la reina, se introduce en el tibio baño. Ella, entretanto, se afana en preparar los últimos detalles. Al incorporarse Agamenón, Clitemnestra, simulando envolverlo en suave toalla, arroja sobre su cabeza una tupida red tejida por sus propias manos, preparada durante diez años para el recibimiento. Así atrapado, sin poder mover brazos ni manos, el conductor de hombres contempla la afilada hacha de doble filo con la que Egisto lo golpea dos veces. Cae nuevamente sobre la gran tina de plata que se enrojece rápidamente y, allí, en la más humillante situación, completamente indefenso y casi exánime, ve las manos de Clitemnestra blandir el pesado acero por última vez para darle el golpe final. Fuera de sí con la venganza, sale la reina a la gran sala donde espera Casandra, a quien mata con la misma arma. Vuelve junto al cuerpo de Agamenón, limpia la hoja ensangrentada con los cabellos del muerto, para significar ante todos que él se ha acarreado su propia muerte.

Mientras luchan los hombres de Agamenón con los seguidores de Clitemnestra y Egisto, ella sale para declarar públicamente ante el pueblo su venganza.

"¡Oh, vosotros hombres justos que ahora declaráis
[mi sentencia,
el odio de la ciudad, la maldición de todo mi
[reino!
Vosotros no tuvisteis antaño voces para lanzar tal
[juicio
sobre él, mi esposo, cuando él tuvo en tan poco
la vida de mi hija como la de una oveja o
[borrega,
¡una víctima más entre sus numerosos rebaños!
¡Sí! El mató en sacrificio a su hija y la mía,
amado fruto de mis dolores de parto para calmar
y acallar los vientos que soplaban desde Tracia.
Este acto suyo –declaro–, esta indignidad y
[vergüenza,
con justicia el destierro la hubiera recompensado.
Pero vosotros, mudos entonces, ahora sois
[severos para
juzgar este acto mío, que afrenta vuestros oídos...
Contempladlo muerto –contemplad su cautivo
[trofeo,
visionaria y prostituta, consuelo de su lecho,
verdadera profetisa, amante verdadera–
miradlos, indignamente actuaron y en indignidad
[yacen ahora.
Conocéis la muerte del rey; ella, como
desfalleciente cisne
cantó su última elegía y yace, como antaño,
junto a su lado y ha dejado en mi lecho
un nuevo sabor dulce de gozos que no conocen
el miedo."

Los ancianos lamentan y lloran amargamente el estado a que ha llegado un rey tan grande:

"¡Ah, nuestro rey, no más nuestro rey!
¿Qué palabras decir, qué lágrimas derramar
para expresar nuestro amor por ti?
La malla de la traición, como araña
ella tejió y enrolló alrededor de tu vida.
¡Ay! Te vemos echado sobre el suelo,
jadear y exhalar tu vida por una herida cobarde.
¡Muerte ignominiosa! ¡Ah, dolor sobre dolor!
¡Una mano cobarde, un golpe de dos filos!"

Orgullosamente responde Clitemnestra:

"El antiguo Vengador, de severo semblante
por Atreo y su festín sangriento
ha golpeado al señor de la Casa de Atreo,
y bajo la apariencia de su esposa ha matado al rey.
¡Sí, por la vida de los hijos asesinados
ha tomado en rescate la vida de un caudillo...
Por mi mano cayó, por mí murió,
y ahora míos son sus ritos fúnebres!
¡Desde esta mansión no habrá para él enlutada
procesión en celebración de sus exequias!"

La madre enfurecida ha terminado su tarea, ha vengado a su hija. Ante las amenazas de los ancianos, Clitemnestra súbitamente pierde su carácter justiciero y majestuoso y se transforma en una mujer asustada: confiesa abiertamente a todos su amor adúltero, alega que Egisto será su defensor, insulta a los cadáveres de Agamenón y Casandra, revelando así su odio y también sus celos, las otras dos fuerzas que hasta aquí le han sostenido el ánimo, Ahora la invade el miedo y anhela aplacar la ira de los dioses, que sabe ofendidos, y obtener el respiro de la paz. Porque inexorablemente la violencia termina por engendrar aún más violencia.

No en vano Casandra ha profetizado a los ancianos la cadena sangrienta. Pronto vendrá otro

Vengador a agregar a ella un eslabón más. Y en este tono sombrío se alejan de la reina, que ya ha comenzado a comprender que el asesinato de Agamenón terminará por madurar en otro amargo fruto.

LOS HIJOS VENGADORES[5]

Ha pasado mucho tiempo desde la muerte del gran rey. En Micenas estos años se han hecho aún más largos porque Egisto y Clitemnestra gobiernan con mano dura.

El pueblo tampoco ha podido olvidar todos los sucesos del pasado y se siente intranquilo porque el muerto no fue honrado con los honores debidos

---

[5] Esta parte corresponde a la segunda tragedia de la trilogía de Esquilo, llamada "Las Coéforas", que en griego significa "las portadoras de las libaciones". Obsérvese que la obra transcurre casi enteramente en la tumba de Agamenón y que el coro está compuesto por las esclavas que llevan el tributo fúnebre del vino.

a su rango. Ningún banquete fúnebre ni ramos de mirto, ninguna procesión de lamentables cantos ni libaciones ofrecidas a los dioses subterráneos han apaciguado a la Tierra, y a los súbditos de Micenas se les prohibió asistir al funeral. ¿Qué se puede esperar viviendo en la impiedad?

El túmulo bajo el cual yacen los restos de Agamenón, no lejos de las grandiosas murallas, aparece desnudo, agreste y solitario. Sólo el rumor del viento, los remolinos de polvo y los chillidos destemplados de las aves rompen el silencio. Pero no hay paz en esta escena, una indecible desazón pareciera surgir desde lo hondo de la tierra e invadir el aire. Quizás por eso nadie se ha acercado durante años, excepto furtivamente Electra, la hija que no olvida.

¡He aquí que dos extranjeros se acercan! Ambos son de noble apariencia, pero muestran las señales de un largo y dificultoso viaje. Uno de ellos, especialmente, parece terriblemente triste y cansado. Sin embargo, sabe que ni siquiera ha iniciado todavía su camino. Es Orestes, el único hijo varón del rey Agamenón, quien, hombre ya, vuelve a la patria acompañado por su primo y fiel amigo Pílades de Fócida, la tierra donde ha vivido desde su niñez.

Orestes se acerca al túmulo y asciende pausadamente. Cada paso parece pesar sobre la tierra. Solemnemente invoca a Hermes subterráneo, el dios protector de la paternidad:

> "¡Hermes Infernal, vuelve tu mirada sobre mi [abatido padre,
> sé su salvador, el aliado que imploro!
>
> Regreso a este país, vuelvo del exilio...
> ¡Oh, padre mío! ¡Te ofrezco aquí un rizo
> de mis cabellos como homenaje de duelo!...

¡Oh, padre mío! ¡No estaba yo aquí para llorar tu [muerte
ni pude extender mis brazos para estrechar en [ellos
tu cadáver cuando abandonaste para siempre [aquel palacio!".

Lentamente una procesión de esclavas enlutadas y con los cabellos desordenados en señal de duelo, asciende el camino que conduce al túmulo. En las manos cubiertas de cenizas portan ánforas con vino para las libaciones con que se honra y consuela a los muertos. Entre todas destaca Electra, hija de Agamenón, cuya tristeza es más honda. Electra, esclava en su propia tierra, joven aún pero gastada por el dolor y el anhelo de venganza que la devora.

Los forasteros se ocultan tras unas rocas por temor a ser reconocidos. Las noticias que Orestes ha recibido desde Micenas son tan desalentadoras que debe actuar con astucia y cuidado. A pesar del triste efecto de los años reconoce a su hermana. "¡Ah, Zeus! –exclama– otórgame vengar el asesinato de mi padre y conviértete en mi firme aliado!"

En el lamento ritual las esclavas van cantando los diversos sucesos de la casa real. No es lo habitual en Micenas honrar la tumba de Agamenón, pero un hecho insólito ha conmocionado a la reina Clitemnestra, quien ha ordenado esta ceremonia.

"En muy claras palabras el Remordimiento, ante el cual se erizan los cabellos y que en esta morada habla a través del lenguaje de los sueños, ha venido en plena noche soplando su venganza en el corazón mismo del palacio, proclamando su oráculo con un grito espantable, abatiéndose sobre las mujeres."

"Y ¡he aquí que esa mujer impía me envía a este lugar deseando ardientemente cumplir con esta ofrenda ingrata, por tanto tiempo debida!... El Temor reina aquí solo... Pero la Justicia vigilante alcanza a algunos prestamente en el mediodía de su vida: a otros, a la hora frontera de la sombra que reserva sufrimientos más tardíos. Para purificar al hombre de manos ensangrentadas, todos los ríos uniendo su caudal intentarían en vano lavar aquella mancha."

Electra se siente profundamente intranquila. No sabe decidir qué es lo que debe hacer. ¿Deberá ofrecer al padre asesinado ese tributo fúnebre tardío, a nombre de la madre culpable a quien ella odia? ¿O lo ofrecerá, más bien, en amargo silencio, afrentosamente, tal como murió el padre, sin ningún honor, como quien ofrece un sacrificio expiatorio y no un homenaje? ¿Arrojará después la copa y huirá sin volver los ojos?

"Ofrece tu libación y ruega piadosamente por todos los que lo amaron", le aconsejan las esclavas. "Acuérdate de Orestes, aunque viva en el amargo exilio... trae a tu memoria el horrible asesinato y pide a los dioses que venga sobre los hechores un vengador... Y si crees que es impiedad pedir tal cosa, ¿acaso piensas que no es justo pagar el crimen con el crimen?"

Entonces Electra ruega apasionadamente: "¡Oh, Hermes que habitas lo profundo... al derramar esta libación en honor de los muertos, te invoco a ti, padre mío![6] Ten piedad de mí, de tu hijo amado

[6] La tragedia se centra física y dramáticamente alrededor de la tumba porque señala el punto central del tema: los vivos tienen obligaciones respecto a los muertos, deben honrarlos, recordarlos y, si es necesario, vengarlos, pero también los muertos tienen obligaciones recíprocas con los vivos de su sangre, deben ser su genio tutelar, protectores del hogar y la familia.

Orestes. ¡Que volvamos a ser señores de nuestro hogar! Ahora sólo somos dos vagabundos, vendidos por aquella que nos engendró y por su amante Egisto... Yo vivo como esclava y Orestes, desposeído de sus bienes, habita el duro exilio... ¡Que alguna suerte venturosa me devuelva a Orestes, ¡oh padre, escúchame! A tu hija concédele un corazón más casto y manos más piadosas que las de su madre. Esto es lo que te pido para nosotros... Y para los asesinos pido, padre, que surja tu vengador y que ellos mueran a su vez ¡eso sería justicia! He aquí los votos por los cuales ofrezco estas libaciones

Cantando el peán[7] del muerto las mujeres derraman el vino sobre la tierra que ávidamente lo absorbe en su profundo seno. Entonces nota Electra el rizo depositado sobre el túmulo. Su corazón se agita y todo su cuerpo se estremece. ¡Sólo alguien que amara a Agamenón podía haber osado poner allí esa prenda de homenaje! Sólo atina a pensar en Orestes...

El hermano ha presenciado esta escena con emoción creciente, puesto que sus peores temores se han confirmado. Realmente su madre no sólo asesinó al padre y le negó los ritos fúnebres y vive en adulterio con Egisto, además, ha ahogado enteramente su amor de madre: Electra y Orestes al parecer sólo le traen recuerdos que desea borrar para siempre.

Orestes avanza hacia Electra y se da a conocer: "Yo soy Orestes, no busques a otro mortal más amado". Ella teme, duda, tan golpeada ha sido por

---

[7] Peán era un himno en alabanza a Apolo, como dios que purificaba y sanaba. Solía incluir la alabanza de algún noble personaje.

la espera interminable. "¡Orestes! ¿Es verdaderamente Orestes quien habla por tu voz?" Y termina por convencerse cuando el hermano le muestra un rebozo bordado por ella misma con el cual la nodriza había envuelto al niño al partir hacia el exilio. Entonces Electra se arroja en sus brazos y está a punto de gritar de ansia jubilosa, pero Orestes le recuerda que deben tener precaución.

"¡Zeus, Zeus! Ven a contemplar nuestra miseria. Los polluelos del águila han perdido a su padre; ha muerto en los pliegues y nudos de una víbora infame, y el hambre ataca a los huérfanos... Si dejas perecer a los hijos de un padre que antaño te honró y te colmó de homenajes... si dejas perecer a la raza del águila, entonces ya no podrás enviar a la tierra signos que ella pueda recibir con fe... ¡Protégenos, nuestra casa parece estar en total ruina, pero tú puedes devolverle su antigua grandeza!"

Ambos se alejan un tanto de la tumba y Orestes le abre a su hermana su corazón: lleva dentro un pesadísimo secreto, la más dura misión que pueda haberle tocado en suerte a un hijo.

Antes de partir de regreso a Micenas, Orestes se había dirigido a Delfos, deseoso de regir su conducta de acuerdo con los sagrados designios de Apolo: "El me hablaba elevando sus clamores que me urgían y me anunciaban penas capaces de helar la sangre de mi pecho si yo no perseguía a los asesinos de mi padre, del mismo modo que ellos lo hicieron... Matar al que ha matado... Si no –clamaba el dios– yo mismo, Orestes, pagaría el precio de mi propia vida en medio de los más crueles dolores... las más temibles plagas... Así me decía Apolo: 'En las sombras de la noche verás revolverse los ojos ardientes de tu padre.

Desde las sombras que habitan te herirá el acero que disparan contra sus propios hijos aquellos que cayeron a traición y no alcanzaron venganza… Para ellos nunca más habrá parte en los festines y libaciones; la cólera invisible de un padre los separa de los altares; nadie podrá nunca acogerlos ni compartir con ellos su pan; despreciados por todos, sin amigos, sucumben al fin, lastimosamente desechados, a una muerte que los destruye por entero'. ¿Puede haber algún mortal que desobedezca tales oráculos?".

Cogidos de la mano los hermanos imploran a las Moiras que se cumpla la antiquísima sentencia: quien tal hizo que tal pague. Los dos suplicantes se acogen a la sepultura del padre e invocan la ayuda de Zeus y de las potestades subterráneas. Es terrible la intensidad de esta oración: están pidiendo en verdad pasión suficiente para matar a su propia madre.

"La sangre derramada sobre la tierra reclama nueva sangre. El crimen convoca al crimen. Acude, Erinia, y acumula mal sobre mal en venganza de las primeras víctimas… tremendas maldiciones de los muertos, ved lo que resta de los Atridas." Con este canto las esclavas terminan las libaciones.

"¡Ah, madre insolente y cruel! ¡Has osado –¡oh, crueles funerales!– sepultar en silencio a un rey, sin duelo en su ciudad, a un esposo sin lágrimas piadosas…!" Así canta Electra.

"¡Oh, padre, a ti lo imploro! ¡Presta ayuda a tus hijos! ¡Tú, a quien no le fue concedido morir como muere un rey, hazme reinar en tu palacio. Yo te lo pido!" Tal es el canto de Orestes.

"¡Y el día de mis bodas, de mi herencia te traeré los mejores dones, las libaciones de una joven desposada… Y por encima de todos tu tumba me será sagrada!", termina Electra. Largo rato permanecen en silencio, luego ambos se acercan nuevamente a las esclavas. ¿Quién ordenó estas libaciones?, pregunta extrañado Orestes como volviendo de un sueño.

Las mujeres cuentan entonces al recién llegado la agitación súbita que hizo presa de Clitemnestra en medio de la noche al ser visitada por un terrible sueño. Le pareció haber dado a luz una serpiente a quien, como un niño, ella envolvía en pañales y amamantaba. Pero el animal le hería el pecho y junto con la leche manaba sangre. Ella despertó despavorida e hizo encender antorchas para dispersar las negras sombras de la noche. Empezó a comprender que esa oscuridad se levantaba desde el pasado y ensombrecía el porvenir. Para aliviar sus males ordenó que se enviaran ofrendas funerarias a la tumba ya casi olvidada de Agamenón.

"¡Oh Tierra –exclama Orestes– que me viste nacer! ¡Oh tumba de mi padre! Dejadme realizar aquel sueño. Yo seré aquella serpiente nacida de mi madre. Es necesario que, como al monstruo, ella me dé su sangre y que yo, como en el sueño, haga manar la suya desde aquel pecho."

Sin vacilar Orestes da a conocer a todas su plan de venganza: Electra deberá volver al palacio con fingido dolor y las esclavas se quedarán en el lugar sin decir nada de lo acontecido. Vestidos de extranjeros él y Pílades se acercarán hasta el palacio como peregrinos en busca de hospitalidad y, una vez dentro, pedirán hablar con los reyes. El resto será fácil, porque el odio dará fuerza a su brazo y afirmará su decisión.

Todo se hace como lo ha anunciado Orestes. Disfrazados de caminantes y hablando como extranjeros son recibidos en palacio y hacen venir a los señores porque traen para ellos mensajes importantes. Pronto aparece Clitemnestra seguida por Electra que disimula su alegría.

El hijo y la madre se encuentran frente a frente. Pero ella no lo reconoce. El tiempo y todo el horror han terminado por secar los sentimientos de aquella madre antes tan amante. Ya nada queda en su corazón.

"Vengo desde la Fócida, señora. En el camino un hombre me abordó y al saber que pasaríamos por la vecindad de Argos me rogó traer a los parientes de Orestes la noticia de su muerte. La ceniza de sus restos en una urna esperan en aquellas tierras vuestras instrucciones."

Electra da rienda suelta a una desesperación fingida, mientras la reina, sin muestra alguna de emoción, se preocupa sólo de los detalles domésticos del hospedaje de sus huéspedes.

Hacia la tumba de Agamenón se encamina llorando la nodriza de Orestes que, desolada, ha escuchado las tristes noticias. Va en busca de Egisto, por orden de la reina, con instrucciones de que se reúna con ella en la sala del trono para darle una gran alegría: Orestes, el último vengador, ha muerto. Alcanza el túmulo y se lamenta entre sollozos, pero las esclavas compadecidas le cuentan lo que en verdad sucede. Entonces la fiel mujer llega donde Egisto y con rostro alegre le cuenta la venida de los forasteros. Añade que la reina ordena que vaya solo y cuanto antes al gran salón donde ella lo espera.

Así se encamina el insolente Egisto hacia su inesperado fin. En un instante la espada de Orestes lo precipita desde la cumbre de la gloria –el trono de Micenas– hasta la negra muerte. Clitemnestra aparece en la escena del crimen. Un siervo que ha reconocido a Orestes exclama al pasar: "Los muertos matan a los vivos". En un instante ella lo comprende todo, pero está decidida a caer luchando: "Sepamos, finalmente, si somos vencedores o vencidos, puesto que mi triste destino me ha traído hasta aquí".

"A ti te busco, mujer. El ya tiene bastante", dice Orestes mirando con desdén el cadáver de Egisto.

Clitemnestra llora, pero no por su hijo, sino por el amante muerto. "¿Lo amas? Pues bien, ve a yacer a su lado. No lo traicionarás ni aun después de muerto."

"¡Detente, hijo! –exclama ella horrorizada y, descubriéndose añade–: Respeta este pecho sobre el cual tantas veces dormiste, mamando el alimento."

Orestes se queda inmóvil mirando a su madre. La espada ensangrentada se desliza de sus manos inertes. ¿Podrá ejecutar aquel acto terrible ordenado por Apolo? Es tan fácil de decir y tan imposible de hacer. "¡Oh, Pílades! ¿Qué debo hacer? ¿Puedo matar a mi madre?" "¿Y los oráculos de Apolo –responde su amigo– dónde se fueron?, ¿dónde la fe y santidad de tus juramentos? ¡Créeme, más vale tener contra sí a todos los hombres que a uno solo de los dioses!"

Sacudido, Orestes vuelve en sí, extiende su brazo y arrastra a Clitemnestra junto al cuerpo de Egisto: "Viviendo lo preferiste a mi padre. Duerme, pues, en la muerte junto a él". Ella ruega: "Yo te crié, déjame envejecer a tu lado… En todo esto el Destino también tuvo su parte…". Pero Orestes no cede y ella advierte roncamente: "¡Ten cuidado!… ¡Guárdate de las perras que vengarán a una madre!". "¿Y las que vengan a un padre, cómo huir de ellas si desisto?", exclama Orestes en el colmo de la angustia. En verdad el hijo no tiene salida. Y levantando la espada con un grito espantable, de un solo golpe corta la vida de su madre. "El terror de tus sueños fue adivino certero, madre. Mataste a tu esposo, muere ahora bajo el acero de tu hijo", dice en un susurro casi inaudible.

Orestes ha cumplido el oráculo terrible de Apolo Délfico. Jamás a hombre alguno le tocó suerte tan desdichada. Pesadamente avanza desde el fondo del palacio donde yacen los cuerpos de Egisto y Clitemnestra hasta el lugar de la tumba de Agamenón. Allí de pie, en medio del escenario desnudo y sombrío –empieza a caer la tarde–, la soledad lo envuelve, aunque a su lado Electra inmóvil intenta en vano compartir aquel instante supremo. La enlutada procesión de esclavas con sus cráteras lo rodea también inmóvil. El tiempo parece haberse detenido para siempre.

Con el ramo de suplicante en las manos ensangrentadas, Orestes, haciendo un último esfuerzo, se dirige a todo el pueblo de Micenas. "¡Contemplad a los dos tiranos de la patria, asesinos de mi padre y destructores de mi hogar!" Todos pueden ver que no es el mismo. Abatido llegó a Micenas hace apenas algunas horas, ahora parece haber envejecido más allá de los años.

"¡Ay!, ¡ay, crímenes lamentables! –exclaman las mujeres gimiendo–. ¡Ay, Clitemnestra, has sucumbido a una muerte cruel! ¡Ay, dolor! ¡También para ti, Orestes, la desdicha comienza a dar sus frutos!"

Orestes ya no está inmóvil, la lucha interior que lo abruma lo hace agitarse y temblar desesperado. Ahora que todo está consumado el demonio de la duda asalta su espíritu. Cogiendo la red ensangrentada con la cual Clitemnestra en otro tiempo atrapó a Agamenón, exclama: "¿Dio ella o no el golpe terrible? ¡He aquí mi testigo, este velo manchado… que ha perdido sus colores… ¡Ah! gimo a la vez por el crimen y por el castigo y por mi raza entera, porque de esta victoria no guardo para mí sino una mancha atroz… Ya oigo la voz del terror que surge desde mi corazón… Sí, he matado a mi madre y con derecho… Afirmo que Apolo fue quien fustigó mi audacia, prediciendo por boca del oráculo que esta acción mía no se me imputaría a delito, pero que si no la realizaba…, prefiero no deciros el castigo. Ahora, con este ramo de suplicante retomaré el camino del templo, del suelo de Apolo, donde brilla el ardor del fuego inextinguible, para huir de la sangre de mi madre. Apolo me ordenó que solo a aquel hogar encaminara mis pasos… Desterrado, errante, lejos de este suelo huiré por el mundo y vivo y aun después de muerto, no dejaré sino este triste nombre… ¡Ah! ¡Ah! Cautivas… allí, allí están… mujeres vestidas de negro, perras rodeadas por serpientes sin número… ¡No puedo demorarme más!".

Las espantosas Erinias, las Furias que no perdonan el crimen contra la propia sangre, más antiguas que los dioses olímpicos, asoman en el destino de Orestes, que se aleja con miedo inextinguible iniciando su largo peregrinar.

La procesión fúnebre comienza a retroceder hacia el palacio entonando el último triste canto:

"¡He aquí la tercera tempestad cuya ráfaga brutal
viene a abatirse repentinamente sobre el palacio
[de nuestros reyes!

...Y ahora, nuevamente, por tercera vez, acaba
[de sobrevenirnos.
¿Acaso lo sabemos: será ruina o salvación?
¿Cuándo se acabará, cuándo se saciará o aplacará
[siquiera, el encono de la Discordia?".

LA LIBERACION DE LOS ATRIDAS[8]

La penumbra invade el teatro al aire libre, muy pronto el crepúsculo se transformará en noche, una noche ateniense para la parte final del gran drama de Esquilo. El lugar, la hora y la luz no pueden ser más adecuados. También para el estado de ánimo de los espectadores. Los que quedamos –casi la mayoría– hemos seguido absortos el "crescendo" emocional de las dos tragedias anteriores y necesitamos ahora, tanto como Orestes, la liberación, la purificación del temor y la piedad que nos han conmovido durante el espectáculo de tanto sufrimiento.

Lo que va a desarrollarse en adelante ya no es un conflicto entre hombres, sino un enfrentamiento entre dioses diferentes: aquellos que representan la justicia del orden antiguo, personificada por las Erinias o Furias vengadoras, y el nuevo concepto de justicia, encarnado en Apolo y Atenea en nombre de los dioses olímpicos.

---

[8] Esta parte está basada en la tercera tragedia de la trilogía *Las Euménides,* nombre que significa "las Benevolentes", con el cual las Erinias fueron honradas desde entonces en Atenas.

Orestes en Delfos

Sobre la piedra sagrada situada en el ombligo de la tierra, en Delfos, yace la postrada figura de Orestes. Cargado con su mancha, de rodillas como suplicante, las manos aún rojas de sangre y la espada ensangrentada, sostiene el penitente como puede una rama de olivo piadosamente coronada con largas hebras de vellón. No lejos de él, la más horrible jauría de Erinias duerme agotada por la cacería. Junto a Orestes se yergue la resplandeciente figura de Apolo, el profeta, el dios que transmite a los hombres los designios sagrados de Zeus, protector de los suplicantes.

"No te traicionaré, Orestes... Hélas ahí, vencidas por el sueño, las vírgenes malditas, ancianas hijas de un antiguo pasado a quienes ni dioses ni hombres ni bestias osan acercarse... Ellas te perseguirán a través de todo un continente, te seguirán por campo abierto y más allá del mar, las ciudades y las islas. Pero no te canses de apacentar así tu pena antes de haber llegado a la ciudad de Palas Atenea. Luego, cae allí de rodillas, estrecha su antigua imagen y, entonces, con jueces y palabras de paz sabré encontrar yo el medio de liberarte para siempre de tus penas. ¿Acaso no fui yo quien te decidió a atravesar el pecho de tu madre?... Y tú, Hermes, hermano mío... sé el guía que conduzca a este suplicante."

Desde el fondo del templo la sombra oscura de Clitemnestra se acerca a las Furias dormidas y con duras palabras las reprocha cuando advierte que Orestes se aleja siguiendo a Hermes.

"¿No habéis bebido a menudo mis ofrendas, libaciones sin vino, suaves y dulces brebajes? ¿No os he ofrecido víctimas, en medio de la noche sobre el altar llameante, en aquellas horas ignoradas por los otros dioses? ¡Y todo eso hoy lo veo rechazado! El se evade, desaparece como un ciervo... ¡Oídme!... ¡Despertad, diosas infernales! ¡Desde el fondo de vuestros sueños Clitemnestra os llama!... Dejad que vuestros corazones soporten toda suerte de reproches, aguijones del sabio. Luego, sobre este hombre, soplad vuestro aliento ensangrentado, abrasadlo con el soplo ardiente de vuestro seno. Seguidlo, agotadlo con nueva persecución." Con este reproche la sombra doliente desaparece.

Al oír las duras palabras de Clitemnestra las Erinias se sobresaltan y una a una van recobrando todo su odio, lanzando gritos cada vez más fuertes mientras se levantan agitando sus negras vestiduras.

Súbitamente aparece Apolo con el arco tenso listo para disparar: "¡Afuera! Os ordeno. ¡Salid de mi hogar!... No os es lícito acercaros a esta morada. Vuestro lugar está en los recintos donde la justicia abate las cabezas y arranca los ojos y corta las gargantas... donde se mutila o se lapida sin piedad... ¡Esas son las fiestas que hacen vuestras delicias! Id, id a pastar sin pastor, ¡ningún dios se afanaría por semejante rebaño!".

Pero ellas se enfrentan con Apolo: "No hacemos sino cumplir nuestro destino... Tú, Apolo, eres enteramente culpable del crimen de Orestes. Nosotros perseguimos a los parricidas... al que derrama la propia sangre". A lo cual responde Apolo como un látigo. "¿Y la mujer que mata a su esposo, a ella no? En bien poco tenéis a una alianza que honran Zeus y Hera mismos... El lecho nupcial, donde el Destino une al hombre y a la mujer, está bajo el amparo de un derecho más poderoso que un juramento... Yo declaro inicua vuestra persecución de Orestes, porque al lado de crímenes que tomáis tan a pecho hay otros cuya venganza os importan mucho menos. Palas Atenea sentenciará los derechos de las dos partes."

"¡Gozas con tu poderío, Apolo, sentado junto a Zeus! –clama una de las Furias–. ¡Pero nosotros... la sangre de una madre nos impulsa, nosotros perseguiremos a este hombre como perro a su presa!"

"Y yo –amenaza Apolo– lo defenderé. Yo salvaré al que me implora. Terrible es para los dioses y los hombres la cólera del suplicante contra aquel que a sabiendas lo traiciona."

Orestes en la Acrópolis de Atenas

Durante dos meses, Orestes ha vagado por el mundo luego de haber ofrecido a Febo Apolo el sacrificio cruento de un animal para purificar sus manos manchadas. En todo este tiempo, día y noche, las Furias no han dejado de acosarlo, pero ha sido recibido como peregrino por hombres de toda condición, ha comido su alimento y ha bebido su vino y nada malo le ha ocurrido. Ya está limpio a los ojos de los hombres. Pero las Erinias se atienen a un pacto inmemorial, según el cual Zeus les permitió en otro tiempo continuar presidiendo aquel antiguo reino de venganza. No existe para ellas purificación posible ante la sangre de una madre.

Y así han perseguido a Orestes hasta la misma ciudad de Atenas y contemplan ahora al orante arrodillado ante la augusta estatua de la diosa protectora de la ciudad, en la Acrópolis.

"Soberana Atenea –implora Orestes– por orden de Apolo estoy aquí. ¡Acoge al maldito con benevolencia! Ya no soy un suplicante de manos impuras... Dócil a los mandatos proféticos del hijo de Zeus me acerco a tu santuario y, abrazado a tu imagen, espero la sentencia de la justicia."

"¡Ah! –gritan las Furias–. Nuevamente ha encontrado refugio. Con los brazos ceñidos alrededor de la estatua de una diosa inmortal quiere ser juzgado por el acto impío de esos mismos brazos... Pero la sangre que ha sido derramada una vez sobre la tierra está perdida para siempre... Hades, el que habita las mansiones subterráneas, exige a los humanos terribles cuentas y su alma que todo lo ve guarda fiel memoria de todo."

"¡La desgracia me ha enseñado –continúa Orestes– a expiar mi delito... y no hay nada que el tiempo, al envejecer, no borre. Ahora puedo, pues, invocar sin sacrilegio a aquella que reina en este país: que Atenea venga en mi ayuda y entonces, sin acciones guerreras, conquistará a Orestes, a su tierra y a toda la gente de Argos, que serán en adelante sus aliados, lealmente y para siempre!"

"Tampoco la fuerza de Atenea te salvará, no más que la de Apolo –replican chillando las Furias–. ¡Morirás abandonado de todos y tu alma jamás conocerá la alegría, sombra vaciada de sangre que habremos bebido nosotros las Erinias!"

Como jauría que ha olfateado sangre, así rodean a Orestes a los pies de la noble estatua. Largo rato mecen sus huesudos y sombríos cuerpos en una danza excitada y furiosa, lanzando las más terribles maldiciones. No pueden renunciar a su suerte, a aquel poder amargo que las Parcas inflexibles les han confiado: "¡Caiga sobre ti nuestro canto de delirio, de vértigo donde se pierde la razón! He aquí nuestro himno que encadena a las almas, canto sin lira, que seca a los mortales de espanto... Ningún Inmortal toma parte en nuestros banquetes y los blancos velos de fiesta nos están vedados... Nuestra suerte permanece inmutable... Tenaces, nuestra memoria es fiel para los crímenes y nuestro corazón es insensible a los llantos humanos. Todo eso nos ha sido entregado a las Temibles para que continuemos nuestra tarea humilde y despreciada que nos aleja para siempre del Cielo y nos hace habitar las mazmorras tenebrosas de la Noche...".

Orestes ha permanecido abrazado a la estatua de Atenea, fijos en ella los ojos desorbitados, evitando mirar a las Erinias. Sólo así puede mantener algo de cordura... y mientras ellas cantan, él ora...

Por el firmamento, desde el Oriente, se acerca en rápido vuelo la diosa y se detiene junto a su propia imagen: "Desde lejos he escuchado el llamado de una voz. Desde las riberas del Escamandro, en Troya, la he sentido...". Mirando la extraña escena, pregunta: "¿Quiénes sois?, me dirijo a este extranjero postrado ante mi estatua, y también a vosotras, que no os asemejáis a ninguna creatura, hombre, ni dios...".

"¡Hija de Zeus! Ya sabrás todo sobre nosotras. Somos las tristes hijas de la Noche, y en las mansiones infernales se nos llama las Imprecaciones. Jamás hemos conocido el reino de la alegría... ¡Estamos aquí porque ese hombre ha degollado a su madre!"

La diosa quiere conocer las razones, pero a las Furias eso no les interesa. ¿Cómo podrá Atenea juzgar aquel acto tremendo sin haber escuchado a las dos partes?

"Dime, extranjero, ¿qué respondes a esto? Dame a conocer quién eres..."

"Soberana Atenea –suplica Orestes–, no soy un ser impuro. He cumplido ya todos los ritos prescritos por las leyes... De nacimiento soy Argivo y bien conoces a mi padre, Agamenón, que armó la flota de los griegos y te ayudó a ti misma a reducir a ruinas la ciudad de los troyanos. Este rey ha perecido de indigna muerte al regresar a su hogar. Mi madre, con oscuros designios, lo mató, y yo maté a mi madre para que un asesinato pagara el asesinato de un padre amado... Los oráculos de Apolo, aguijones de mi alma, han sido responsables. ¿Hice mal? ¿Tuve razón? A ti te toca decidirlo, estoy en tu poder..., lo que él haga de mí, lo acepto."

"No me está permitido pronunciarme sobre crímenes dictados por poderosa venganza... y has llegado como suplicante, sin daño alguno para mi ciudad... Pero ellas, por su parte, tienen derechos que no puedo tomar con ligereza... Más tarde podrían desencadenar sobre este país todo su despecho con intolerable y triste azote. Pero ya que a este punto hemos llegado, voy a elegir a doce jueces versados en juicios de sangre, los obligaré con un solemne juramento y el tribunal que así estableceré lo será para toda la eternidad... Su corazón no olvidará la equidad."

Mas las Furias no se quedan tranquilas: "Este día verá el nacimiento de leyes nuevas y los mortales se tomarán licencias inauditas desde ahora. Conviene aprender la sabiduría en la escuela del dolor. Pues de lo contrario ¿quién, hombre o ciudad, guardará el respeto debido a la Justicia, si no hay nada bajo el cielo cuyo temor habite en su alma?".

El juicio de Orestes

La imponente altura del Areópago es el lugar de Atenas en que se desarrollaban los juicios de sangre.

El tribunal de ciudadanos atenienses que Atenea ha elegido y juramentado aguarda solemnemente el inicio del juicio. En el centro de esta severa corte está de pie Orestes esperando el interrogatorio. Frente a él las Erinias a duras penas logran mantener la calma que la ocasión exige.

Atenea, la augusta diosa, aparece serena y majestuosa como sólo ella, nacida de la frente de Zeus, puede hacerlo. Un heraldo anuncia el comienzo del juicio con su larga trompeta de penetrante sonido. Toda Atenas está pendiente de lo que allí acontecerá.

La clara voz de la diosa se alza por encima de todos: "¡Que la punzante trompeta haga sonar hasta el cielo su voz aguda a oídos del pueblo! Cuando este Consejo se reúne conviene hacer silencio y dejar que la ciudad entera escuche las leyes que yo establezca aquí para siempre y desde hoy, a fin de que estos hombres pronuncien una sentencia justa".

Súbitamente, como es habitual, aparece Apolo declarándose testigo y defensor, al mismo tiempo, de la inocencia de Orestes. Atenea declara abierto entonces el interrogatorio y las Erinias acusadoras inician el debate. Es necesario que los jueces de Atenas conozcan todos los hechos, situaciones y antecedentes ocurridos en Argos antes de emitir su voto.

Las Furias defienden el derecho ancestral: el crimen contra la propia sangre, no importa cuáles fueren los motivos, debe pagarse con la vida. Y Apolo, portavoz de Zeus, expone la voluntad del padre de los dioses: "Sobre mi trono fatídico, en Delfos, jamás he pronunciado oráculo alguno respecto a hombre, mujer o ciudad, que no fuera orden de Zeus, padre de los Olímpicos. La justificación tiene valor ¡os conmino a pesarla y a seguir la voluntad de mi padre! Ningún juramento prevalece sobre Zeus".

Al argumento de la sangre materna derramada que reclama venganza, Apolo opone el mejor derecho de la sangre del padre. Tal es la voluntad de Zeus, y apela a la sabiduría y justicia de Atenea. Las acusadoras y el defensor ya no tienen nada más que decir. Duras e importantes han sido las razones que se han presentado por los dos lados.

Ha llegado el momento, difícil para los jueces, de decidir de qué parte está la justicia. A ellos se dirige ahora Atenea, "invito a estos jueces a llevar a la urna, siguiendo cada cual su propia conciencia, un sufragio equitativo". Y Apolo agrega: "Habéis oído lo que habéis oído. Al dar vuestro voto guardad bien en vuestros corazones el respeto del juramento, extranjeros".

Antes de que el tribunal se retire a deliberar, Atenea declara las bases sabias, eternas e inmutables de aquel acto solemne: "¡Escuchad ahora lo que aquí establezco, ciudadanos de Atenas llamados los primeros a conocer sobre un juicio de sangre! Hasta el porvenir el pueblo de Egeo conservará, siempre renovado, este Consejo de Jueces. Sobre este monte de Ares os digo que, a pesar del Respeto y del Temor, día y noche juntamente, ellos retendrán a los ciudadanos lejos del crimen, a menos que éstos mismos no subviertan sus leyes: el que perturba una fuente clara con impuras aguas y fango no hallará dónde beber. Ni la anarquía, ni el despotismo, ésta es la regla que a mi ciudad aconsejo observar con respeto. Que todo temor... no sea arrojado fuera de sus muros, porque si no hay nada a lo cual temer ¿qué mortal hará lo que debe?... Incorruptible, venerable, inflexible, tal es el Consejo que yo instituyo para guardar, siempre alerta, a la ciudad dormida. He aquí los consejos que he querido expresamente dar a mis ciudadanos para el porvenir. Ahora debéis levantaros, dar vuestro voto y zanjar este litigio respetando vuestro juramento. He dicho".

En medio del gran silencio que se ha producido, los jueces se levantan y se dirigen hacia la urna. Las Furias, que perciben todo lo que está en juego en aquel acto, cruzan amargas palabras con Apolo, que tampoco ahorra invectivas para expresar su desprecio ante aquella bárbara justicia antigua que ellas representan.

"A mí –dice Atenea– me pertenece el derecho de pronunciarme la última. Uniré mi voto a aquellos que estén a favor de Orestes. Yo no tuve madre que me diera a luz, mi corazón siempre –al menos hasta el himeneo– ha estado enteramente en favor del hombre: sin reservas estoy por el padre. Jamás tendría yo cuidado particular por la muerte de una mujer que hubiera matado al esposo, guardián del hogar. Para que Orestes resulte vencedor bastará, pues, con que el número de votos se divida aunque sea por igual.[9] Apuraos, jueces a quienes se ha confiado este cuidado."

"¡Oh, noche sombría, madre nuestra! ¿Ves tú lo que sucede? ¿Deberemos desaparecer o guardar nuestros honores?", exclaman las Erinias.

"¡Oh, Febo Apolo! ¿Cuál será la sentencia? ¿Deberé morir o ver aún la luz del día?", exclama Orestes.

Los jueces han terminado y el arconte se acerca a Atenea para entregarle las tablillas con los números del recuento.

"Este hombre está absuelto –declara Atenea–: el número de los votos de las dos partes es igual."

Orestes se arroja a sus pies: "¡Oh, Palas, tú que acabas de salvar a mi hogar, yo había perdido hasta la tierra de mis padres y tú me la has devuelto. Y esto será dicho en toda Grecia: 'He ahí a Orestes, nuevamente ciudadano de Argos y señor de sus dominios, gracias a Palas y a Apolo... Para tu país y tu pueblo, he aquí el juramento que hago para el porvenir y la infinita duración de los años:

---

[9] Hay quienes han visto en la voz de la diosa una intervención que produce no igualdad de voz sino una mayoría, lo que salvaría a Orestes. Pero ella declara solamente que se sumará a los que voten en favor de Orestes. Y esto es lo que hace solucionando así el empate que se produce después del escrutinio. No es un voto posterior como algunos han creído. El tribunal está formado por doce jueces y Atenea. Posteriormente el rey tomará parte y votará, como ahora lo hace aquí Atenea.

¡Jamás rey alguno que gobierne en Argos llegará a estos lugares con ejércitos deseosos de triunfo! ¡Adiós, adiós Palas! ¡Adiós pueblo de Atenas, que tus ataques irresistibles para tus enemigos, salven siempre a tu ciudad y glorifiquen tus armas!".

En este instante ha concluido la temible herencia de los Atridas. Con el corazón liviano, como recién nacido que enfrenta una nueva vida, Orestes parte hacia su amada Micenas, y Apolo a Delfos.

Las Euménides

El drama humano ha terminado, y ha terminado bien. ¿Qué pueden experimentar ahora las humilladas hijas de la Noche? Ha perdido la partida: la presa no sólo ha escapado, sino que para siempre ha quedado liberada de su persecución y, quizás, hasta de su recuerdo. El destino y las irrenunciables funciones que les fueran asignadas por las Parcas, ya no tienen razón de ser. ¿Deberán hundirse para toda la eternidad en las profundidades del Tártaro, envueltas en el nebuloso Olvido, escarnecidas por los hombres de los tiempos nuevos?

¡No! Todavía les queda el poder de la Venganza, y castigarán con él a Atenas, con pesada mano. Pero Atenas es grande y floreciente y próspera porque Atenea la ama, y todos sus ciudadanos la honran. Entre la ciudad y la diosa existe un vínculo personal. ¿Entonces qué harán?

La sabia Atenea se acerca a las Erinias inmemoriales en actitud cordial y respetuosa. En ese silencio que crece en la oscuridad ya casi total del cielo, su voz resuena clara, segura, vibrante con la verdad de sus palabras:

"Escuchadme... no habéis sido vencidas vosotras... testimonios sorprendentes emanados de Zeus mismo se han hecho presentes en este juicio... Aquí se ha hecho honor a la verdad, no habéis sido deshonradas vosotras... Yo os ofrezco sin reservas el refugio, el asilo que os conviene en este país, y sobre el trono de ungidos altares os sentaréis rodeadas del respeto de los ciudadanos... En este vasto país, desde hoy todas las primicias, las ofrendas de nacimiento y de matrimonio, por igual os estarán reservadas, y no cesaréis de alabar mis consejos."

No es fácil convencer a las Erinias. Durante tan largos años, durante siglos su imperio ha sido el de la oscuridad, el dolor y la venganza... ¿Cómo renunciar a todo eso por los frutos de la paz, la concordia y el perdón que ellas nunca han conocido? "¡Tierra y Cielo! ¡Ah, qué sufrimiento, qué dolor entra en nuestros corazones! ¡Escúchanos, Noche, madre nuestra, nuestros antiguos honores han sido reducidos a polvo por dioses de impías astucias!"

Nuevamente Atenea intenta convencerlas: "¡Escuchad mi oráculo: la ola creciente de los días hará aumentar la gloria de mi ciudad y vosotras, asentadas para siempre bajo el suelo glorioso, al lado de la morada de Erecteo,[10] veréis cortejos de hombres y mujeres ofreceros lo que ningún otro pueblo puede dar... Pero vosotras no aticéis en ellos la sed de venganza que lanza a hermano

---

[10] Caverna a los pies de la Acrópolis, donde se rendía culto a Erecteo, uno de los primeros reyes de Ateneas, en cuyo honor y el de Poseidón se construyó el Erecteón, templo cercano al Partenón, en la Acrópolis de la ciudad.

contra hermano... Si sabéis respetar a la santa Persuasión que da a mis palabras su mágica dulzura, permaneceréis aquí!".

"¿Y en tal caso, qué honores recibiremos?", preguntan las desconfiadas diosas. "Sin vosotras –responde solemnemente Atenea– ningún hogar podrá prosperar... Yo no protegeré sino al que os honre. Os lo prometo y, ¿quién me obliga a prometer lo que no puedo cumplir?"

Nunca las ancianas diosas habían escuchado palabras dirigidas a ellas con benevolencia. Sólo gritos, imprecaciones y gemidos habían sido hasta entonces las súplicas que les estaban reservadas. Su corazón, primero sorprendido y desconfiado, ha terminado por ceder a la dulzura de Atenea, y acceden a pronunciar el triple voto de prosperidad para Atenas: "¡Que la rica fecundidad del suelo y de los rebaños jamás deje de hacer próspera a la ciudad, y que aquí la semilla humana sea protegida para siempre!".

"¡Guardianes de la ciudad! –exclama Atenea–. ¿Habéis escuchado lo que estas diosas se disponen a hacer por vosotros? ¡Es grande el poderío de las augustas Erinias... y para los hombres son ellas las que claramente y con plenitud otorgan a algunos bellas canciones y a otros, una vida empapada en lágrimas!... ¡Si vuestro amor responde a su amor con homenajes resplandecientes y eternos, entonces mostraréis al mundo, todos juntos, que lleváis a este país, a vuestro pueblo, por los caminos de la recta justicia!"

Toda la ciudad de Atenas, los magistrados, los ciudadanos, los niños, y las mujeres, las sacerdotisas del templo de Atenea, y el pueblo se reúnen entonces con antorchas, y en solemne procesión se disponen a descender hasta la cueva ubicada al pie de la Acrópolis, donde en adelante tendrán su morada "Aquellas diosas ávidas de homenajes", desde ahora benefactoras de la ciudad. La misma Atenea conduce el piadoso cortejo.

Lentamente, en medio de la oscuridad y del recogimiento, van desapareciendo las antorchas desde el fondo del escenario. Todos se alejan cantando cómo "se ha hecho la paz entre las Erinias y el pueblo de Atenas". Así se ha logrado el acuerdo entre el designio inamovible de las Parcas y la voluntad de Zeus que todo lo ve. Atenea ha asegurado para siempre la reconciliación entre el orden viejo y el orden nuevo, mientras se cumplan las promesas y el tribunal de justicia honre la equidad.

Ya ha terminado de alejarse el cortejo de antorchas al ritmo sereno de la canción bendita de las Euménides, las Bienhechoras de Atenas en el porvenir. El escenario ha quedado vacío. Hay un instante de total quietud y la platea entera estalla en un solo y largo aplauso.

Descendemos de las altas graderías en medio de las apasionadas discusiones de grupos heterogéneos: la mayoría son griegos, algunos rostros hay inequívocos de extranjeros con caras de profesores, y también muchas caras de turistas curiosos o despistados como nosotros. Pero todos llevamos por dentro el impacto de esas horas difíciles. El largo cántico final de las diosas aplacadas, sin embargo, ha producido su efecto y yo, por lo menos, me siento liviano aunque cansado, y lleno de interrogantes.

Tuve que esperar hasta la hora de la conversación, después de la cena tardía, para aclarar algunas ideas. Después de todo, la larguísima representación era para mí una novedad.

Eramos un grupo bastante grande, sentados alrededor de la mesa, y predominaba la gente mayor. Estaban casi todos los de la familia y un grupo de amigos del profesor Christomanos, entre ellos dos señoras. Recuerdo que una era bastante joven, abría mucho los ojos, pero no abrió la boca durante la noche, y la otra era una señora inglesa que encontraba que Clitemnestra no había sido suficientemente vengada.

–No es que yo quiera aparecer como una de las Furias –aclaró–, pero hay algo sano, me parece, en que una sociedad castigue un crimen tan brutal como el de Orestes.

Entonces se armó la discusión. Hubo varias opiniones. Se habló de la venganza familiar y discutían todos acaloradamente sobre cuáles lazos debían ser los más importantes: los de la misma sangre o los de la unión por matrimonio. Un viejo profesor que estaba sentado a la punta de la mesa se limitó a citar derechamente algunos versos de Esquilo: "En bien poco tenéis a una alianza que honran el mismo Zeus y Hera. El lecho nupcial donde el destino une al hombre y a la mujer, está bajo el amparo de un derecho más poderoso que el juramento...".

–Entonces ustedes están en el fondo de acuerdo –dijo alguien–. En el fondo están defendiendo a la familia y también un sentido del derecho.

–Sí, pero hay diferencias –contestó otro–. La idea antigua era que la sangre derramada contaminaba a la familia y a la tierra misma, y de ahí nacía la obligación de la venganza.

El mismo profesor, aficionado a Esquilo, volvió a tomar la palabra y me fijé que todos escuchaban.

–El derecho de la familia está representado por las Erinias, pero la ciudad, representada por

Atenea, tiene algo que decir: por un lado se libera a la familia misma del desangramiento continuo que impone la obligación de la venganza, al quitarle la obligación de castigar, y por otra parte le da leyes para que la ciudad juzgue de manera ecuánime y, sobre todo, libre de pasión personal.

–Sí, pero el crimen contra la ciudad es también un crimen contra la familia –dijo alguien.

Sin pensarlo dos veces yo salté:

–¡Claro! Por eso las Erinias se quedaron en los cimientos de la ciudad.

Todos me miraron y Demetrio me puso aún más en evidencia al decir:

–Tienes razón. Tú lo comprendiste al ver la representación. Este es uno de los casos en que la acción dramática tiene más poder que un largo discurso. Las Erinias, no lo olvidemos, se retiran para vivir en la caverna de Erecteo al pie de la Acrópolis. Lo importante, pues, no es en realidad que Orestes haya sido absuelto, sino que las Erinias acepten dejar esa antigua forma de justicia en manos de la ciudad y a la vez permanezcan en la sombra perpetuamente vigilantes.

Enrojecí de placer y aquella noche me fui a acostar muy respetado por mis mayores y admirado por los más chicos.

El camino de Poseidón

"Quiero –dijo Atenea– traer alegría a mis antiguos enemigos los troyanos, e infligir un triste retorno a las huestes aqueas." Luego, la diosa habló con el Señor de los Mares: "Zeus mandará lluvia a torrentes, huracanes desatados que oscurecerán el cielo. Me prestará el fuego de sus relámpagos para herir a los aqueos y encender sus barcos... tú harás del cruce de los mares refugio de olas monstruosas y un torbellino de las aguas... Se llenarán los abrigados estrechos de Eubea con los cuerpos de los ahogados. Las playas de Mykonos, los acantilados de Delos, Skyros y Lemnos, el promontorio de Caphareo recibirán por cientos a los que perecerán...".

Ahora que Poseidón se preparaba ya para abandonar a Ilión, su atención estaba puesta en refrenar la soberbia de los vencedores. Agamenón ofreció sacrificios a los dioses antes de partir, y llegó bien a su reino. Menelao, en cambio, encontrando escasa la ayuda que había recibido de Atenea, se embarcó omitiendo celebrar estos actos piadosos. Sufrió, en consecuencia, la furia del mar y se desvió de su ruta por largo tiempo.

Ayax el Pequeño conoció la violenta ira de la tempestad, destrozado su barco alcanzó a salvarse aferrándose a una roca. Apenas se sintió seguro gritó que era capaz de sobrevivir "aunque los dioses se opusieran". Poseidón, entonces, aplicó su tridente al apoyo de su brazo, partió la piedra en dos y Ayax fue enviado al Hades. Así como él había arrancado a Casandra del santuario, allá en Troya, así él mismo fue arrancado de la roca.

Néstor de Pylos, hombre prudente y piadoso, llegó de regreso sin contratiempos.

–Pero éstos son sólo unos pocos –dijo Demetrio–. La multitud que pereció, o que llegó de regreso a su patria sólo para vivir desgracias, fue mayor, mucho mayor. En definitiva, "es loco el mortal que saquea ciudades y deja los templos desolados, los sagrados lugares de los muertos: ¡sólo ha logrado demorar un poco su propio destino!".

Nos queda comentar la suerte de Odiseo –continuó nuestro amigo–. Este debió pasar diez largos años sin poder regresar a su tierra. Tenía mucho que aprender. Volver a Itaca nunca ha sido cosa fácil.

"Cuando zarpes hacia Itaca pide que tu viaje
[sea largo,
pleno de aventuras, de cosas nuevas por conocer.
No temas a los Lestrigonios ni a los Cíclopes
[ni al airado Poseidón.
Si tuvieres elevados pensamientos nunca los
[encontrarás
en tu camino,
si emociones escogidas tocan tu espíritu y tu carne,
no te saldrán al encuentro Lestrigonios, Cíclopes
ni el airado Poseidón,
a menos que los lleves en tu corazón,
a menos que tu corazón los ponga en tu
[camino…

Pide que tu viaje sea largo, que veas muchas
[mañanas
estivales en que con qué gozo y deleite
entres en algún puerto que antes nunca has
[visto...
Ten siempre a Itaca presente,
tu destino es llegar a ella, pero no apresurar
[tu travesía.
Es mejor que dure muchos años,
que eches el ancla en esa isla ya anciano,
rico con todo lo que has ganado en tu camino,
sin esperar otras riquezas que Itaca te daría.
Itaca te ha entregado ese espléndido viaje,
sin ella jamás hubieras partido..."

Itaca, C. Kavafis, 1863-1933

Después de esta larga tirada sobre el misterio de Odiseo y de Itaca, nosotros quisimos hacer muchas preguntas a Demetrio, pero él se limitó a contestar: –Lean *La Odisea*.

Ya tenemos a los griegos en el mar. Ahora volvamos a Troya, donde reina la confusión y el horror. En medio del desorden Eneas logró salir llevando a su viejo padre. Lo dejó a salvo fuera de la ciudad y regresó para ver su casa y renovar su pena. Se encontró allí con el fantasma de su joven esposa, quien lo consoló, lo confortó con dulzura y lo animó. El no ha de quedarse lamentando el pasado, deberá tomar a Julio, su hijo, y cumplir un gran destino.

"Ya el lucero del alba refulgente asomaba desde
[el Ida
en la cumbre y traía consigo el claro día;
con grandes fuerzas los guerreros griegos todas
[las puertas guardaban;

no había esperanza ni recurso.
Cedí, pues, al destino: resignado doblé la frente,
levanté a mi padre, volví a ponerlo en mis robustos brazos
y emprendí mi camino a la montaña."[1]

Al día siguiente se le había unido un grupo de compañeros. Internándose en las selvas del Ida construyeron una pequeña flota.

"Comenzaba apenas a lucir la primavera
y ya mi padre Anquises nos urgía
para entregar al soplo del destino la vela sin [tardar.
Entre sollozos dejé por fin las playas de mi [patria,
el puerto amigo y los amados campos donde [se alzara Pérgamo.[2]
Proscrito, me arrojé a la ventura de las olas, [con mi hijo,
mis caros compañeros, con mis Penates y mis [grandes dioses."

Con Eneas va navegando el fuego del hogar, para tocar tierra en un rico pueblo que recién levanta sus palacios, y llegar en definitiva a fundar de la sangre troyana, otra nación:

"Escucha ahora, Eneas –dice Anquises–
porque te iré explicando en mi discurso
la excelsa gloria que los siglos guardan
a la Dardania[3] descendencia;

---

[1] Traducción de *La Eneida* de don Egidio Poblete.
[2] Pérgamo, nombre poético de Troya.
[3] Dardanio es también forma poética de referirse a los Troyanos.

te mostraré los vástagos preclaros
que de ella nacerán en nuestra Ausonia...".[4]

Un día Eneas, recostado contra el tronco de una encina, que hunde sus raíces en la tierra del Lacio,[5] cantará así:

"¡Salve, oh tierra que el hado nos debía!
¡Salve, también, oh númenes sagrados,
fieles Penates de la excelsa Troya!
¡Estas son las moradas prometidas,
ésta es la nueva patria de mi pueblo!"

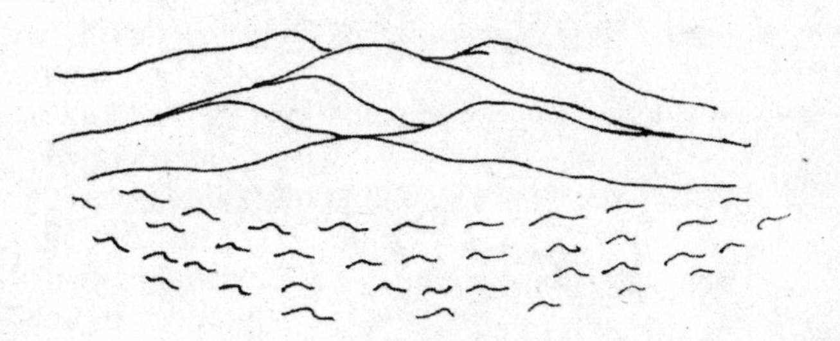

---

[4] Ausonia es el nombre que los poetas daban a la nación latina o romana. El origen del nombre probablemente es griego y designaba el centro y sur de Italia.

[5] El Lacio es la tierra del mítico rey latino Latium, hoy campo de Roma bañado por el Tíber, corazón de la nación romana. El adjetivo "latino" deriva de "Latium".

MAR EGEO
MAR JONICO
MAR DE CRETA
MAR DE SARONIA
FRIGIA
DARDANIA
Troya
Helesponto
R. Scamandro
MT. Ida
MISIA
TEUTRANIA
Pergamo
Mytilene
I. Lesbos
I. Tenedos
I. Lemnos
MEONIA
R. Hermus
MT. Sipylo
M.T. Tmolo
Smyrna
Clazomenas
Colofon
JONIA
LIDIA
Efeso
Nysa
R. Meandro
CARIA
Mileto
Halicarnaso
I. Samos
I. Quios
I. Icaria
I. Patmos
I. Leros
I. Cos
I. Nisyro
I. Telos
Camiro
Ialyso
Rodas
Rhodo
Lindo
M. Atabyro
Astypalea
I. Astypalea
I. Lebinthos
I. Amorgos
I. Anafe
I. Thera
I. Los
I. Naxos
I. Myconos
I. Delos
I. Paros
I. Andros
I. Sifnos
I. Serifos
I. Melos
CICLADES
ESPORADES
CRETA
I. Dia
Cydonia
MT. Olimpo
HESTIAEOTIS
MAGNESIA
MT. Ossa
MT. Pelión
R. Peneus
R. Enipeus
TESALIA
M. Pindus
ETIOTIS
MT. Otris
Larisa
Golfo Pagasaeo
I. Icos
EUBEA
Egas
Eretria
Aulis
Esopo
M. Oca
FTIA
M. Eta
DORIS
MT. Parnaso
LOCRIS
Delfos
Alope
Orcomenus
Queronea
L. Copais
Beocia
Tebas
MT. Helycon
MT. Citeron
Maratón
Atenas
MT. Hymettus
P. Sunium
Lavrium
Megara
I. Salamis
I. Egina
Epidauro
Troezen
ARGOLIS
Argos
Mycenas
Tiryns
Nauplia
Lerna
Corinto
Istmo
Golfo de Corinto
Golfo Criseo
ETOLIA
R. Aquelous
Calydon
Calquis
ACARNANIA
Tafo
Itaca
Patras
AQUEIA
Cerynia
R. Styx
Stymfalus
R. Inacus
ARCADIA
R. Ladon
R. Alfeo
M. Erimanto
Elis
ELIS
Peneus
Salmonia
Olympia
Leuctra
M.T. Lyceo
MESENIA
R. Eurotas
Methone
Asine
PELOPONESO
Esopo
Tenaro
I. Cyteres
P. Malea
I. Cefalenia
I. Strofades
EPIRO
Dodona
TESPROTIA
I. Paxos
I. Corcira

CUADRO 1

LINAJE DE PROMETEO

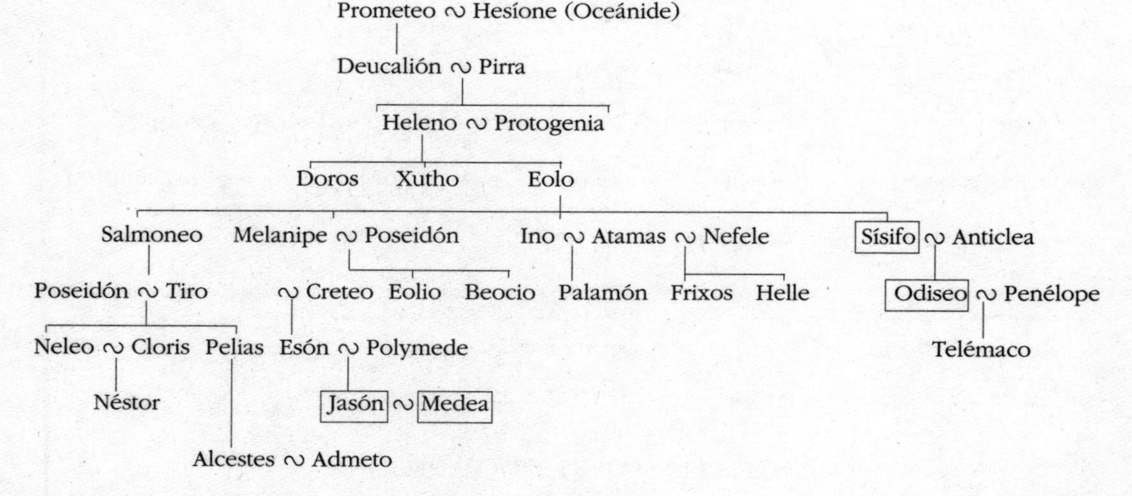

∾ Indica alianza matrimonial.

CUADRO 2

GENEALOGIA DE LOS PERSEIDAS

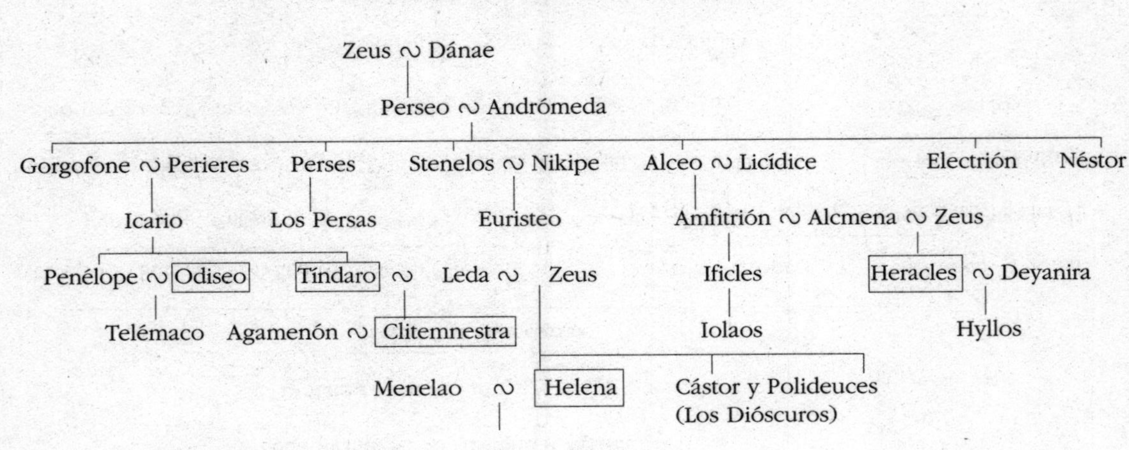

∾ Indica alianza matrimonial.

CUADRO 3

GENEALOGIA DEL LINAJE DE TANTALO

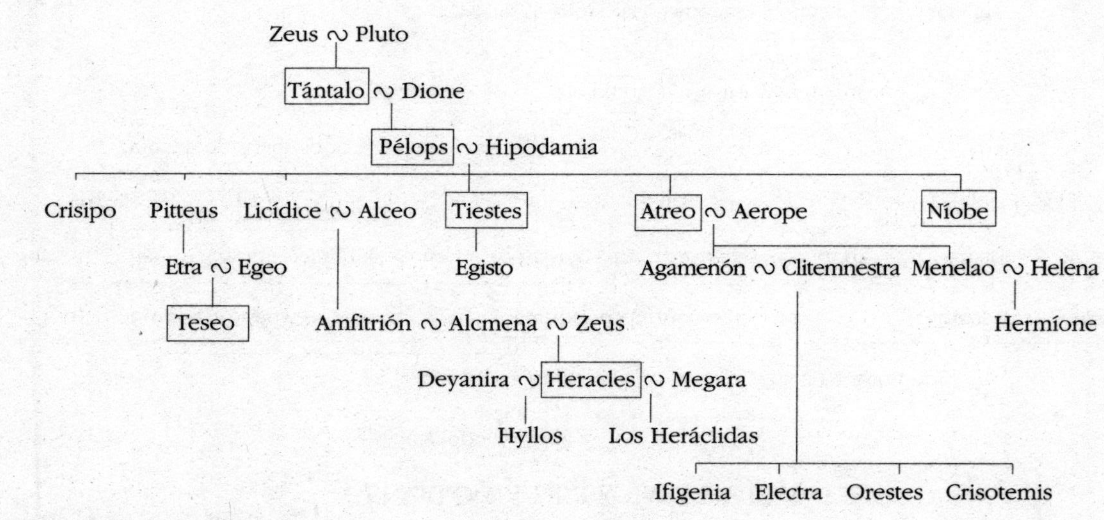

∾ Indica alianza matrimonial.

CUADRO 4

GENEALOGIA DE LA CASA DE TEBAS

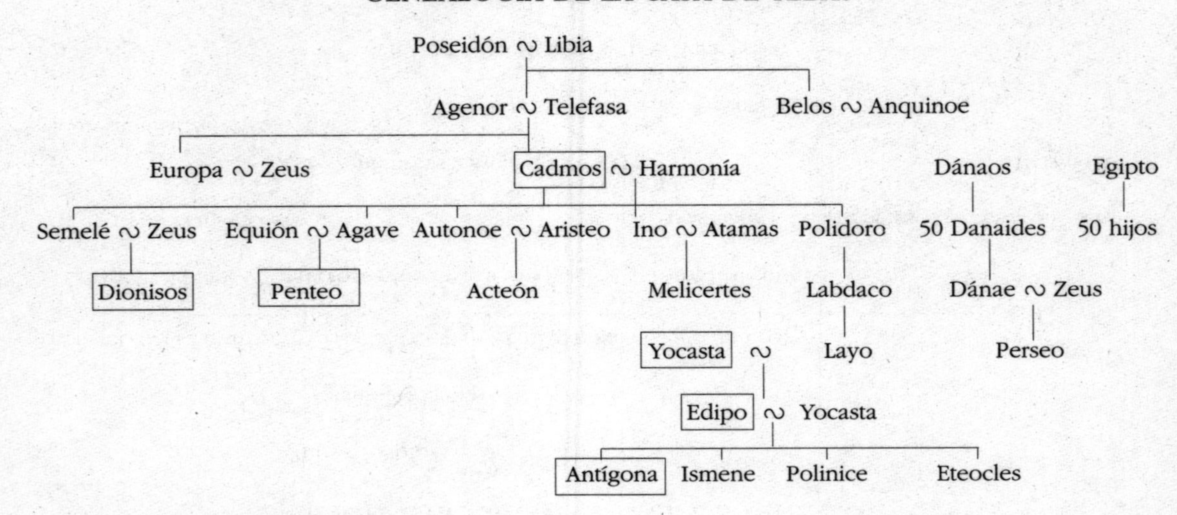

∾ Indica alianza matrimonial.

CUADRO 5

GENEALOGIA DE AQUILES Y OTROS HEROES QUE FUERON A TROYA

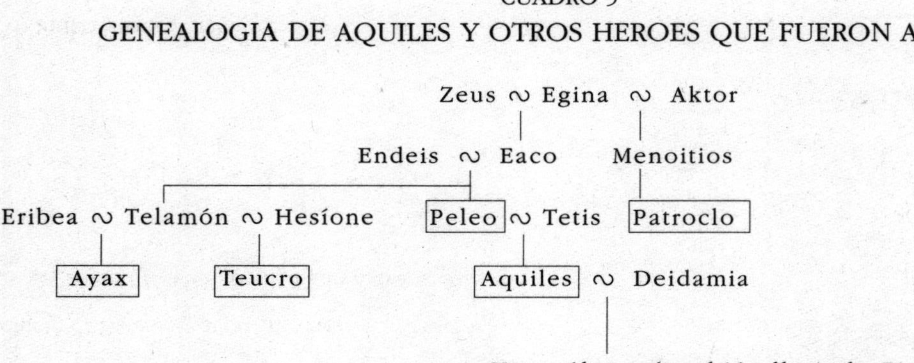

∾ Indica alianza matrimonial.

CUADRO 6
LA FAMILIA REAL DE TROYA

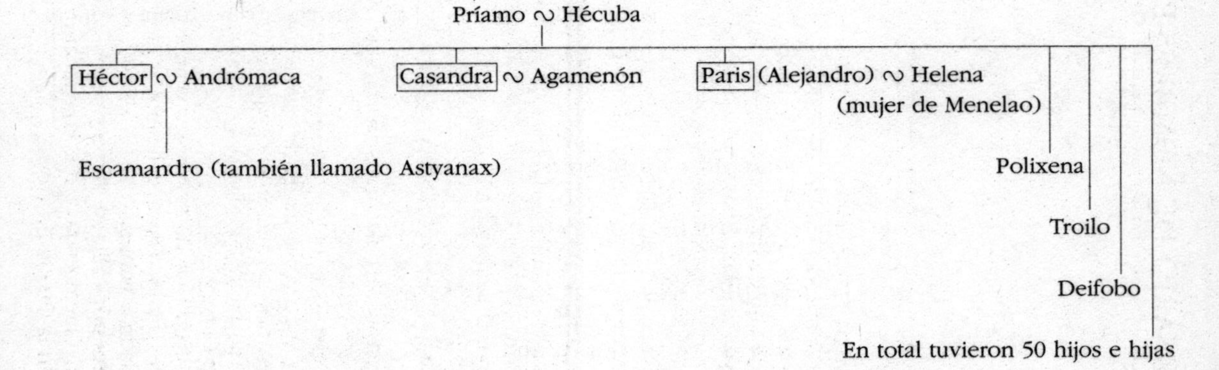

∾ Indica alianza matrimonial.

GLOSARIO DE NOMBRES PROPIOS

A

Acamas. Héroe aqueo, uno de los elegidos para esconderse dentro del caballo de Troya.

Acastos. Hijo del rey Pelias, usurpador del trono de Iolcos. Fue uno de los Argonautas que acompañó a Jasón.

Acaya. Región donde se establecieron los Aqueos, situada en el noroeste del Peloponeso, junto al golfo de Corinto.

Acrisios. Rey de Argos, nieto de Dánaos Casó con Aganipe y tuvo una sola hija, Dánae, que fue la madre de Perseo.

Acrópolis. Ciudad de Kekrops, primer rey de Atenas, dedicada a la diosa Atenea, en el Atica. Monte de Atenas.

Acteón. Hijo de Autonoe, nieto de Cadmos. Fue destrozado por la jauría de Artemisa.

Admeto. Rey de Pherae, en Tesalia, a quien Apolo sirvió durante un año como purificación. Se casó con Alcestes.

Adrastos. Rey de Argos, suegro de Polinice, el hijo de Edipo de Tebas.

Aerope. Nieta del rey Minos de Creta, hija de Catreo. Casó con Atreo y fue madre de Agamenón y Menelao.

Aetes. Rey de Aia, en la Cólquida. Era hijo de Helios, el Sol y fue padre de Medea y Calcíope. Hermano de la hechicera Circe.

Afrodita. Una de los dioses olímpicos. Nacida de la sangre de Urano. Diosa del amor y la gracia femenina. Nombre latino: **Venus.**

Agamenón. Hijo de Atreo y Aerope. Rey de Micenas. Casó con Clitemnestra y fue comandante en jefe de los griegos en la Guerra de Troya.

Agave. Hija de Cadmos y Harmonía. Madre de Penteo, el que murió durante la trágica ceremonia de las Bacantes.

Agelao. Jefe de los pastores del rey Príamo de Troya. Recogió y crió a Paris.

Agenor. Rey de Tiro, hijo de Poseidón y Libia. Fue padre de Europa y de Cadmos, entre otros hijos.

Aglauros. Esposa de Kekrops, primer rey de Atenas. Madre de Erictonio.

Aia. Reino de Aetes, en la Cólquida, al fondo del mar Negro, donde se hallaba el Vellocino de Oro.

Alceo. Poeta oriundo de Lesbos, contemporáneo de Safo. Siglo VII a. C.

Alcestes. Hija de Pelias, rey de Iolcos. Casó con Admeto. Dio su vida por su marido y Heracles la rescató de las manos de Tanatos, la Muerte.

Alcman. Poeta griego, probablemente de Sardes en Lidia. Emigró a Esparta. Uno de los más antiguos líricos griegos. S. VII a. C.

Alcmena. Hija de Electrión, rey de Micenas. De Zeus engendró a Heracles. Casó con Amfitrión.

Alejandro. Nombre real de Paris, hijo de Príamo y Hécuba, reyes de Troya. No debe olvidarse que el nombre de Paris le fue dado por el pastor que lo recogió.

Alfeo. Río situado al oeste del Peloponeso en la región de Elis, en Grecia.

Alkaios. Hijo de Perseo y padre de Amfitrión, el padre mortal de Heracles.

Amazonas. Mujeres guerreras venidas desde las márgenes sudorientales del mar Negro. Tuvieron reinas famosas: Hipólita, Antíope y Pentesilea, entre otras.

Amfiarao. Cuñado del rey Adrastos de Argos. Fue uno de los Siete Jefes que marcharon contra Tebas. Era vidente.

Amfitrión. Hijo de Alkaios y nieto de Perseo. Casó con Alcmena, la madre de Heracles.

Amfitrite. Nereida hija de Océano y Tetis. Esposa del gran Poseidón, señor del mar.

Amymone. Danaide en quien Zeus engendró a Nauplio, famoso navegante.

Andrómaca. Hija de Eetion y Astyonene, reyes de Cilia en Asia Menor. Casó con Héctor, hijo de Príamo, y fue madre de Escamandro, también llamado Astyanax.

Andrómeda. Princesa etíope, hija de Cefeus y Casiopea. Casó con Perseo. Tuvieron, entre otros hijos, a Perseo, Stenelos y Gorgofone.

Anquises. Príncipe pastor, que de su unión con Afrodita fue padre de Eneas, el héroe troyano.

Antenor. Uno de los más nobles ancianos de Troya. Padre de Glauco y Helicón.

Anteo. Gigante, hijo de Poseidón y de Gea, la Madre Tierra. Luchó con Heracles.

Anticlea. Hija de Autolicos, casó con Laertes y fue madre de Odiseo.

Antígona. Hija de Edipo y Yocasta, reyes de Tebas. Una de las más grandes heroínas griegas.

Antíope. Reina de las Amazonas, segunda mujer de Teseo de Atenas, a quien dio por hijo a Hipólito.

Apolo. Uno de los grandes dioses olímpicos. Hijo de Zeus y Leto, señor del Arco y de la Lira. Comunica a los hombres la voluntad de Zeus mediante los oráculos de la Pitia, en Delfos.

Apolo Esminteo (Esminteo=ratón). Honrado en Asia Menor, especialmente en Troya. Desde su templo fue raptada Criseida por los Aqueos.

Apolo Tymbrico. Título con que se honraba al dios en Troya en un santuario que tenía una fuente perfumada de "tomillo". (De aquí el nombre.)

Apolonio de Rodas. Poeta y estudioso, bibliotecario de Alejandría. (280-200 a. C.)

Apsyrtos. Hijo de Aetes, hermano de Medea, que fue destrozado por orden de su hermana para ayudar a Jasón.

Aqueloo. Río que era un dios, situado en el noroeste de Grecia, en la región de Epiro. Muy reverenciado, fue el padre de las Sirenas.

Aqueo. Hijo de Xuthus y Creusa, hija de Erecteo. De él descienden los Aqueos.

Aqueos. Nombre de los habitantes de la Acaya descendientes de Aqueo.

Aquiles. Hijo de Peleo y de la diosa Tetis. Gran héroe de la Guerra de Troya. Casó con Deidamia y fue padre de Neoptólemo (también llamado Pirro).

Arcadia. Región situada en el centro de la península del Peloponeso.

Areópago. Colina al noroeste de la Acrópolis de Atenas, sede del más antiguo consejo de la ciudad donde se administraba justicia.

Ares. Uno de los doce dioses olímpicos, dioses de la guerra. Nombre latino: **Marte.**

Argivos. Nombre de los habitantes de la región de Argos.

Argo. Nombre de la nave inmortal que condujo a Jasón y los 50 héroes en busca del Vellocino de Oro.

Argonautas. Nombre de los 50 héroes que tripularon el "Argo", durante la empresa del Vellocino de Oro.

Argos. Región situada al noreste del Peloponeso, unida al Atica por el istmo de Corinto.

Argos. Ilustre artesano, constructor de la nave "Argo" que de él tomó su nombre. Fue uno de los argonautas.

Ariadne. Amada del dios Dionisos, hija de Minos de Creta. También amó a Teseo, el héroe ateniense.

Arión. El caballo alado de Amfiarao, el vidente, uno de los Siete contra Tebas. Potro negro hijo de Poseidón y Deméter.

Arquíloco de Paros. Poeta griego de comienzos del siglo VIII a. C., padre de la sátira europea.

Artemisa. Una de los dioses olímpicos. Hija de Zeus y Leto, gemela de Apolo. Diosa cazadora que rige el curso de la luna. Nombre latino: **Diana.**

Asclepio. Hijo de Apolo y Coronis, gran médico, fue educado por el centauro Quirón. Nombre latino: **Esculapio.**

Asopo. Dios río, padre de la isla Egina, amada por Zeus. Baña las llanuras de la Fócida y de Beocia.

Astyanax. También llamado Escamandro. Hijo de Héctor de Troya y de Andrómaca.

Até. La Fatuidad. Engañó a Zeus y fue condenada a ser expulsada del Olimpo y vivir para siempre entre los hombres.

Atenas. Capital actual de toda Grecia. Fue construida por Atenea, su protectora. Su primer rey fue Kekrops.

Atenea. Una de los dioses olímpicos, la más sabia de todos. Nació de la frente de Zeus habiendo sido concebida por Metis, la Prudencia. Nombre latino: **Minerva.**

Atica. Región situada al sureste de Grecia continental. Allí está la ciudad de Atenas.

Atlas. Titán hermano de Prometeo. Fue convertido en el monte Atlas, situado al noroeste de Africa, donde sujeta al cielo sobre sus hombros.

Atreo. Hijo de Pélops e Hipodamia. Casó con Aerope y tuvo por hijos a Agamenón y Menelao.

Atridas. Nombre de los hijos de Atreo, Agamenón y Menelao, y de sus descendientes. Descendían de Pélops.

Augías. Hijo de Helios, el Sol, dueño de unos establos que Heracles debió limpiar en uno de sus Trabajos.

Aulis. Puerto situado en el fondo del golfo Eubeo, donde se reunió la flota griega para partir hacia Troya.

Ausonia. Nombre poético de la nación latina o romana, designada la región nombrada así por los griegos y ubicada en el centro y sur de Italia.

Autolicos. Hijo de Hermes, maestro de ladrones. Vecino de Sísifo. Fue padre de Anticlea, la que fue madre de Odiseo.

Autonoe. Una de las cuatro hijas de Cadmos y Harmonía, madre de Acteón.

Ayax el Gigante. Hijo de Telamón y Eribea, nieta de Pélops. Uno de los héroes de Troya. Hermanastro de Teucro.

Ayax el Pequeño. Hijo de Oileo. También fue héroe en Troya.

B

Baquílides de Ceos. Poeta lírico que cantó en la corte de Siracusa (c. 510 - c. 430 a. C.).

Balios. Caballo hijo de Céfiro y la Harpía. Regalo de Poseidón a Peleo para su boda con Tetis. Fue llevado por Aquiles a Troya.

Beocia. Región llana y rica, situada al noreste del Atica. Allí fue fundada Tebas.

Bienaventurados, Islas de. Llamadas también Hespérides, situadas hacia los confines de Occidente, donde luce Hesper, la estrella de la tarde, cuando se pone el sol, hacia el poniente de las columnas de Hércules.

Bóreas. El Viento Norte. Uno de los ocho Vientos, hijos de Urano y Gea. Amó a Oreitía, hija de Erecto, rey de Atenas. Sus hijos fueron los gemelos Calais y Zetes, dos de los Argonautas.

Bósforo. Estrecho que une al mar Negro con el mar de Mármara (Propontis). Separa a Europa de Asia Menor.

Briseída. Hija de Crises, sacerdote troyano de Apolo. Tocó en suerte a Aquiles como botín de guerra.

C

Cadmos. Hijo de Agenor, rey de Tiro. Hermano de Europa. Fundador de Tebas. También llamado "el Sembrador". Casó con Harmonía, hija de Ares y Afrodita. Padre de Agave, Autonoe, Semelé, Ino y Polidoro.

Calais. Hijo de Bóreas y Oreitía, gemelo de Zetes. Uno de los Argonautas.

Calcas. Adivino que acompañó al ejército griego en Troya. Profetizó el sacrificio de Ifigenia.

Calcíope. Hija de Aetes, rey de Aia, y hermana de Medea.

Cáncer. El "Cangrejo", nombre de la constelación inmortalizada por Zeus en honor de Heracles.

Cancerbero. Perro de tres cabezas que guarda las puertas del Hades. Heracles lo venció en su Trabajo final.

Capaneo. Uno de los Siete jefes contra Tebas. Fue fulminado por el rayo de Zeus. Su mujer Evadne se arrojó a su pira funeraria.

Casandra. Hija del rey Príamo y de Hécuba, de Troya. Profetisa condenada a no ser jamás creída. Tocó como botín de guerra a Agamenón.

Casiopea. Reina de Etiopía, madre de Andrómeda, la que casó con Perseo.

Castalia. Fuente en Beocia frecuentada por las Musas. Sirvió para refrescar a Cadmos y sus compañeros.

Cástor. Uno de los Dióscuros, hijo mortal de Leda, que lo engendró de su marido Tíndaro, rey de Laconia en Esparta.

Catreo. Hijo del rey Minos de Creta y Pasifae. Fue padre de Aerope, la madre de los Atridas.

Cáucaso. Región situada en Asia Menor, donde fue encadenado Prometeo para su castigo eterno.

Ceas. Puertas de Troya.

Céfiro. Viento del Occidente.

Centauro. Personaje de tronco humano y cuerpo de potro. De naturaleza indómita y aventurera.

Cerinea. Lugar de la Cierva sagrada enviada por Artemisa para probar a Heracles en uno de sus Trabajos.

Cíclopes. Seres enormes, con un solo ojo en la frente. Hijos de Urano y Gea. Hábiles constructores de murallas de las ciudades reales.

Circe. Hechicera, hermana del rey Aetes de Aia. Vivía en una isla en el mar Tirreno. Purificó a Jasón y Medea. Intentó enamorar a Odiseo.

Citerón. Monte situado en el sur de Tebas, en la región de Beocia. En sus laderas fue abandonado Edipo.

Clitemnestra. Hija de Tíndaro y Leda. Casó con Agamenón, "el conductor de hombres", en la guerra de Troya, y rey de Micenas.

Colofón. Ciudad de la Jonia, en Asia Menor, una de las primeras que cayó en manos aqueas durante la Guerra de Troya.

Colono. Región situada en las cercanías de Atenas, donde tuvo lugar la apoteosis de Edipo.

Cólquida. Lugar remoto, situado en el extremo del mar Negro. Allí llegó Frixos con el Vellocino de Oro.

Corinto. Istmo que une el Peloponeso con Grecia continental.

Creonte. Hermano de Yocasta, regente de Tebas. Fue padre de Hemón, el prometido de Antígona.

Creta. Isla del Mediterráneo oriental, centro del imperio marítimo creado por Minos. Dominó a Atenas durante su apogeo.

Creteo. Hijo de Eolo, padre del rey Pelias de Iolcos, casado con la reina Tiro. Descendiente de Heleno.

Criseida. Hija de Crises, sacerdote troyano de Apolo. tocó en suerte a Agamenón como esclava de guerra.

Crises. Sacerdote troyano de Apolo. Padre de Criseida y Briseida.

Crisipo. Hijo de Pélops e Hipodamia. Fue seducido por Layo de Tebas y fue muerto por sus hermanos Atreo y Tiestes.

Crisotemis. Hija de Agamenón y Clitemnestra.

Crone. Diosa Tierra de Dodona. Divinidad antiquísima.

Cronos. El Tiempo implacable. Primer regente universal, hijo de Gea y Urano, a quien derrocó. Casó con Rea. Padre de Zeus.

Nombre latino: **Saturno.**

Cygnus. El blanco guerrero hijo de Poseidón asesinado por Aquiles en Troya.

Chipre. Isla del Mediterráneo oriental, frente a las costas de Siria y al sur de la península de Anatolia (actual Turquía)

Christomanos. Demetrio. Profesor griego, nuestro amigo, compañero de viaje, informante, explicante y gozador de los mitos de los dioses y los héroes de Grecia. Más conocido como el Profesor, o simplemente Demetrio.

D

Dánae. Descendiente de Dánaos por ser hija de Acrisios, uno de sus nietos. Fue amada por Zeus y engendró al héroe Perseo.

Dánaos. Hijo del rey Belus de la Tebaida (Egipto) y Anquinoe, hija del Nilo. Su hermano gemelo era Egipto. Tuvo 50 hijas llamadas las Danaides.

Dánaos. Nombre con que también se designaba a los griegos por su parentesco con Dánaos.

Dardanos. Nombre poético de los troyanos. Deriva de Dardanus, fundador de la raza troyana, hijo de Zeus y Electra de Arcadia, una de las Pléyades.

Deidamia. Hija de Licomedes, rey de Skyros. Casó con Aquiles y fue madre de Neoptólemo (Pirro).

Deifobo. Hijo de Príamo y Hécuba. Casó con Helena a la muerte de Paris.

Deipila. Hija del rey Adrastos de Argos, casó con Tideo, príncipe de Caledonia.

Delfos. Ciudad sagrada situada al pie del Monte Parnaso, cerca del golfo de Corinto. Lugar del oráculo de Apolo.

Delos. Pequeña isla de las Cícladas, en el Egeo. Allí se produjo el nacimiento de Apolo.

Deméter. Una de las grandes diosas primordiales. Preside la fertilidad de la tierra. Madre de Perséfone. Nombre latino: **Ceres.** De donde viene la palabra "cereal".

Deucalión. Hijo de Prometeo. Fue rey de Ftía. Casó con Pirra, su prima, hija de Epimeteo. Tuvieron a Heleno, padre de todos los griegos, después del gran diluvio.

Deyanira. Hija de Ceneus, rey de Caledonia en Etolia, y la reina Altea. Su hermano Meleagro indujo su matrimonio con Heracles. Tuvo por hijo a Hyllos.

Diktys. Pescador de la isla de Seriphos, hermano del rey Polydectes. Recogió a Dánae y su hijo Perseo.

Diomedes. Hijo de Tideo (aliado de Polinice y uno de los Siete contra Tebas). Pretendiente de Helena y héroe en Troya.

Diomedes. Dueño de las yeguas antropófagas que Heracles debió vencer en uno de sus Trabajos.

Dione. Pléyade esposa de Tántalo, madre de Pélops, Níobe y Bróteas.

Dionisos. El último de los grandes olímpicos. Hijo de Zeus y Semelé, hija de Cadmos. Dios del vino y del éxtasis. Nombre latino: **Baco.**

Dióscuros. Hijos de Leda y Zeus. Uno, Polideuces, fue hijo de Zeus y era inmortal; el otro, Castor, fue hijo de Tíndaro, el marido de Leda, y era mortal. Hermanos de Clitemnestra y Helena.

Diphilos. Poeta cómico y dramaturgo de Atenas, del s. III a. C.

Dodona. Región situada en Epiro, al noroeste de Grecia continental, rica en bosques. De una de sus encinas sagradas se hizo la proa oracular del "Argo", nave de los Argonautas.

Dorios. Descendientes de Dorus, hijo de Heleno. Fundó en el monte Parnaso la primera comunidad dórica.

Doris. Ninfa que casó con Nereo, viejo profeta del mar. Tuvieron 50 hijas, las Nereidas, que acompañan a Tetis, reina del mar.

E

Eaco. Hijo de Zeus y la isla Egina. Padre de Peleo.

Edipo. Hijo de Layo y Yocasta, rey de Tebas y padre de Antígona, Ismene, Eteocles y Polinice.

Egea. Hija del rey Adrastos de Argos. Casó con Polinice, hijo de Edipo de Tebas.

Egeo. Bisnieto de Erecteo, el tercer rey de Atenas. Egeo fue padre mortal del héroe Teseo.

Egina. Isla hija del dios río Asopo. Amada por Zeus, de quien tuvo a Eaco, padre de Peleo. Está situada frente al Atica en el oeste.

Egisto. Hijo de Tiestes. El único que escapó a la matanza ordenada por Atreo. Amante de Clitemnestra.

Electra. Hija de Agamenón y Clitemnestra.

Electrión. Hijo de Perseo y rey de Micenas. Padre de Alomena, la que fue madre de Heracles.

Eleitea. Diosa que habita el Olimpo y protege a las mujeres que van a dar a luz. Partera de las grandes diosas.

Eleusis. Lugar sagrado donde se celebran los Misterios, situado en las cercanías de Atenas.

Elis. Reino de Pélops situado al noreste de Arcaida y al sur de Acaya, en el Peloponeso.

Eneas. Noble troyano, hijo del príncipe pastor Anquises y de la diosa Afrodita. Héroe de la guerra de Troya. Fundador de la raza latina en el Lacio (Italia).

Eneida, La. Poema épico de Virgilio, poeta latino, que canta las hazañas de Eneas, el troyano fundador de Roma.

Eolio. Hijo mayor de Heleno y Protogenia. Se instaló en Tesalia, desde entonces cuna de la raza Eolia.

Epeio. Natural de la Fócida, en el Parnaso. Hábil pero cobarde artífice que construyó el caballo de Troya.

Epidauro. Ciudad situada en el noreste del Peloponeso, cercana a la entrada al istmo de Corinto.

Epígonos. Significa "los que vienen después". Se trata aquí de los hijos de los grandes jefes que cayeron en Tebas y que luego asolaron la ciudad para vengar a sus padres.

Epimeteo. Su nombre significa "el que piensa después". Titán, hijo de Japeto y Climine. Casó con Pandora, la primera mujer mortal.

Epiro. Región situada en el extremo noroeste de Grecia continental, al oeste de Tesalia.

Erecteo. Tercer rey de Atenas, hijo de Hefestos y Gea. Fue padre de Creusa, quien engendró a Ion, padre de los Jonios, de sus amores con Apolo.

Erecteón. Templo en honor de Atenea Polías, la Atenea de la Ciudad, levantado en la Acrópolis. Su nombre recuerda a Erecteo, tercer rey de Atenas.

Eribea. Muchacha ateniense que encantó al rey Minos de Creta. Por ella Minos y Teseo tuvieron un desafío muy singular.

Erichtonios. Hijo de Kekrops, primer rey de Atenas. Fue el segundo rey.

Erimantos. Lugar del jabalí que Heracles debió vencer en uno de sus Trabajos.

Erinias. Diosas primordiales nacidas de la sangre de Cronos. Su nombre significa "furias vengadoras" de la sangre familiar.

Eris. La Discordia, hermana de Ares, dios de la guerra. Ambos fueron hijos de Hera.

Eros. Hijo de Afrodita. Desposó a Psique (el Alma). Nombre latino: **Cupido.**

Erráticas. Islas cercanas al Bósforo que fueron un gran escollo para los Argonautas. También llamadas islas Azules.

Escamandro. El más bello de los ríos de Troya.

Escamandro. Hijo de Héctor de Troya y de Andrómaca, también llamado Astyanax.

Escitia. Región situada en las riberas norte del mar Negro (sur de Rusia actual). Lugar de origen de las Amazonas.

Esfinge. Creatura alada con rostro de mujer y cuerpo de león. Planteó a Edipo el famoso enigma. Hermana del León de Nemea.

Esmirna. La ciudad de Tántalo, en Lidia, Asia Menor, al noreste de la Jonia.

Esón. Hijo de la reina Tiro y de Poseidón, legítimo heredero despojado del trono de Iolcos. Casó con Polymede y fue padre de Jasón.

Esparta. Región situada al sur del Peloponeso, constituye la parte este de Lacedemonia.

Espartos. "Los Sembrados" de los dientes del dragón hijo de Ares, vencido por Cadmos. Fueron jefes de los clanes fundadores de la ciudad de Tebas.

Esquilo. El más antiguo de los poetas trágicos griegos del que nos hayan llegado obras. Oriundo de Eleusis en el Atica. Peleó en Maratón. Nos quedan de él siete tragedias completas y algunos fragmentos. Siglo VII a. C.

Estigia. Océanide que habita en el Tártaro. Dio su nombre a una de las cuatro corrientes subterráneas. Invocándola, un juramento se vuelve sagrado e inexorable.

Eteocles. Uno de los dos hijos varones de Edipo y Yocasta. Gemelo de Polinice.

Etión. Rey de Tebas Hipoplaciana, en Cilicia, Asia Menor. Padre de Andrómaca. Sus siete varones fueron muertos por Aquiles.

Etolia. Región del extremo suroeste de Grecia continental, al norte del golfo de Corinto.

Etra. Hija del rey Pittheus de Trecenia. Casó con Egeo y del dios Poseidón engendró a Teseo.

Eubea. Larga península situada al oeste de Grecia continental.

Euménides. Nombre que se dio a las Erinias o Furias cuando se transformaron en protectoras de Atenas. Significa "las Benevolentes".

Eumolpo. Maestro de Heracles, le enseñó el canto y a pulsar la lira.

Eurídice. Esposa de Creonte, regente de Tebas, fue madre de Hemón. Se suicidó al conocer la suerte de su hijo.

Eurifile. Hermana del rey Adrastos de Argos. Casó con el vidente Amfiarao, uno de los Siete contra Tebas.

Eurípides. Poeta trágico oriundo de Ftía, cerca de Limetos. De él nos han llegado dieciocho tragedias. Uno de los tres grandes trágicos junto con Esquilo y Sófocles. Siglo V. a. C.

Euristeo. El último de los Perseidas reyes de Micenas. Hijo de Stenelos. Fue el enemigo de Heracles y murió asesinado por Hyllos, hijo del héroe. Su madre fue Nikkipe, hija de Pélops.

Europa. Hija de Agenor (o Eginos), rey de Tiro. Fue seducida por Zeus y llevada al otro lado del Océano, a Creta. Madre de Minos.

Evadne. Mujer del guerrero Capaneo, uno de los Siete contra Tebas, el que murió fulminado por Zeus. Se arrojó a la pira funeraria de su marido.

Evenos. Río situado al noroeste de Grecia en la región de Epiro.

F

Fakianas. Islas de Asia Menor donde tuvo lugar el desposorio de Jasón y Medea.

Ficio. Monte situado cerca de Tebas en cuya ladera se ubicó la Esfinge para proponer sus enigmas.

Filoctetes. Pastor que encendió la pira de Heracles. Recibió del héroe su arco y flechas, únicas capaces de finalizar la guerra de Troya.

Fineo. Rey ciego y profeta. A su reino llegaron los Argonautas. Era acosado por las Harpías.

Fócida. Región situada en el noroeste de Beocia, en Grecia continental.

Frigia. Región situada al noreste de Troya, en Asia Menor, al sur del Propontis (actual mar de Mármara).

Frixos. Descendiente de Eolo que huyó hacia la Cólquida llevándose el Vellocino de Oro.

Furias. Otro nombre de las Erinias o Furias Vengadoras.

G

Galintias. Sirvienta del palacio de Amfitrión y Alcmena que por su astucia adelantó el nacimiento de Heracles. Fue transformada en lagartija por Hera.

Gea. La Madre Tierra, nacida del Caos primordial. Madre de los Titanes y Titanesas, de los Cíclopes, los Gigantes y los Ciembrazos.

Géminis. "Los Gemelos", constelación que inmortalizó a los Dióscuros, hijos de Zeus y Leda.

Gerioneo. Pastor del ganado de Helios, el Sol, que Heracles debió robar en uno de sus Trabajos.

Glauco. Hijo del noble anciano troyano Agenor.

Gorgofone. Hija de Perseo y Andrómeda, casó con Peneres, descendiente de Heleno. Fue madre de Tíndaro, Icario y otros hijos.

Gorgonas. Hijas de Océano y Tetis, diosas temibles y horribles que en su origen fueron bellísimas. Una de ellas era la famosa Medusa.

Gracias. Las tres Gracias, o "Charites", eran hijas de Zeus y Eurinome.

Greas. Diosas primordiales hijas de Océano. De color gris y poseedoras de un solo ojo para las tres.

Grecia. País situado en el Mediterráneo Oriental, en la península de los Balcanes, al sureste de Europa, entre los mares Jónico y Egeo.

H

Hades. Hermano de Zeus y Poseidón. Preside el reino subterráneo. Casó con Coré, hija de Deméter, quien tomó el nombre de Perséfone. Nombre latino: **Plutón.**

Hades. Dios del mundo subterráneo. Por extensión designa el reino donde vagan las almas de los muertos.

Hagios Elias. Monte en las cercanías de Micenas.

Harmonía. Hija de Ares y Afrodita. Casó con Cadmos y le dio cuatro hijas y un hijo.

Harpías. Creaturas pájaros, emparentadas con los Vientos. Su nombre significa "las que arrebatan". Suelen traer la pestilencia.

Hebe. La Juventud. Titanesa hija de Gea y Urano. Se unión con el Titán Ceo y fue madre de Asteria y Leto.

Hécate. Diosa subterránea, protectora de magos y brujos. Gran amiga de Perséfone, reina del Hades. Se la relaciona siempre con la Luna.

Héctor. Hijo del rey Príamo de Troya y la reina Hécuba. Casó con Andrómaca, Héroe máximo de los troyanos.

Hécuba. Esposa de Príamo, rey de Troya, a quien dio 50 hijos e hijas.

Hefestos. Hijo de Zeus y Hera. Dios artífice de los metales. Casado con Afrodita. Nombre latino: **Vulcano.**

Hélade. "Helas" en griego, designa a toda la Grecia.

Helena. Hija de Tíndaro, padre mortal, y Leda, aunque fue engendrada por Zeus. Casó con Menelao, rey de Esparta. Por su rapto se inició la guerra de Troya.

Heleno. Hijo de Deucalión y Pirra. De él descienden los Helenos, de su unión con Protogenia.

Helenos. Descendientes de Heleno y Protogenia. Se dividen en cuatro ramas correspondientes a cada uno de los cuatro hijos: Eolo, Dorus, Xuthus y Aqueo, antepasados de los Eolios, Dorios, Jonios y Aqueos, respectivamente.

Helesponto. Estrecho situado al norte de Troya, en Asia Menor, llamado también Dardanelos. Une el Egeo con el Propontis (actual mar de Mármara).

Helicón. Monte situado al norte del Atica, en Grecia continental, frente al golfo de Corinto.

Helicón. Troyano, hijo de Antenor, a quien Odiseo salvó de la matanza durante el asalto final a Troya.

Helios. El Sol, hijo de los titanes Hiperión y Tea. Padre de Faetón, el que intentó conducir el carro del Sol.

Hemón. Hijo de Creonte, regente de Tebas, y de Eurídice. Prometido de Antígona, la hija de Edipo.

Hera. Diosa olímpica hermana y esposa de Zeus. Presiden ambos el Olimpo y ella es la protectora del matrimonio. Nombre latino: **Juno.**

Heracles. El más grande de los héroes griegos. Hijo de Amfitrión y Alcmena, aunque fue engendrado por Zeus. Nombre latino: **Hércules.**

Heráclidas. Descendientes de Heracles.

Hermes. Uno de los doce dioses olímpicos. Hijo de Zeus y de la ninfa Maia. Nombre latino: **Mercurio.**

Hermione. Hija de Menelao y Helena, reyes de Esparta.

Heródoto. Historiador griego, llamado el padre de la Historia. Autor del relato de las Guerras Médicas. Nació en Halicarnaso, al sur de Asia Menor.

Hesione. Hermana de Príamo, rey de Troya. Fue raptada por Telamón, un griego, y de él engendró a Teucro, héroe de la guerra de Troya.

Hespérides, Isla de. Véase Islas de los Bienaventurados.

Hestia. Diosa olímpica, hija de Rea y Cronos. Preside lo sagrado del hogar. Nombre latino: **Vesta.**

Hiperión. Uno de los titanes. Se unió con Tea y fue padre de Helios, el Sol; Selene, la Luna, y Eos, la Aurora.

Hipnos. El dios del Sueño, hijo de la Sagrada Noche.

Hipodomia. Hija de Onomao, hijo de Ares, rey de Pisa y Elis. Casó con Pélops y fue madre de Atreo, Tiestes, Crisipo y otros hijos.

Hipodemón. Uno de los Siete Jefes o caudillos argivos que marcharon contra Tebas.

Hipólita. Hija de Ares y reina de las Amazonas.

Hipólito. Hijo del rey Teseo y de la reina Antíope, Amazona.

Homero. Poeta del siglo IX u VIII a. C., nacido en la isla de Chíos, en Asia Menor. Autor de *La Ilíada* y *La Odisea*.

Horas. Diosas hijas de Temis y Zeus. Son tres: Eunomía, Diké e Irene.

Hyllos. Hijo de Heracles y Deyanira, quien vengó en Euristeo los sufrimientos de su padre y descendientes.

I

Icario. Hijo de Gorgofona (hija de Perseo y Andrómeda). Hermano de Tíndaro de Esparta. Fue el padre de Penélope, la esposa de Odiseo.

Ida. Monte situado en Creta, en el centro de la isla. Hay un segundo monte Ida situado en Asia Menor, muy cerca de Troya, por sus laderas corre el Escamandro.

Idmón. Héroe con dones proféticos, fue uno de los 50 Argonautas.

Idomeneo. Nieto del rey Minos de Creta, el más hermoso de todos los pretendientes de Helena. Se unió a los Argivos contra Troya.

Ificles. Hermano gemelo de Heracles, engendrado por Alcmena y Amfitrión.

Ifigenia. Hija de Agamenón y Clitemnestra, sacrificada por su padre en Aulis, por designio de Artemisa.

Ilíada, La. Nombre del poema homérico que canta la guerra de Troya, también llamada Ilión por los griegos.

Ilión. Rey de Troya, padre de Laomedón. Por su nombre fue también llamada la ciudad de Troya.

Inmortales. Otro nombre con el que habitualmente se menciona a los dioses olímpicos.

Ino. Hija de Cadmos y Harmonía, madre de Melicertes.

Iolaos. Hijo de Ificles, el hermano gemelo de Heracles. Ayudó al héroe en uno de sus Trabajos.

Iolcos. Reino situado en el golfo de Pagasai (actual Volos). Heredad ancestral de Jasón.

Iole. Princesa de Oechalia, hija del rey Eurytus. Heracles se enamoró violentamente de ella y la raptó.

Ion. Hijo de Creusa, hija de Erecteo de Atenas, y de Kuthus, hijo de Heleno. De Ion descienden los Jonios (Ionios).

Iris. Diosa mensajera entre el Olimpo y la tierra. El arco iris es la huella de sus pies alados y ágiles.

Ismene. La menor de las hijas de Edipo y Yocasta. Hermana de Antígona.

Itaca. Reino de Odiseo. Isla situada en el oeste de Grecia continental, en el mar Jónico.

J

Jasón. Hijo de Esón y Polymede. Buscador del Vellocino de Oro con los 50 Argonautas. Casó con Medea.

Jonios. Descendientes de Ion, hijo de Creusa y Apolo, aunque su padre mortal fue Xuthus.

Julio. Hijo del héroe troyano Eneas.

K

Karilo. Esposa del centauro Quirón, educador de héroes.

Kavafis. C. P. Poeta griego de Alejandría (1863-1933).

Kekropes. Hijos de la titanesa Tea, salteadores de caminos. Fueron burlados por Heracles y terminaron convertidos en monos.

Kekrópidas. Descendientes de Kekrops, primer rey de Atenas.

Kekrops. Primer rey de Atenas, quizás surgido de la roja tierra del Atica.

Kephissus o Kefisos. Río que baña la gran hendidura de Delfos, cercana al santuario de Apolo.

Kerenyi, Carl. Exiliado húngaro, avecindado en Suiza, eminente humanista y amante de los clásicos (siglo XX).

Knossos. Capital de Creta en el período de su esplendor como potencia marítima. Allí están las ruinas del Palacio de Minos y el famoso Laberinto.

L

Lábdaco. Hijo de Polidoro y nieto de Cadmos. Fue padre de Layo y abuelo de Edipo. De él viene el nombre a veces dado a sus descendientes, Labdácidas.

Laberinto. Construcción en Creta diseñada por Dédalo. Era imposible salir de sus intrincados muros. En su interior vivía el Minotauro.

Lacedemonia. Región situada en el sur del Peloponeso, formada por Mesenia y Esparta.

Lacio. Tierra del mítico rey Latium, hoy llamado Campo de Roma. Allí llegó Eneas a fundar la nación romana.

Laconia. Otro nombre de la región de Lacedemonia, al sur del Peloponeso.

Ladón. Monstruosa serpiente que vigilaba el árbol de las Hespérides que daba frutos de oro.

Laertes. Padre putativo de Odiseo. Casó con Anticlea, quien engendró a Odiseo de Sísifo.

Laocoonte. Sacerdote troyano de Poseidón, también profeta. Murió con sus hijos a causa de la monstruosa serpiente de Ténedos.

Laomedón. Rey de Troya, para quien Apolo y Poseidón construyeron los muros primitivos de la ciudad. Mítico rey del Lacio, la región al sur de Italia donde Eneas fundó a Roma.

Latium. Mítico rey del Lacio, la región al sur de Italia donde Eneas fundó a Roma.

Lavinia. Esposa latina de Eneas, hija del rey Latium.

Layo. Rey de Tebas, hijo de Lábdaco y padre de Edipo, Casó con la noble Yocasta, de la familia de los Espartos.

Leda. Princesa de Etolia, bellísima. Casó con Tíndaro, rey de Laconia. Amada por Zeus, tuvo cuatro hijos: los Dióscuros y Clitemnestra y Helena.

Lemnos. Patria del dios Hefestos. Isla poblada solamente por mujeres, que fue salvada por los Argonautas. Allí fue abandonado Filoctetes.

Leo. El "León". Nombre de la constelación que inmortalizó Zeus en honor de Heracles.

Lerna. Zona al sur de Argos donde Heracles debió realizar uno de sus Trabajos: matar a la Hidra.

Lesbos. Isla del mar Egeo, en Asia Menor, patria de Safo, poetisa llamada también "la décima Musa".

Lestrigonios. Pueblo de gigantes salvajes y antropófagos que Odiseo encontró durante su peregrinar.

Leto. Hija de los titanes Ceo y Hebe. Unida a Zeus dio a luz a Artemisa y Apolo. Nombre latino: **Latona.**

Libia. País situado en la costa norte de Africa, al oeste de Egipto.

Licaón. Rey, hijo de Pelasgo, uno de los primeros habitantes de Grecia. Por sus pecados Zeus mandó el gran diluvio.

Lidia. Región situada en la costa occidental de la península de Anatolia, al sur de Troya, en Asia Menor.

Linceo. Vigía del "Argo". Se distinguía por su vista maravillosa. De él proviene el nombre del "lince".

Lino. Hijo del dios río Ismeno, maestro de Heracles.

Lycomedes. Rey de la isla de Skyros, que asesinó al héroe Teseo.

Lycos. Rey de Tebas, enemigo de Heracles y de toda su familia.

Lyssa. La Locura. Atacó con singular dureza a Heracles, pero fue vencida por Atenea.

M

Macaón. Hijo de Asclepio, gran médico como su padre. Curó al doliente Filoctetes.

Maia. Ninfa madre de Hermes, engendrado en unión con Zeus.

Mar Egeo. Situado al este de Grecia, la separa de Asia Menor.

Mar Jónico. Situado al oeste de Grecia, la separa de Italia.

Mar Negro. Llamado también Ponto Euxino en la Antigüedad, está situado al norte de Asia Menor.

Maratón. Lugar ubicado al noreste de Atenas, donde tuvo lugar la famosa batalla contra los persas el año 490 a. C.

Markoras, Gerasimo. Poeta griego (1826-1911).

Medea. Hija de Aetes rey de Aia, en la Cólquida. Ayudó a Jasón a ganar el Vellocino de Oro, con sus artes mágicas.

Medos. Descendientes de Medea cuando ella se retiró a Asia luego de ser abandonada por Jasón.

Medusa. Una de las Gorgonas. Su mirada convertía en piedra al que cruzaba sus ojos con ella. Sus cabellos eran serpientes. Fue muerta por Perseo.

Megara. Hija de Creonte de Tebas, primera esposa de Heracles.

Megara. Región situada en pleno istmo de Corinto.

Meleagro. Sombra de un valiente guerrero, hermano de Deyanira, que Heracles encontró en el Hades. Hijo de Oeneus, rey de Caledonia.

Meneceo. Noble tebano, de la raza de los Espartos, padre de Creonte y Yocasta.

Menelao. Hijo de Atreo y Aerope. Hermano de Agamenón. Fue el elegido por Helena como marido entre todos sus pretendientes.

Menesteo. Descendiente de Erecteo, regente de Atenas en reemplazo de Teseo. Pretendió despojarlo del trono. Uno de los pretendientes de Helena.

Merope. Esposa de Sísifo y madre de Glauco.

Mesenia. Región del suroeste del Peloponeso, constituye la parte occidental de Lacedemonia.

Micenas. Famosa ciudad-fortaleza situada en Argos, al norte del Peloponeso. Sede de la Casa de Atreo.

Mimnermo de Colofón. Poeta griego de Asia Menor, del siglo VII a. C.

Minos. Rey de Creta, soberano del mar. Hijo de Zeus y Europa, casó con Pasifae y fue padre de Ariadne, Fedra y Catreo, entre otros hijos.

Minotauro. Monstruo con cuerpo de hombre y cabeza de toro. Hijo de Pasifae, esposa de Minos de Creta. Vivía en el fondo del Laberinto.

Mirmidones. Hombres que Zeus hizo nacer de las hormigas que poblaban la isla Egina. Luego Peleo emigró con ellos a Tesalia.

Mirtilos. Hijo de Hermes, era cochero de Onomao, el padre de Hipodamia. Fue muerto por Pélops.

Moiras. Diosas primordiales, llamadas también Parcas o diosas del Destino.

Molorcos. Campesino de la región de Menea que acogió a Heracles.

Musas. Las famosas nueve hijas de Mnemosino (la Memoria) y Zeus. Inspiradoras de las artes y las ciencias.

Myrtiotissa. Poetisa griega (1883-1967).

N

Nauplio. Hijo de Zeus y de la Danaide Amymone. Fue un famoso navegante que fundó la ciudad-puerto de Nauplia.

Náyades. Ninfas de las fuentes, ríos y estanques. Célebres por sus largos y sedosos cabellos.

Neleo. Hijo de la reina Tiro y de Poseidón, gemelo de Pelias.

Nemea. Valle situado en la ladera del monte Aspesa, cerca de Corinto. Allí habitaba el León que Heracles debió vencer en uno de sus Trabajos.

Neoptólemo. Hijo de Aquiles y Deidamia, llamado también Pirro.

Nereidas. Las 50 hijas de Nereo y Doris, una de las cuales era Tetis, la madre de Aquiles. Otra Nereida famosa fue Amfitrite, mujer de Poseidón.

Nereo. Hombre sabio del mar, con dones proféticos. Padre de las 50 Nereidas.

Neso. Centauro que se enamoró de Deyanira, mujer de Heracles.

Néstor. Rey de Pylos, uno de los héroes más prudentes de los aqueos en la guerra de Troya. Gran jinete en su juventud.

Níobe. Princesa lidia, hija de Tántalo. Casó con Amfión, rey de Tebas.

Nirvanas, Paulo. Poeta griego (1866-1937).

Noche. La "Sagrada Noche", se unió con el Viento y de su unión surgió un huevo de plata del cual nació Eros, el Amor.

O

Océano. El padre de todas las cosas. Se unió con Tetis para engendrar a los primeros dioses. Sus hijos son los 3.000 ríos y las hermosas Océanides.

Odisea, La. Nombre del poema homérico que canta las aventuras de Odiseo, rey de Itaca y héroe aqueo, en su largo regreso desde la guerra de Troya.

Odiseo. Hijo de Anticlea y Sísifo, aunque su padre putativo fue Laertes. Casó con Penélope, hija de Icario. Rey de Itaca y protagonista de *La Odisea*. Nombre latino: **Ulises.**

Oechalia. Región en el sur de Grecia continental.

Onomao (Oenomao, Oinomanos). Hijo de Ares, padre de Hipodamia. Su nombre significa "rey del vino".

Oenone. Ninfa del monte Ida, en Troya, primer amor de Paris. Sólo ella habría podido curarlo y sanarlo en caso de ser herido.

Olimpo. Monte sagrado, morada de los dioses inmortales u olímpicos, situado en Pieria, al norte de Tesalia.

Omfale (Omphale). Reina de Omphalos, "ombligo del mundo", a cuyo servicio habría estado Heracles en un período de cautividad.

Omfalos (Omphalos). "El ombligo del mundo", lugar misterioso donde reinaba Omfale. Nadie conoce bien su ubicación exacta.

Orestes. Unico hijo varón de Agamenón y Clitemnestra. El vengador de su padre y liberador de los Atridas.

Orestíada, La. Nombre de la trilogía de Esquilo que trata de la suerte de los Atridas.

Orfeo. Hijo de la musa Calíope y del rey Oiagrus de Tracia. El músico más insigne de la Antigüedad. Fue uno de los 50 Argonautas. Casó con la Dríada Eurídice.

Orto. Perro infernal, hermano de Cancerbero, a quien Heracles venció en uno de sus Trabajos.

Ovidio. Poeta latino autor de *Las Metamorfosis* y *El Arte de Amar*, entre otras obras (43 a. C.-17 d. C.).

P

Pagasai. Golfo en el este de Tesalia, que sale hacia el mar Egeo.

Paladium. Estatuilla de Palas Atenea, venerada por los troyanos.

Palamas, Kostis. Poeta griego (1859-1943).

Palamedes. Uno de los pretendientes de Helena, confederado luego en la guerra de Troya. Participó en la embajada que fue en busca de Odiseo.

Palas. Compañera de juegos de Atenea, a quien la diosa mató por accidente. En su honor la diosa antepuso su nombre al suyo propio.

Palas Atenea. Nombre de la diosa Atenea en recuerdo de su amiga de infancia y juventud.

Pallas. Hermano de Egeo, tío de Teseo y su enemigo irreconciliable porque aspiraba al trono de Atenas.

Pandora. Según algunos, la primera mujer mortal. Fue adornada por los dioses con muchos dones, de allí su nombre. Casó con Epimeteo.

Parcas o Moiras. Hijas de Temis (la Sagrada Costumbre) y de Zeus. Diosas del Destino que nada puede cambiar.

Paris. Príncipe troyano, hijo de Príamo y Hécuba. Su belleza era extraordinaria. Su nombre real era Alejandro. Raptó a Helena de Esparta.

Parnaso. Monte en la región de la Fócida, en Grecia continental. Lugar favorito de las Musas y los poetas.

Partenopeo. Uno de los Siete Caudillos contra Tebas.

Patroclo. Uno de los más jóvenes guerreros aqueos en la guerra de Troya, gran amigo de Aquiles.

Pegaso. Caballo alado nacido del cuello de Medusa al ser decapitada por Perseo. Gran amigo de las Musas.

Pelasgo. Nombre del rey primordial de Grecia que dio origen a los Pelasgos, primitivos habitantes de la península.

Peleo. Hijo del rey Eaco de Egina. Casó con Tetis, la Nereida, diosa del mar, y fue padre de Aquiles, el máximo héroe aqueo de la guerra de Troya.

Pelias. Rey de Iolcos, hijo de Tiro y Creteo. Su hija Alcestes dio su vida por su marido Admetos, rey de Tesalia.

Pelión. Monte de Tesalia de cuyos fresnos se hizo la lanza de Aquiles.

Peloponeso. Gran península al suroeste de Grecia continental, unida a ella por el istmo de Corinto. Tomó su nombre de Pélops.

Penates. Viejas divinidades latinas guardianas del hogar y del Estado, formado éste por la unión de los hogares. Por extensión pasó a designar el hogar, como lugar del fuego.

Penélope. Hija de Icario y nieta de Perseo. Casó con Odiseo y fue madre de Telémaco. Esperó diez años el regreso de Odiseo desde Troya, con una fidelidad inmensa.

Peneo. Río de Tesalia, al sur de Pieria, que desemboca en el Egeo.

Penteo. Hijo de Agave, nieto de Cadmos. Fue destrozado por su propia madres, presa de frenesí dionisíaco.

Pentesilea. Reina de las Amazonas, hermana de Hipólita. Fue aliada de Príamo en la guerra de Troya y fue asesinada por Aquiles.

Pelópidas. Descendientes de Pélops.

Pélops. Hijo de Tántalo, rey de Lidia. Casó con Hipodamia, princesa de Elis y Pisa, situadas en la península que luego pasó a llamarse Peloponeso.

Pérgamo. Nombre poético de la ciudad amurallada de Troya.

Peribea. Reina de Corinto que adoptó y crió a Edipo.

Pericles. Gran estadista y guerrero griego del siglo V a. C.

Perséfone. Nombre de la esposa de Hades, reina del mundo subterráneo, que era hija de Deméter.

Perseidas. Descendientes de Perseo.

Perseo. Hijo de Dánae y Zeus, fundador de Micenas. Mató a Medusa y casó con Andrómeda. De él descienden los Perseidas: Perses, Electrión, Stenelos y Alkaios y sus descendientes, entre ellos Heracles.

Perses. Primogénito de Perseo y Andrómeda. De él descienden los Persas, enemigos tradicionales de los griegos.

Phytalus. Jefe del clan del Atica que debió purificar a Teseo antes de que entrara en la ciudad de Atenas.

Pico Della Mirándola, Giovanni. Humanista italiano del principado de Mirándola, en el centro de Italia. Llamado "príncipe de los humanistas" (1464-1494).

Píndaro. Uno de los más grandes poetas líricos griegos, nacido en Tebas, siglos VI-V a. C.

Pílades. Hijo de Strophius de Crisa. Intimo amigo de Orestes, lo acompañó en su venganza contra Clitemnestra.

Pireo. Puerto de la ciudad de Atenas.

Pirra. Hija de Epimeteo y Pandora. Casó con Deucalión y fue madre de Heleno, el padre de todos los griegos, después del gran diluvio.

Pirro (Pyrrhus). Hijo de Aquiles y Deidamia, también llamado Neoptólemo en las tragedias.

Pitágoras, de Samos, en Asia Menor. Nació c. 580 a. C. Fundó una escuela de filosofía y hermandad religiosa en Crotona (Italia). Murió c. 497 a. C.

Pitia o Pitonisa. Sacerdotisa de Apolo en el templo de Delfos. Transmitía oralmente, por posesión divina, los oráculos inspirados del dios.

Piteus. Rey de Trecenia, hijo de Pélops e Hipodamia. Su hija Etra casó con Egeo y fue madre del héroe Teseo.

Pithyokamptes. Bandido que asolaba el camino de acceso al istmo de Corinto. Fue vencido por Teseo.

Pitón. Monstruosa serpiente que Hera hizo surgir de la tierra en Delfos para perseguir a Leto, madre de Apolo y Artemisa.

Placios. Montes en Tebas de Cilicia, patria de Andrómaca.

Pléyades. Las siete Ninfas hijas de Atlas, salvadas por Zeus de la persecución de Orión, convirtiéndolas en la constelación que lleva su nombre.

Podalirios. Médico cirujano, hijo de Asclepio. Ejerció su oficio en el ejército aqueo durante la guerra de Troya.

Polibus. Rey de Corinto, el que adoptó y crió a Edipo.

Polideuces. Uno de los Dióscuros espartanos. Ambos forman la constelación de Géminis. Nombre latino: **Pólux**.

Polidoro. Hijo tardío de Cadmos y Harmonía, padre de Lábdaco, abuelo de Layo y bisabuelo de Edipo.

Polinice. Uno de los dos hijos varones de Edipo y Yocasta. El instigador de la guerra que llevó a los Siete Caudillos contra Tebas.

Polixena. (Polyxena). Hija menor de Príamo y Hécuba, la más bella de todas, sacrificada en la pira funeraria de Aquiles.

Polydectes. "El que recibe a muchos". Señor de la isla de Seriphos, donde llegó Dánae con Perseo.

Polydouras, María. Poetisa griega (1905-1930).

Polydeme. Mujer de Esón, heredero despojado del trono de Iolcos. Fue la madre de Jasón.

Ponto Euxino. Nombre antiguo del mar Negro.

Poseidón. El poderoso y olímpico señor del mar. Casó con Amfitrite. Nombre latino: **Neptuno**.

Pluto. Titanesa hija de Cronos y Rea. Diosa de las riquezas de debajo de la tierra, metales y piedras preciosas.

Príamo. Hijo de Laomedón, rey de Troya. Casó con Hécuba y tuvieron 50 hijos e hijas, entre ellos Paris, Héctor, Casandra.

Procusto. El "estirador". Famoso por su crueldad y la tortura de su famoso "lecho". Fue vencido por Teseo.

Prometeo. Titán hijo de Japeo y Climene. Su nombre significa "el que piensa antes". Civilizador, robó el fuego del Olimpo para darlo a los hombres.

Protesilao. El primer guerrero griego que pisó tierra troyana.

Protogenia. La "primera engendrada". De origen desconocido, casó con Heleno, hijo de Deucalión y Pirra, de quien descienden los pueblos griegos.

Pterelao. Rey de los Tafios, piratas del mar Tirreno, nieto de Poseidón.

Q

Quintus de Esmirna. Poeta griego de Asia Menor. Siglo IV a. C.

Quirón. Sabio centauro educador de Asclepio y Aquiles, entre otros héroes. Era inmortal, pero renunció a este don en favor de Heracles.

R

Rea. Titanesa hija de Gea y Urano. Casó con Cronos y fue madre de seis de los Olímpicos: Hestia, Deméter, Hera, Zeus, Poseidón y Hades.

Reso. Rey de Tracia, aliado de Troya. Sus caballos Reso y Xantos eran famosos y debían alcanzar a beber agua del río Xanto para que Troya no cayera.

S

Safo de Lesbos. Poetisa griega nacida en Mitilene, Asia Menor. Llamada la "décima Musa". siglo VII a. C.

Sarónico. Golfo al sur del estrecho de Corinto, separa el Peloponeso del Atica.

Schliemann, Heinrich. Arqueólogo aficionado alemán, descubridor de las ruinas de Troya, Tirinto y Micenas (1822-1890).

Seferis, Giorgios. Poeta griego (1900-1971).

Semelé. Hija de Cadmos y Harmonía. Engendró al dios Dionisos de su amor con Zeus. Fue consumida por el rayo del dios.

Sepia. Cabo en Tesalia, frente al islote donde Tetis casó con Peleo, padre de Aquiles.

Sidonia (Sidón). Puerto de Fenicia, famoso por los paños teñidos de púrpura, sustancia allí descubierta.

Sikelianos, Angelos. Poeta griego (1884-1951).

Simónides de Ceos. Poeta nacido en Ceos, en las Cícladas. Escribió poesía lírica y elegíaca (556-467 a. C.).

Sinón. Primo de Odiseo que ayudó a engañar a los troyanos con el caballo de madera.

Siroco. Viento cálido que sopla sobre el sur de Europa desde las costas del norte de Africa.

Sísifo. Hijo de Eolo. Con Anticlea, nieta de Hermes, engendró a Odiseo. Casó con Merope y fue padre de Glauco.

Skyros. Isla del rey Licomedes, quien escondió a Aquiles en su adolescencia.

Sófocles. Uno de los tres grandes trágicos griegos, junto con Esquilo y Eurípides. Nos ha legado siete obras, siglo V a. C.

Solomos, Dionisos. Poeta griego (1798-1857).

Solón. Gran legislador de la "polis" ateniense, del siglo VI a. C.

Stenelos. Hijo de Perseo y Andrómeda, padre de Euristeo, el enemigo eterno de Heracles. Fue rey de Micenas.

Stesicoros. Uno de los grandes líricos griegos (630-553 a. C.).

Stimfalos. Lugar de los Pájaros temibles, con los que Heracles se enfrentó en uno de sus Trabajos.

Sypilos. Montaña en Lidia, Asia Menor, donde aún llora Níobe, hija de Tántalo.

T

Tafios. Piratas que operaban en la costa de Etolia y Epiro, en el mar Jónico.

Tánatos. La Muerte. Contra ella debió luchar Heracles cuerpo a cuerpo para arrebatarle a Alcestes.

Tántalo. Rey de Lidia en Asia Menor, que pretendió engañar a los Olímpicos. Fue padre de Pélops y Níobe, entre otros hijos.

Tártaro. Una de las regiones que forman el mundo subterráneo. La parte más sombría y profunda del Hades.

Tea. Una de las seis Titanesas. Se unió con Hiperión y engendró a Helios, el Sol; Selene, la Luna, y Eos, la Aurora.

Tebas. La ciudad-fortaleza fundada por Cadmos en Beocia.

Tebas. Ciudad de Cilicia en Asia Menor, frente a Chipre. Patria de Andrómaca, la mujer de Héctor de Troya.

Telamón. Hijo de Eaco, hermano de Peleo. Se unió con Hesíone, hermana del rey Príamo de Troya, fue padre de Teucro, uno de los héroes argivos. También fue padre de Ayax el Gigante, engendrado en Eribea, nieta de Pélops.

Telémaco. Hijo de Odiseo y Penélope, reyes de Itaca.

Temis. La sagrada "Costumbre". Titanesa hija de Urano y Gea, primera esposa de Zeus, con quien engendró a las Horas, a Diké (Justicia) y a las Parcas.

Ténedos. Isla de Asia Menor, frente a Troya, donde las naves aqueas aguardaron la señal para el asalto final a Troya.

Teognis de Megara. Poeta griego de humor ácido. Su poesía tiene siempre un tinte político. Siglo VI a. C.

Termópilas. Estrecho paso al norte de la Fócida, muy cerca del golfo de Eubea.

Tesalia. Fértil región continental en el extremo noreste de Grecia que limitaba con Macedonia.

Teseo. Uno de los grandes héroes atenienses. Hijo de Egeo y Etra. Llegó a ser rey de Atenas.

Tetis. Nereida que casó con el mortal Peleo y fue madre de Aquiles.

Teucro. Héroe argivo, hijo de la troyana Hesíone y del aqueo Telamón.

Themis. Diosa primordial, mujer de Océano.

Tideo. Príncipe de Caledonia. Casó con Deipila, princesa argiva. Fue uno de los Siete Jefes contra Tebas.

Tiestes. Hijo de Pélops, hermano de Atreo. Ambos pretendientes del trono de Micenas. Traicionó a su hermano y se desencadenó una tragedia familiar. Fue el padre de Egisto.

Tifis. El mejor piloto de la antigüedad, fue navegante del "Argo".

Tíndaro. Rey de Laconia, en Esparta. Casó con Leda, amada por Zeus. Padre de los Dióscuros y de Clitemnestra y Helena.

Tinias. Pequeña isla desolada donde tuvo lugar una epifanía de Apolo para confortar a los Argonautas.

Tiresias. Vidente y profeta ciego de Tebas, condenado por Zeus a vivir durante siete generaciones.

Tirinto. Fortaleza situada en la costa noreste del Peloponeso, cuyas murallas fueron levantadas por los Cíclopes.

Tiro. Reina fenicia que se unió a Poseidón, de quien engendró a Esón. Casó con el rey Creteo de Iolcos. Su segundo hijo fue Pelias.

Tirteo de Esparta. Poeta y educador de origen ateniense. Siglo VII a. C.

Toas. Héroe aqueo, uno de los elegidos para esconderse dentro del caballo de Troya.

Tracia. La costa noreste del mar Egeo. Su interior corresponde en parte a la actual Bulgaria.

Trecenia. Cuna del héroe Teseo. Región situada en el extremo oriente de la Argólida.

Tritón. Hijo de Poseidón y Amfitre, entre otros.

Troilo. El menor de los hijos de Príamo y Hécuba. Fue asesinado por Aquiles en plena adolescencia, y esto fue un paso más en la caída de Troya.

Troya. La mítica ciudad de Asia Menor, cercana al monte Ida, cuyas murallas fueron construidas por Apolo y Poseidón. Fundada por el rey Ilión.

Tucídides. General griego de la guerra del Peloponeso y gran historiador. Siglo V a. C.

U

Urano. El Cielo. Con su esposa Gea, la Tierra fue padre de los seis Titanes y las seis Titanesas, además de los Cíclopes.

V

Vellocino de Oro. Trofeo que Jasón y los Argonautas fueron a buscar a la Cólquida, en el otro extremo del mundo. Era un carnero con lana de oro finísimo.

Vía Láctea. Constelación que se formó con las gotas de leche de Hera al amamantar involuntariamente a Heracles.

Virgilio. Poeta latino de la época de Augusto. Autor de *La Eneida,* poema épico de la fundación de Roma, además de muchas otras obras.

X

Xanto. Río de Troya. Si los caballos de Reso alcanzaban a beber sus aguas, Troya se salvaría.

Xantos. Caballo hijo de Céfiro y de la Harpía. Regalo de Poseidón a Peleo para su boda con Tetis. Fue llevado a Troya por Aquiles.

Xuthus. Hijo de Heleno y Protogenia. Casó con Creusa, hija de Erecteo, rey de Atenas. Fue padre de Ion, de quien descienden los Jonios, y de Aqueo, de quien descienden los Aqueos.

Y

Yocasta. Descendiente del linaje de los Espartos y de Cadmos, por Agave. Esposa de Layo y luego de su propio hijo Edipo.

Z

Zara. Monte situado en las cercanías de la ciudadela de Micenas.

Zeus. El más poderoso de los dioses olímpicos, señor del rayo. Hijo de Cronos y Rea. Con su esposa Hera preside el Olimpo. Nombre latino: **Júpiter.**

INDICE

NACEN LOS HÉROES 5
LOS PUEBLOS DE GRECIA 9
EL MUNDO HEROICO 17
PERSEO 29
TÁNTALO 41
PÉLOPS E HIPODAMIA 45
LA HISTORIA DE SÍSIFO 51
HERACLES 55
Navegación 55
Origen y parentela 56
Nacimiento de Heracles 59
Infancia de Heracles 61
La juventud de Heracles 63
Los trabajos 64
I. El león de Nemea 65
II. La hidra de Lerna 66
III. La cierva de Cerinea 67
Mediodía 68
IV. El jabalí de Erimantos 69
V. Los establos de Augías 70
VI. Los pájaros de Stimfalos 70
VII. El toro de Creta 71
VIII. Las yeguas de Diomedes 71
Alcestes 72
IX. El cinto de Hipólita 75
Atardecer 77
X. El ganado de Gerioneo 78
XI. Las manzanas de las Hespérides 80
XII. Cancerbero 81

El matrimonio de Heracles 84
Amanecer 86
Los Kekropes 87
La conquista de Deyanira 88
La muerte de Heracles 91

La historia de Teseo 95
Los primeros reyes de Atenas 96
La juventud de Teseo 98
El viaje a Atenas 101
El encuentro con el padre 104
Teseo y el rey Minos 107
El rey Teseo 111
La muerte de Teseo 113

Las aventuras de Jasón 115
El Vellocino de Oro 117
Los Argonautas 120
El viaje hacia lo desconocido 122
El rey Fineo y las Harpías 123
El amor de Medea 128
Las pruebas y la huida 133
Jasón y Medea 136
La muerte de Jasón 139

Los héroes tebanos 141
La fundación de Tebas 141
Las bodas de Cadmos y Harmonía 145
La posteridad de Cadmos 147
La juventud de Edipo 148
Edipo rey de Tebas 154
Los últimos días de Edipo (Consumación) 160
Hermano contra hermano 168
Antígona 172
Las madres de los caídos 177

Los Dióscuros, hijos de Zeus 185
Interludio 185
Los gemelos celestiales 189

Preludios de Troya 195
Peleo y Tetis 195
La misteriosa voluntad de los dioses 195
La conquista de la Nereida 197

Las bodas de Peleo y Tetis 201
El hijo de Tetis 203
El reino de Troya 204
La ciudad de Príamo 204
Paris 205
El juicio de Paris 206
Paris en Troya 207
Paris y Afrodita 210
Helena 212
Tíndaro, el padre de Helena 212
Los pretendientes de Helena 213
Paris y Helena 214
El juramento se hace efectivo 216
Reunión en Aulis 219
Desembarco en Troya 220
En tierras troyanas 223
La boca del Hades 226

TROYA: LA RESACA 229
La muerte de Aquiles 229
El hijo de Aquiles y el arco de Heracles 231
La muerte de Paris 232
El Paladium 233
La caída de Troya 235
El caballo de Troya 236
Las mujeres de Troya 246

LOS HÉROES DE ARGOS 253
La Casa Real de Atreo 253
Una raza soberbia 255
La lucha por el poder real: Atreo y Tiestes 257
El pecado de Atreo 260
Los Atridas 261
El sacrificio de Ifigenia 264
El regreso de Agamenón 275
Los hijos vengadores 289
La liberación de los Atridas 301
Orestes en Delfos 302
Orestes en la Acrópolis de Atenas 304
El juicio de Orestes 308
Las Euménides 312

El camino de Poseidón 319
Principales cuadros genealógicos 325
Glosario de nombres propios 331